微信公众号
后台操作与运营
全攻略

闫河◎编著

人民邮电出版社

北京

图书在版编目（ＣＩＰ）数据

微信公众号后台操作与运营全攻略 / 闫河编著. --
北京 : 人民邮电出版社，2017.10（2021.12重印）
ISBN 978-7-115-46587-0

Ⅰ．①微… Ⅱ．①闫… Ⅲ．①网络营销 Ⅳ.
①F713.365.2

中国版本图书馆CIP数据核字(2017)第196786号

内 容 提 要

本书对微信公众号的后台管理和运营做了详细讲解，深层剖析了公众号和自媒体的共同特点，通过对微信公众号相关知识的讲解及案例分析，介绍了微信公众平台的操作方法和运营技巧。

全书从对公众号的认识开始讲起，分析了创建公众号的必要性，详细介绍了创建公众号的基本过程和后台管理流程。本书内容从差异化的实用功能设置和应用，到精准化的运营及第三方接口的开发，再到个性化地订制出符合自己实际情况的公众号，帮助读者完成公众号运营的升级。

本书适合广大自媒体创业者和以公众号为营销途径的电商、微商团队相关人员阅读，也可以作为培训机构、职业院校相关专业的参考教程。

◆ 编　著　闫　河
　　责任编辑　张丹阳
　　责任印制　陈　犇

◆ 人民邮电出版社出版发行　北京市丰台区成寿寺路 11 号
　　邮编　100164　电子邮件　315@ptpress.com.cn
　　网址　https://www.ptpress.com.cn
　　涿州市京南印刷厂印刷

◆ 开本：700×1000　1/16
　　印张：15.5　　　　　　　　　2017 年 10 月第 1 版
　　字数：370 千字　　　　　　　2021 年 12 月河北第 19 次印刷

定价：49.00 元

读者服务热线：(010)81055410　印装质量热线：(010)81055316
反盗版热线：(010)81055315
广告经营许可证：京东市监广登字 20170147 号

为什么要写这本书

　　微信、微营销、公众号、微商等在近两年发展得非常火爆，受到越来越多的关注，并且还在持续升温之中。现如今如何做好微信公众号运营、搭建和管理好微商城账号，成为微商群体在"万人争过独木桥"的激烈竞争下，得以脱颖而出、抢占风口的基础。然而现在的市场上，对营销侃侃而谈的大有人在，真正了解和系统学习过如何充分和合理地利用自己的公众账号的人却不多。换句话说，任你"巧舌如簧"，也难抵别人台下"十年苦工"。

　　本书是互联网技术类的图书，同时也是微营销时代的基础教程。不同于高深的程序开发技术，本书针对的是微信公众平台和后台管理系统的二次开发，易学易懂，适合没有计算机知识背景的商家学习。同时，本书也不同于经济类中相关的营销理论、策略等比较深奥的知识，而是含有技术操作的和基础知识讲解的内容。

如何阅读本书

　　本书在内容上可分为4部分，由整体到局部，由浅入深，读者既能对微信公众号有全面的了解，又能明了运营出优质微信公众号的细节。

　　第一部分（第1~3章）为基础知识的介绍。第1章主要介绍了微信在移动营销时代的重要性与发展现状，并以典型案例为切入点，介绍如何打造更为优质的微信公众号。第2章主要是公众号的注册，将注册时需要注意的问题一一列出，以防读者在注册时出现疏漏。第3章是公众号的设置与认证。

　　第二部分（第4~5章）对公众号的功能做了介绍与示范，从平台的自定义功能扩展到第三方平台的接入和素材的编辑技巧，无论是文章编辑还是营销活动，在此皆有介绍。

　　第三部分（第6~7章）主要介绍了微信公众号的后台管理和运营，包括微信支付的开通和使用。

　　第四部分（第8~9章）主要以第三方平台的作用为中心，介绍公众号运营的技巧。第8章以有赞商城为例讲解运营，第9章以新浪SAE为例讲解源代码开发技巧。

本书特色

　　第一，本书最主要的特色就是定位的节点。本书的内容并非纯粹的营销技巧讲解，也并非"深不可测"的源代码开发，而是相对简单实用的微信公众平台和后台管理系统的二次开发，弥补了纯理论和纯技术之间的空白。

　　第二，本书内容层级设置分明，对微信公众平台和后台管理系统不了解的朋友，可以通过学习本书基础部分的官方后台，完成最基础的微商运营。而敢于挑战、希望更上一层楼的朋友，则可以在拓展和运营方面找到想要的技巧。

　　第三，本书以图解为主，书中所配的图片可以加深读者对相关内容的理解，是微信公众号"门外汉"的入门宝典。

目录

第 **1** 章

走近微信公众号

微信早已不只是一个新鲜好玩的手机应用，其在国内智能手机用户中的应用已超过90%，称之为智能手机的必备软件亦不为过。据腾讯官方统计，截至2016年底微信平均日登录用户为7亿以上，远超其他同类社交平台。

微信在人们的生活中愈发重要，更多的人开始把碎片时间用于微信，每天在微信上视频通话、语音传信、刷朋友圈已经成为许多人的生活习惯，如图1-1所示。哪里有客户，哪里就有市场，因此，藏在微信背后的巨大商机也肯定不会被人忽视。

微信公众号是腾讯公司推出的一个开放性平台，为有心在微信上发展的个人与企业提供平台。结果不负众望，凭借它"粉丝"基数大、容易上手、资源开放的特点，加入微信公众号的人越来越多，截至2015年底，已经突破1000万，并呈现稳步上升的趋势。

我们的生活被互联网这张"巨网"包围，微营销在这个网络时代风头无两，其中微信公众号发挥着不可忽视的作用。本章将着重介绍微营销、微信公众号的相关知识，并以典型的案例来展示它们的优势与发展路径，希望读者通过学习本章，了解微信公众号能做什么、有哪些发展方向，为读者提供微信公众号运营的相关经验。

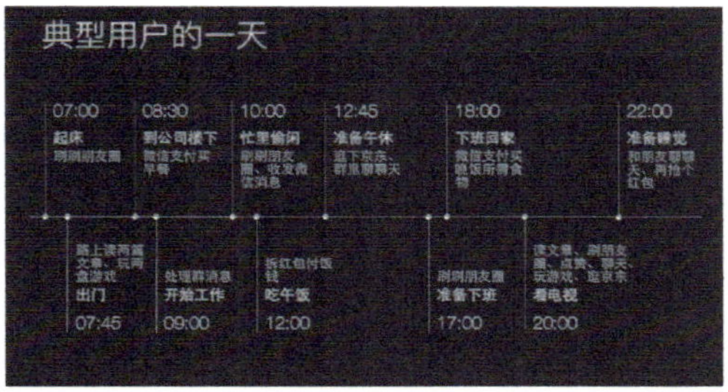

图1-1　典型用户的一天

1.1 认识微营销

微营销是什么？微营销是一种由用户在各种网络平台上发布产品信息、品牌活动、广告等，使大众对其产品或服务产生兴趣，以达到宣传推广目的的营销方式。

例如，1号店在微信推出的"我画你猜"活动（见图1-2）。用户关注1号店的微信公众号，每天会收到一张由微信公众号推送的图片，然后用户可以发答案来参与这个游戏。如果猜中答案且在规定的名额范围内即可获得奖品。这种活动既可以调动"粉丝"参与的积极性，还可以起到宣传自身品牌的作用。

图1-2　1号店"我画你猜"活动

1.1.1 移动营销时代到来

对于企业而言，营销可以称得上是一个永恒的话题了。不管什么样的企业，或大或小，也无论是在哪个媒体时代，纸媒还是互联网，都有营销的身影。随着智能手机的不断普及以及4G网络的不断成熟，我们进入了全新的移动互联网时代，移动营销也就自然而然地进入了企业主的视线，成为企业营销的新宠。

那么，究竟什么是移动营销呢？简单来说，随着手机用户越来越多，商家开始在手机社交软件上进行产品或品牌推广，通过网站和软件的后台统计功能，精准地分析客户、推送广告。简言之，移动营销就是在手机上做广告，如图1-3所示。

图1-3　移动营销

移动营销能够搜集数据并对其进行分析，帮助企业深入研究目标消费者的特性，制订出更具针对性的营销策略，从而达到事半功倍的效果。例如，打开淘宝软件，我们便会看到软件通过整理搜索记录等数据推送的"猜你喜欢"等页面，这些推荐不仅为消费者节省了时间，同时也为商家开拓了新的宣传途径。

对于企业而言，现在已不是选择要不要做移动营销的阶段了，而是需要考虑如何把它做得更精准，更具有价值。这也意味着，如何制定出精准的移动营销策略已成为企业主必须思考的问题。

知己知彼，百战不殆。企业不能盲目地、想当然地制订计划，而是应该对目前的移动营销现状有一个大致了解，这样才能做出正确的判断。目前的移动营销发展趋势可以总结为以下几点。

■ 移动互联网成为连接营销的主要界面

随着新媒体技术的发展，手机成为人们生活中重要的信息传递工具，成为人类的"影子媒体"。其传递信息的快捷、便利、准确超越了以往的媒体，并且实现了精确的分众化传播，同时每个受众都可以成为信息的传递者。如我们在微信朋友圈中转发文章，我们打开文章获取了信息，又能将文章转发出去，使更多的朋友看到。"打开文章"与"转发"这两个动作，就意味着我们既是文章的受众，也是文章的传递者。

如今，我们也可以看到人们对移动应用的依赖性很强。如图1-4所示，人们会经常通过移动互联网来进行社交，如QQ、微信、陌陌等社交应用成为人们生活中的必备软件；很多人查阅新闻信息已不再选择订阅报纸，而是选择网易新闻客户端、一点资讯那样的移动新闻客户端来获取信息，甚至有些人已经到了没有WiFi不成活的地步，移动互联网的"威力"可见一斑。

图1-4 移动互联网社交

精明的企业一向"耳聪目明"，在洞悉了人们眼球所在之时，就快速行动，让自己的品牌、产品、广告等借助"移动+互联网"进行传播，展示在人们手指易点、目光所及之处。于是营销的阵地逐渐由电脑端发展至移动端，传播媒体移动互联网化由此而生。

■ 重度垂直移动应用的营销价值正在爆发

移动互联网后可以按照职业、年龄、地域、学历等标准，将人们切分成更为精细的族群。细分族群的作用在如今这个移动互联网营销时代尤为明显。要知道品牌营销要想做得更具价值，并非大而全，而是小而美，做到更加垂直和细分化。就像在街上派发美容院的传单一样，我们要有针对性地将传单发给中、青年女性，而不是见人就发，因为我们都清楚，美容院最大的潜在客户是中、青年女性群体，向她们发传单更有效果。

在移动互联网时代，影响大众消费选择的一定不是大众本身，而是那些精众和小众人群，即那些拥有积极向上的价值观，追求并引领高品质生活，具有活跃的、共同的消费符号的人群。而这些人群多数为重度垂直应用的使用者，因为他们知道自己需要什么，会在相应的网站、应用上寻找所需的信息。例如，"妈妈网"就属于重度垂直于母婴市场，可精准地划分出母婴用户人群，妈妈群体可以从中获得许多知识和信息。

这些垂直应用的网页、界面可以为广告主带来同消费者深度沟通的营销机会。如图1-5所示，在妈妈网上投放拉拉裤的广告，就是将广告摆放在最有可能购买拉拉裤的人群面前，这比漫无目的投放广告的效果要好许多。

图1-5 "妈妈网"广告

■ 技术创新驱动移动互联网营销进化

技术创新对于移动互联网的发展至关重要，就像没有HTML5技术的发展，我们就不可能看到画面精美、创意满满的H5广告一样，互联网营销的进步是建立在技术发展的基础上的。

随着技术的提升，企业对于用户的服务也在不断升级，而服务的升级使得广告变得更加人性化、更加符合实际。例如，有道词典可以更为精准地完成翻译工作，同时搭建在线教育平台上，在增加用户黏性的同时提升广告价值，如图1-6所示。

图1-6 有道学堂

■ 移动社交广告的崛起

如今，各类社交软件已经成为人们依赖的交流通信平台，在中国，QQ、微信等软件是我们在其中花费时间最多的手机应用，在国际上，Facebook、Twitter等也是人们不可或缺的应用。

移动社交广告是指在社交圈中投放广告，这种方式已然成为网络营销的"大杀器"。企业通过分析用户的社交属性，可以更为精准地判断出用户的消费需求与消费行为，从而实现品牌与用户在节点上的连接。

如微信朋友圈的广告，在刷新朋友圈时就会注意到，若有好友在下面评论，我们就可以在评论区与好友互动，一起调侃产品，交流使用心得，如图 1-7所示。这样既可以消除我们在看到广告时的不愉快心情，又能从朋友那儿获取新的信息，对于广告商而言，他们也能通过投放朋友圈广告引起人们的关注，从而增加活动热度。

图1-7 微信朋友圈与评论

1.1.2　微营销的强大威力

在如今这个以市场需求为主导的时代，消费者的需求是各企业关注的焦点。而随着经济能力的不断提升，消费者对于产品的需求呈现出精细、多样以及多变的特点。因此，企业需要拥有灵活的管理思维，不断优化企业结构和相关服务，以应对不可预知的市场变化。

在这种大环境中，"微营销"的概念应运而生。微营销其实是一个比较笼统的概念，简单说来，就是通过微信、微博、微电影等方式来宣传企业品牌与产品，它比传统的营销手段更加注重同消费者的互动，与客户建立的关系更具黏性。

微商属于微营销的一种，随着微信的广泛使用，潜伏在朋友圈中的微商如雨后春笋般出现，形成一种"人人皆微商"的景象。微营销之所以具有强大的冲击力，就在于它所具有的优势。那么，微营销所具备的优势是什么呢？

■ 深海市场

微营销依托的是国内目前最大的移动交互平台——微信，在微信上活跃的用户众多，市场无比庞大。同时由于微信、微博的注册用户众多，因此它们掌握了大量的用户信息，在不侵犯用户隐私权的基本前提下，仅在用户公开的数据中，就有大量极具价值的信息。这些信息不仅是用户的年龄、工作等一些表层的东西，更为重要的是，我们可以通过分析用户发布和分享的内容，可以有效地判断用户的喜好、消费习惯及购买能力等。如有人经常在微博上晒美食，如图1-8所示，我们可以通过分析食物的类型与价位，来判断他会不会对我们所推销的产品感兴趣。

图1-8 微博晒美食

此外，随着移动互联网的发展，社交用户使用移动终端所占的比例越来越高，而现在智能手机上一般都会安装微信、微博等软件，通过这些软件，企业可以对目标用户进行地理位置定向，然后结合多方数据来制定营销策略。这样一来，我们所投放的广告自然能收到更好的效果。

■ 超强互动

互动性曾经是网络媒体相较传统媒体的一个明显优势，但是直到社会化媒体的崛起，我们才真正体验到互动带来的巨大魔力。企业可以注册官方微博、微信公众号以增加与用户的互动，在这些平台上，商家和顾客都是用户，先天的平等性和社交网络的沟通便利特性使得企业和用户能更好地互动（如图1-9所示），可以拉近企业与用户的距离，有利于形成良好的企业品牌形象。

此外，微博等社交媒体是一个天然的客户关系管理系统，通过搜集用户对企业品牌或产品的意见，可以迅速地做出反馈，解决用户的问题。企业官方账号如果能与用户或者潜在用户形成良好的关系，使用户把企业官方账号作为一个朋友账号来对待，那企业所获得的价值是难以估量的。

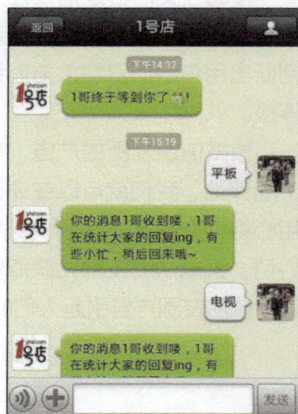
图1-9 互动

■ 形成口碑

"众口铄金，积毁销骨"的道理谁都懂，应用于企业的发展上，也称得上是至理名言。良好的社会口碑能让企业在品牌建设上获得事半功倍的效果，反之企业的形象则会受损。而微营销的优势之一就在于能够有效地帮助企业塑造形象，形成口碑。

在社交网络出现之前，企业对用户进行口碑引导的难度是很大的，所谓的口碑即口口相传的企业形象，而想要对其进行引导也只能通过报刊等传统媒介来实现，因此企业往往很难迅速地做出反应，等到风波过去时，坏的形象早已深入人心。

而现在，企业可以通过微信、微博等社交媒体进行低成本的形象塑造和传播，在遇到负面消息冲击时，也能迅速地做出反应。要知道，任何一条负面消息都是从小范围开始扩散的，只要企业能及时进行引导，就能够有效降低企业品牌危机产生和扩散的可能。

企业也是社交媒体中的一员，同样可以通过社交媒体来传播自己的企业文化，树立良好的企业形象。企业可以通过拍摄一部介绍产品性能且极富趣味性的小视频（见图1-10）、组织一场O2O（线上线下电子商务）产品体验活动、开发一款展示产品USP（产品独特的销售主张）的小游戏，甚至日常推送的优质内容，都可能为该品牌带来不错的传播。

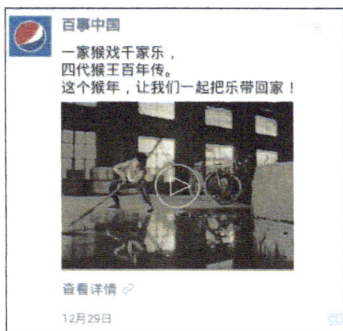

图1-10　视频广告

在基于社交关系的微信、微博等社交媒体上，通过一次次转发、@，能够十分快速提升大众对品牌的认知度，形成良好的品牌口碑传播，进而形成初步的品牌形象，在品牌与公众之间建立起初级的良好关系。

■ 粉丝的力量

通过微信、微博等社交媒体，企业能够以很低的成本组织起一支庞大的粉丝宣传团队，现如今手机市场中的"果粉""米粉""花粉"等，如图 1-11所示。

粉丝能带给企业多大的价值？举一个例子，小米手机如今有着庞大的粉丝团队，数量庞大的"米粉"成为小米手机崛起的重要因素。每当小米手机有活动或者

图1-11 华为粉丝活动

出新品时，这些粉丝就会奔走相告，自发地为小米做宣传。这种宣传不仅能起到很好的效果，更重要的是几乎不需要任何宣传成本。如果没有社交网络，小米想把粉丝们组织起来为小米做宣传，必然要花费极高的成本。

微营销的优势显而易见，但同时还存在很多问题，如社会化媒体营销的可控性差，投入产出比难以精确计算等。不过随着社交网络时代的到来，微营销的体系也必然会逐渐完善，我们不能躲避它，而是要直面这个新的挑战。

1.1.3 【案例】"罗辑思维"改变自媒体

近年来，由于移动互联技术的迅猛发展，特别是微博、微信等新兴传播方式的革新，自媒体在中国方兴未艾，其中罗振宇的"罗辑思维"就是一个十分成功的案例，如图1-12所示。

"罗辑思维"并不是罗振宇一个人的经营成果，而是超过20人的小型组织运作的产物。2014年5月17日，虽然罗振宇和申音正式宣布"分家"，但"罗辑思维"留给我们的思考却并未停止，它在内容生产和传播机制上的种种创新为自媒体的未来发展带来了许多难得的启示。

图1-12 罗辑思维

1. "罗辑思维"——进化的自媒体

自媒体是什么？简单来说，就是你通过微信公众号、微博等社交媒介建立私人账号/账户，将私人化、自主化的思想、观念等在这个平台上表达出来，这个账号就是属于你自己的媒体，即自媒体。当他人被你发表的内容吸引时，就会关注你的账号，粉丝逐渐增加，这就意味着你的观点被越来越多的人接受，你的账号也就逐渐成为具有影响力的自媒体。

毋庸置疑，"罗辑思维"是自媒体，它既是一种私人化、自主化的传播方式，也是依靠优酷、微信等互联网新兴媒介来进行传播的平台，并且"罗辑思维"是十分成功的自媒体，它以有料、有趣的内容吸引了大量的粉丝。从2012年12月21日正式上线，截至2016年7月初，"罗辑思维"在优酷网的点播次数超过3.8亿次，优酷粉丝数超过140万，如图1-13所示。

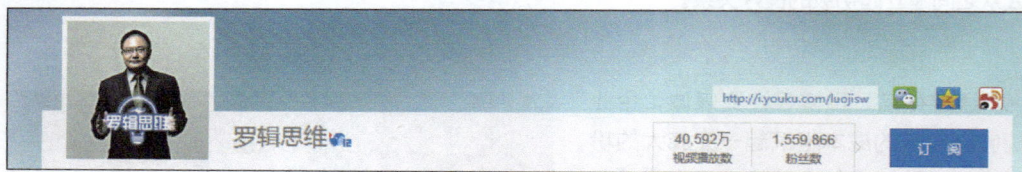

图1-13 "罗辑思维"优酷视频

但在拥有自媒体特征的同时，"罗辑思维"还表现出一些新的特征，它拥有比较明确的组织分工、对产品的制作包装、内容与素材的来源和招募会员的商业模式等。对于这些新的特征，我们应该从两个方面来理解。

第一，这是由"罗辑思维"的产品形态决定的。他们既要保证视频产品的质量，又要按时更新，必然需要一个团队来运作，为了维持这个团队的运作，必然需要新的商业发展模式。

第二，一般的事物，往往是从低级向高级发展。自媒体已经逐步告别单枪匹马的"作战"模式，向更高形态的组织化运作迈进，就像报纸从个人手抄向工业化演进。"罗辑思维"就属于进化的自媒体。

因而，从"罗辑思维"的成功中我们可以看出，自媒体并不是指单枪匹马的战斗，我们可以融入更多的元素，选择最合适的运作模式。但最重要的一点是，自媒体的特性——自治，无论是个人运作还是组织化运营，无论是闲暇的"玩儿票"还是以此作为奋斗的事业，都要以发表自己的思想创作为根本，不能沦为外界的传声筒，失去自己的个性。

2. "罗辑思维"的创新

"罗辑思维"的成功并不在于存在时间的长短，也不在于关注人数的多少，而在于它的创新。这个"创新"是指它在定位、互动机制以及商业模式上的创新。通过这些创新的举措，它不但很好地解决了内容来源、运作资金和用户黏性等问题，而且通过这些创新，提升了用户对"罗辑思维"价值的认同感。

■ 自媒体定位的创新

罗振宇在接受《南方人物周刊》的采访时，更加口语化地将"罗辑思维"表达为"把相同价值观的人集结在一起，不做任何意义上的推广，也不希望人越多越好，只希望人越对越好"。

这种理念集中体现在"罗辑思维"的会员招募上，"罗辑思维"要求用户通过微信支付这种新兴的方式入会，如图 1-14 所示。通过这种半强制性的方式，"罗辑思维"不仅从普通用户中筛选出"中流砥柱"的会员用户，而且让微信支付平台成为这个群体的"标配"，为今后在微信公众平台的拓展扫清了障碍。这种定位和现阶段一些自媒体片面追求粉丝数量的做法相反，结合后期"罗辑思维"的内容来源机制和商业模式可以发现，正是这种定位为"罗辑思维"的稳步发展奠定了基石。

图1-14 微信支付

"罗辑思维"不做推广，并不是运营上的缺陷，而是对用户进入平台的一种过滤，这种做法使得新增用户更多的是通过熟人的口碑传播一点点积累起来的，只有具有一定的兴趣才会留在这个平台。

在"罗辑思维"的多个视频中，罗振宇都表达了这样一种看法，那就是如果你觉得我的观点看法不符合你的胃口，那么你可以离开去寻找别人提供的产品和服务。这种定位欲打造一个具有共同价值认同的群体，并且以大浪淘沙的方式不断凝结这种价值认同感，最终目的就在于形成具有共同"气味"、稳定、愿意付出供养的群体，这是所有创新的根基，是"罗辑思维"的"心脏"所在。

■ 互动机制的创新

自从新媒体出现之后，互动就成了不可不说的内容，互动也成了新媒体比传统媒体更为先进的一个重要体现。同粉丝之间的互动既可以增加粉丝对新媒体的熟悉度与信任，又能汲取粉丝观点中的精华，充实自己的思想。

在"罗辑思维"第一季第4期视频中，罗振宇用了一整期节目来回应用户的意见和疑问，之后在视频中回应的用户就逐渐多了起来。2013年"罗辑思维"第26期的节目末尾开始有了短短几分钟的小编点评内容，这些都是互动的体现。

但是最为创新的互动还是"罗辑思维"与有道云笔记的合作，这种互动有别于节目播出后的"你问我答"的互动模式，而是体现为内容来源与生产的互动，如图 1-15 所示。广大用户可以通过有道云笔记进行读书心得的交换，在这个平台上展示自己的智慧和思考，而这些内容经过"罗辑思维"团队的挑选出现在节目中。

图1-15 "罗辑思维"与有道云笔记

罗振宇一个人的智慧和时间毕竟是有限的,这种互动机制的建立不仅集合了广大用户的智慧,提供了更加多样化的内容,而且提供了一种双向流通的自由,避免了用户完全被动接受的处境。同时,提供这样一种互动渠道,让广大用户自愿参与"罗辑思维"的内容生产环节,嵌入"罗辑思维"的生态系统,提升了用户的价值认同感和凝聚力。

■ 商业模式的创新

在《夜观星象》的宣言中,罗振宇提出"罗辑思维"需要持续稳定的产出和清晰的内容回报机制。自媒体发展到现在尚无成熟可借鉴的商业模式,资金收入是限制自媒体发展的一个无法逾越的"坎","罗辑思维"提出的目标想要实现它具有很大难度,直到2013年8月9日,它才真正迈出了试水的第一步。

2013年8月9日,罗振宇发布招募会员的公告,公告中写道:"爱,就供养;不爱,就观望"。这次尝试取得了出乎意料的成功,5500个会员名额在短短6小时内销售一空,火爆程度超出预计,以至于"罗辑思维"不断通过微信发布告示,要退回超过规定名额的费用。之后,"罗辑思维"又进行了几次招募。如图1-16所示。

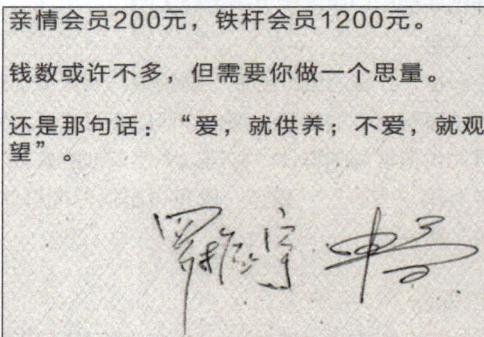

亲情会员200元,铁杆会员1200元。

钱数或许不多,但需要你做一个思量。

还是那句话:"爱,就供养;不爱,就观望"。

图1-16 会员招募

这种会员收费的模式对于挣扎于资金不足困扰中的自媒体就是一道曙光,既没有明确的物质承诺,也没有清晰的权利义务条款,仅凭一次"众人拾柴火焰高"的号召,就有人自愿慷慨解囊,这种"魔力"让人眼前一亮。

此外,随着"罗辑思维"影响力的扩大,另一种商业模式——线下培训也开始出现。罗振宇在梅花网与他人合开的一个"新媒体时代下的企媒关系管理"精品课程培训,费用为6800元/人,而"罗辑思维"曾创下的6小时入账160万元的自媒体营销记录则成了这场培训宣传的噱头。此后,罗振宇游走于深圳等城市进行宣传和演讲,如图1-17所示。

图1-17　罗振宇的演讲

　　受众定位、内容来源互动和商业模式这3方面的创新为"罗辑思维"的发展提供了适宜的土壤，使它成为现阶段比较成功的自媒体。这些经验对于自媒体的发展具有很好的借鉴作用。

3. "罗辑思维"带来的启示

　　一个不断完善的自媒体需要独立的人格魅力来吸引受众的关注，同时要运用多种方式来凝聚社群成员的价值观和组织认同感，要开展组织化运作来保证提供优质的服务，而这一切都需要商业模式提供经济支撑。

■ 自媒体需要组织化运作

　　自媒体逐渐在往团队化的方向发展，可能"抛头露脸"的就一个人，但实际上它的背后有一群的"小伙伴"，他们产出的内容是一个组织协调运作的结果。"罗辑思维"在明面上可能是罗振宇的个人发声平台，但其实是一个小型组织运作的产物。

　　在国内，博客的出现被认为是自媒体的发端，但直到微博出现，自媒体的影响力才初露锋芒，一个人可以通过无处不达的渠道实现信息的广泛传播。自媒体所依赖的渠道就是网络社交平台，如微信、微博、人人网等，如图 1-18所示。网络传播渠道已经成为一种公共需求物品，也是自媒体获得影响力的渠道保障。

图1-18　社交平台

渠道的共享使得自媒体如雨后春笋般出现，如2015年，微信公众号平均每天会增长15000个账号。随着同类自媒体内部竞争的加剧，要想留住粉丝和吸引新粉丝，自媒体需要提供优质的内容与服务，这就要求投入更多的人力、物力，因而自媒体的组织分工逐步形成。

一个优质的微信公众号，背后必有一支具有高运营水准的团队。只有拥有共同的运营理念与运营操作规范、扎实的运营知识、有着丰富运营经验的团队，才能为微信公众号持续不断地提供优质内容。

■ 自媒体要有鲜明的魅力人格体

"罗辑思维"一直强调自己拒绝定位，要让广大的用户保持长久的新鲜感。罗振宇甚至说过："千万不能有定位。'罗辑思维'的语音就是在和大家的预测捉迷藏，什么都聊，如果你不打开你永远也不知道我今天要说的是啥，这就是悬念的力量。"如图1-19所示。

其实从另一种角度来说，保持悬念就是"罗辑思维"对于自己的定位，或者说是对自身特点的一种概括。这种悬念与神秘色彩使得"罗辑思维"充满了引人探索的魅力。

"罗辑思维"创始人罗振宇和申音都曾多次表述过，自媒体要有"魅力人格体"，要有强烈的人格色彩。罗振宇给"罗辑思维"提出的口号是"有种·有趣·有料"，如图1-20所示，采用"死磕自个儿，愉悦大家"的姿态来做产品。

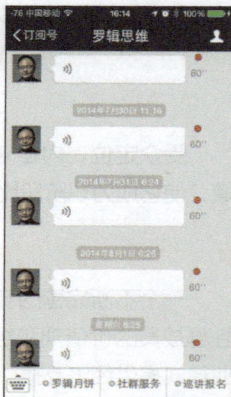

图1-19 语音信息

图1-20 "有种·有料·有趣"

这种姿态看上去是罗振宇个人的行为特色，但是我们要看到他已经和"罗辑思维"融为一体，他刻意营造的魅力人格转移到了一个本来没有生命的东西上，使它变得富有"人情味"。罗振宇也成了"罗辑思维"最重要的"资产"，这也是"罗辑思维"魅力人格体最突出的体现。

自媒体的魅力人格就像报纸的口号，代表着新媒体的灵魂气质和格调。一个没有魅力人格体的自媒体，就像没有生命力的机械，注定会被淹没在五光十色、各具特色的自媒体大军之中。

■ 自媒体要有成熟的商业生态圈

投入和产出一直是自媒体发展过程中不得不考虑的问题，一味投入只会让自媒体发展成无源之水，最终难以为继。只有建立了成熟的商业模式才能为自媒体的发展提供支撑，如果我们能够搭建起一个成熟的商业生态圈，那么自媒体的发展将如鱼得水，而不是陷入对广告过度依赖的窘境中。

当前，"罗辑思维"的社群，就可以算作一个商业生态圈。它一方面通过各种手段吸引会员，强化社群的价值认同感，提升社群的凝聚力；另一方面利用社群集聚的效应，为商家提供足够的曝光渠道和良好的口碑，同时这些商家的福利又进一步带动了社群的活跃度，这样就形成一个"内容—用户—社群—商业"的良性发展生态圈，如图1-21所示。

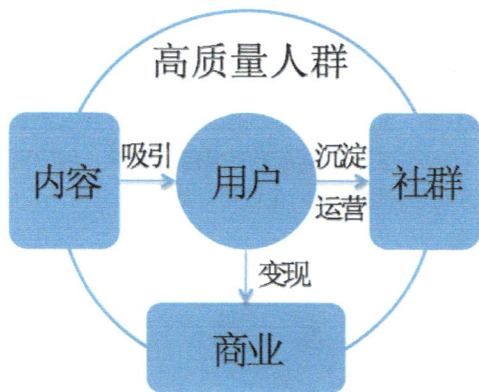

图1-21 社群媒体生态

■ 自媒体需要强化用户的认同感

"罗辑思维"为强化用户的认同感做出了很多努力，不仅在每周一期的视频中积极回应用户的评价和意见，而且在出版的书中加入了大量的用户评论，让粉丝觉得自己属于这个群体，可以为这个群体建言献策。

为了让大部分会员都能够融入社群，"罗辑思维"团队还设计了大量活动，例如，为会员组织相亲活动，并配套微博的线上征婚和线下相亲活动。这种并非传统的相亲活动，并不追求相亲效果有多好，策划这个活动的主要目的就是让会员活跃起来，提升成员对社群的亲密度。

再有"罗辑思维"还在微信中推出的"会来事"功能，社群成员可以在这里向社群小伙伴求助，也可以在这里和大家分享自己的感悟与智慧。这个渠道就是用户的交流平台，这个社群也不再是罗振宇一个人对应广大会员用户的单向模式，而是一对多、多对多的交互模式。这种模式在很大程度上可以加强成员对社群的认同感和依恋感，因为他们可以明显地感觉到自己并不是一个人在思考，而是与众多社群伙伴们一起学习、努力。

1.2　认识公众号

公众号，即微信公众号，也就是我们在使用微信时所关注的公众账号。微信在我们的生活中使用比例越来越高，公众号的数量也是飞速地往上涨，2015年底就已突破了1000万大关，并且保持着迅猛增长的势头。

这种狂热的现象就像美国18—19世纪时的"淘金热"，巨大的诱惑引得人义无反顾地踏上寻金之路。现在的人们也嗅到了微信公众号的巨大商机，开始了自己的"微信公众号之旅"。但是为了少走弯路，我们首先应该对公众号有一个大致的了解。

下面，我们就以微信公众号为中心，重点介绍微信公众号的分类，如何选择公众号的类型，以及开通了公众号之后我们能够做什么。

1.2.1　公众号的3种分类

"再小的个体，也有自己的品牌"，这是微信公众平台的官方广告。微信公众平台的宗旨就是为每一个人提供创建自己品牌的机会，只要你想，你就能在微信公众平台上留下自己的足迹。

因为微信公众号的主体众多，而他们所需要的公众号功能各有差异，因此微信公众平台为用户提供了3种公众号类型，它们的注册要求与功能都有所差别，用户可以根据自己的实际情况进行选择。这3种类型分别是订阅号、服务号、企业号。如图1-22所示。

订阅号

为媒体和个人提供一种新的信息传播方式，构建与读者之间更好的沟通与管理模式。

服务号

给企业和组织提供更强大的业务服务与用户管理能力，帮助企业快速实现全新的公众号服务平台。

企业号

为企业或组织提供移动应用入口，帮助企业建立与员工、上下游供应链及企业应用间的连接。

图1-22　微信公众号类型

下面逐一讲述它们的特点。

1. 订阅号

微信订阅号是为媒体和个人提供的一种新的信息传播方式，主要功能是在微信中向用户传达信息。也就是说，微信订阅号就像微信中的报纸杂志，可以为我们提供新闻信息或娱乐趣事，如图1-23所示。

图1-23　微信订阅号信息

订阅号可以分为两种类型，一种是普通订阅号，一种是认证订阅号。两者的区别就在于是否通过微信认证。

普通订阅号的功能，首先需要提及的就是推送微信文章，订阅号每天都可以群发1条消息，所发送的消息会显示在微信聊天记录界面的文件夹——"订阅号"中，点开"订阅号"就能看到我们关注的所有订阅号的列表，如果订阅号有新发送的消息，会在头像右上方出现一个小红点，如图1-24所示。除了每日发送消息，我们还可以在订阅号的底部添加一个自定义菜单。我们可以通过点击自定义菜单，在公众号中找到有价值的信息，如图1-25所示。

图1-24 订阅号新消息提醒

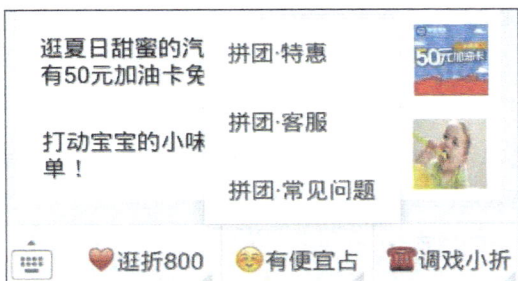

图1-25 自定义菜单

认证订阅号，包含了所有普通订阅号的功能，而且它的自定义菜单功能比普通订阅号的自定义菜单功能更强大，它能在底部菜单中直接链接到外部链接。不仅如此，认证订阅号还能添加一些新的功能插件，如卡券功能、客服功能等。更为重要的是一些高级接口的获得条件是必须通过微信认证，如客服接口、获取用户基本信息接口、获取"分享给朋友"按钮点击状态及自定义分享内容接口等。

总体而言，普通订阅号可以满足运营者的基本要求，即向用户传达信息；认证订阅号就是普通订阅号的升级版，能够为运营者提供更广阔的发展空间。

2. 服务号

服务号是为了向企业和组织提供更强大的业务服务与用户管理功能而开发的，主要偏向于服务类交互，其功能类似于12315、114、银行等，相当于企业在微信上建立的"客服平台"。

不同于订阅号注重消息的传达，服务号更加注重为用户提供服务，如服务号"中国建设银行"，只要关注该公众号并绑定银行卡，就能直接在微信中查询余额、办理生活缴费等。如图1-26所示。

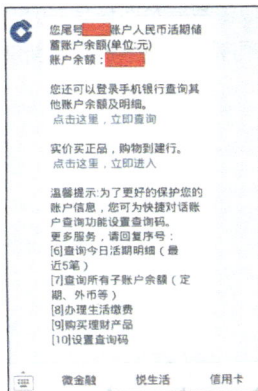

图1-26 服务号的功能展示

与订阅号相同，服务号也可以根据是否通过微信认证分为两种类型，即普通服务号和认证服务号。

普通服务号一个月只能发4条消息，但是并不会像订阅号的信息一样会被折叠，而是直接呈现在微信聊天界面中，如图 1-27所示。普通服务号同样能够进行自定义菜单设置、接收回复消息等基本操作。

认证服务号包含了普通服务号的所有功能，并且可以有更高级的接口。例如，可以在第三方平台上获取粉丝信息、提供网页授权等，还可以申请开通微信支付。

图1-27 在微信中直接显示的服务号

3. 企业号

企业号，主要用于公司内部通信，是针对大型公司、政府或者事业单位开发的。它的作用是帮助政府、企业及组织构建自己独有的生态系统，随时随地连接员工、上下游合作伙伴及内部系统和应用，实现业务及管理的互联化，如图 1-28所示。

图1-28 企业号

例如，将企业号应用在酒店的管理中，酒店经理可以随时随地了解酒店的经营情况，并根据报表数据及时做出经营策略的调整；客房人员可以利用企业号直接查看房间状态，合理安排清扫顺序，并在手机上更新清扫状态，如图 1-29所示。

图1-29 利用企业号更新清扫状态

　　由于企业号所面对的不是大众，而是一个特定的圈子，只有企业通讯录中的成员才能关注企业号，保密性极强，所以在微信的宣传营销中基本不会涉及企业号。

　　3种微信公众号的区别，如图1-30所示。

类型	订阅号	服务号	企业号
申请资格	个人、媒体、政府或其他组织	媒体、企业、政府或其他组织	企业、政府、事业单位或其他组织
自定义菜单	通过认证的订阅号可以有	有	有
应用场景	自媒体	客服、微信小店	移动OA、上下游产业
主要作用	推广	服务	管理
群发信息	每天1条	每月4条	不限次数
微信位置	折叠	不折叠	不折叠，通讯录首位
保密性	会出现在搜狗的微信搜索中	只提供给微信订阅用户，不在微信搜索中显示	订阅用户需进行身份认证，保密性强
费用	个人无，企业微信认证每年300元	企业微信认证每年300元	企业微信认证每年300元

图1-30　订阅号、服务号与企业号的区别

4. 如何选择公众号类型

　　从申请人资格方面来说，个人只能注册订阅号，这种强制性的选择减轻了不少选择恐惧症"患者"的痛苦。但是其他主体就不同了，企业、媒体等都拥有自主选择公众号类型的权利，但就是这个自主权，成为许多初次接触公众号运营者的"拦路虎"，不少人在"订阅号"与"服务号"之间摇摆不定，如图1-31所示。

图1-31　公众号类型选择

　　我们在做出选择时，往往会综合多种条件、多个角度来考虑。同样的运营者在选择公众号类型时，也应该全面地分析运营的目的、功能的差异等问题，尽量避免在今后的运营中出现功能缺失或定位错误等问题。那么，我们在选择时都应该从哪些方面考虑呢？下面提供3个思考的角度以供参考。

■ 做营销还是做服务

　　从对订阅号与服务号的介绍中可以看出，两者的定位与作用其实有很大的差异。如果能够将

运营公众号的目的弄清楚，就会知道哪一种类型更满足目前的需求。

假如公众号的运营以信息发布和营销活动为主，那么比起一个月只能发送4条信息的服务号，当然是每天都能发送消息的订阅号更为合适。如新闻媒体的选择多是订阅号，因为它们的定位就是为大众提供新闻资讯。

假如公众号的定位是为客户、会员提供一对一深度服务，那就应该选择功能更为强大的服务号，以便今后配合技术手段将微信与CRM（客户关系管理）系统打通、结合多客服功能，为用户提供良好的服务体验。例如，银行、电子商务企业、航空企业等需要向客户提供客服的行业和企业，就应该优先选用服务号，在用户消费过程中不断给予服务性的提示，提供订单、行程、路线、航班等信息的及时提醒和查询，并提供实时在线客服。

■ **对文章打开率的重视程度**

微信文章的打开率是判断一个微信公众号价值的重要因素，文章的打开率较高意味着粉丝对公众号的关注度高，公众号做宣传营销的效果自然也就更好。

由于订阅号会被折叠在"订阅号"文件夹中，所以订阅号的打开率普遍较低，据不完全统计，打开率能达到10%~20%就已经算比较高的了；而服务号所推送的信息是直接显示在消息列表中的，所以打开率一般在50%~60%，相对较高，如图1-32所示。

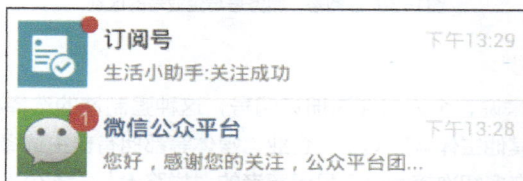

图1-32 订阅号文件夹与直接显示在消息列表中的服务号

■ **认证难易程度**

由于微信认证要求企业必须有能证明自己拥有待认证名称所有权的权威文件，即营业执照、组织机构代码证等，导致有些企业无法进行微信认证。在这种情况下，公司只能暂时选择普通订阅号，等到证件符合认证要求后，再将普通订阅号升级为认证订阅号，或者重新注册服务号。例如，某些企业只有英文名称或英文缩写，所有权较难证明，或者对某一品牌只有代理权或部分使用权，这些情况就很难通过微信认证。

1.2.2　开通公众号做什么

微信作为一款囊括男女老少用户的"国民软件"，其价值已无须多言。作为微信中唯一的开放平台，微信公众号注定会成为万众瞩目的新兴市场。

如今，微信公众号呈现一种百花齐放的盛况，而繁荣的原因可追溯到微信公众号独特的优势。

（1）微信信息的传播更加高效。微信独特的地方在于，微信朋友圈中大多数是已经认识的人，微信的人际网络是一种熟人网络。信息在好友圈内部传播就是一种基于熟人网络的小众传播，如图1-33所示，其信任度和到达率是传统媒介无法达到的，因此在微信平台能够获取更加真实的客户群。

图1-33 熟人社交

（2）公众号可以随时随地提供信息和服务。如今，智能手机已经成为大众随身携带的必要工具，而微信作为一款社交软件，其便利的互动性本来就是区别于其他网络媒介的优势所在，能够给公众号的营销带来极大的便利。

借助微信天然的传播途径、互动等优势，用户可以像与好友沟通一样同企业公众号进行沟通互动。同时结合公众平台当中的一些互动，如刮刮卡、大转盘等功能可以极大地增强营销的互动性和趣味性。

（3）公众号具有丰富的媒体内容，便于分享。新媒体相较于传统媒体的一个显著特点就是移动互联网技术的应用，通过手机等终端可以随时随地浏览信息传递消息，碎片化的时间得以充分利用，而微信在这方面可谓做到了极致。

微信所特有的对讲功能使得社交不再局限于文本传输，而是图片、文字、声音、视频共存的富媒体传播形式（指具有画面、声音、视频及交互性的信息传播方法），更加便于分享用户的所见所闻。同时用户除了使用聊天功能，还可以通过微信的"朋友圈"功能，通过转载、转发及"@"功能将内容分享给好友。

（4）微信公众号一对多传播，信息达到率高。微信公众号是企业进行业务推广的一种有力途径，它的传播方式是一对多的传播，如图 1-34所示。我们可以通过群发信息，将消息推送到粉丝的微信中，因此达到率和被观看率更高。目前已有许多个人或企业微信公众号，因其优质的推送内容而拥有数量庞大的粉丝群体，如前面所讲的"罗辑思维"等。

图1-34 公众号一对多传播模式

在微信公众号中，还可以进行植入式的广告推广，由于粉丝和用户对微信公众号的高度认可，所以不易引起用户的抵触，加上到达率和被观看率高，能产生十分理想的效果。

虽然微信公众号具有相当大的优势，但是商家如果不能给客户提供有价值的服务和信息，不懂得营销方法，将微信公众号当成广告宣传工具，滥发广告，其微信公众号也很容易被客户取消关注。

1.2.3 【案例】小米玩转公众号客服

当微信开始红遍全国的时候，大批企业涌入微信，开设自己的微信公众号，小米手机也开通了微信公众号，如图1-35所示。

当大部分企业还在对公众号的定位感到迷茫时，小米手机已经在微信公众号中取得了相当优异的成绩，公众号开通不到1年，小米手机微信公众号的粉丝量已超过500万，成为最大的企业公众号之一。小米手机的公众号之所以成功，有很大一部分原因在于找准了自己的定位，将微信公众号的客服玩得得心应手。

小米手机在开通微信公众号之前就已经开始了网络营销，早期是以微博和论坛两个阵地为主，其中微博具有很强的媒体属性与营销可扩散性，而论坛则完成了粉丝的沉淀，目前小米的论坛每天收到的用户反馈多达70万～80万条。

实际上，小米手机在运营微信公众号的前期，也不知如何定位及如何与"米粉"互动。在摸索了一个多月以后，它明确地将公众号定位为客服功能，小米公司认为微信具有很好的服务属性，其关键词回复机制十分适合打造自助服务的客服平台。

最开始时，小米手机的微信服务号在界面下方设置了3个导航标签：最新活动、自助服务和产品。点击任一标签都会自动弹出回复，用户可以获得许多信息，例如，点击"自助服务"，就可以选择订单查询、服务网点查询等服务，如图1-36所示。

图1-35 小米手机微信公众号　　图1-36 小米手机微信客服

小米手机微信运营团队还设置了关键词自动回复，用户可以给小米公众号发送文字信息，系统会根据客户信息中的关键词，自动回复信息。如信息中含有"小米5"，小米后台会自动发送小米5的相关信息，如图1-37所示。当自动回复不能解决客户问题时，就会转到人工客服。如此一来既能有效快速地做出回应，又能将一些简单的问题筛选出来，减轻人工客服的压力，提高客服的效率。

当然，除了微信公众号的设置之外，小米之所以能玩转公众号客服，还离不开强大的技术支持及一支专业的客服团队。

在小米手机微信公众号的粉丝增长到80万的时候，因后台消息量太大，导致人工客服无法一一回复，所以小米公司通过微信公众号的API接口，开发了一个专门的客服后台。

这个客服后台有很多客服账号，能够保证多个客服同时在线，用户反馈的问题会随机分配给客服来解决。在这个后台还可以统计出谁成功解决了客户的问题、解决结果如何、解决到哪一步等，以此来监督客服人员的工作，而且小米还会定时对客服进行考核，使客服保持效率。

小米手机的微信公众号无疑是十分成功的，它的成功对我们运营公众号也十分有借鉴意义。如在公众号定位时，我们应将自身的情况与微信公众号的特点相结合，找到合适的定位。

图1-37　自动回复

也有自己的品牌

WeChat微信
The new way to connect

第 **2** 章

注册微信公众号

微信公众平台是腾讯公司在微信的基础上新增的一个功能模块，是一个集政府、媒体、企业、商家、个人于一体的开放式平台，通过这一平台，个人和企业都可以打造一个微信的公众号。微信公众平台主张人们发出自己的声音，通过文字、图片、语音等方式与世界进行全方位的沟通、互动。

订阅号

为媒体和个人提供一种新的信息传播方式，构建与读者之间更好的沟通与管理模式。

适用于个人和组织

群发消息	1条/天
消息显示位置	订阅号列表
基础消息接口	
自定义菜单	
高级接口	

企业号

帮助企业建立员工、上下游供应链与企业IT系统间的连接。

构建高效的移动办公应用。

群发消息	无限制
消息显示位置	

　　微信公众平台如图2-1所示。微信公众号的注册流程并不复杂，所需的成本也并不高。尽管如此，还是会出现由于遗漏资料导致认证过期、选错账号类型等情况。所以我们应该做更加充分的准备，下面就以注册微信公众号的事前准备和具体流程为切入点，详细介绍如何注册微信公众号。

图2-1　微信公众平台

2.1　资料的准备

　　微信公众平台申请的主体类型有很多种，包括个人、企业、媒体、政府以及其他组织。由于申请主体的不同，所需要的资料也有所差异，因此，我们首先总体介绍一下各种类型的主体在注册时所需要的资料，具体内容如图 2-2所示。

公众账号注册需要准备的材料				
政府类型	媒体类型	企业类型	其他组织类型	个人类型
政府全称	组织名称	企业名称	组织名称	身份证姓名
授权运营书	组织机构代码	营业执照注册号	组织机构代码	身份证号码
运营者身份证姓名	组织机构代码证扫描件	营业执照扫描件	组织机构代码证扫描件	身份验证
运营者身份证号码	运营者身份证姓名	对公账户	运营者身份证姓名	运营者手机号码
运营者身份验证	运营者身份证号码	运营者身份证姓名	运营者身份证号码	
运营者手机号码	运营者身份验证	运营者身份证号码	运营者身份验证	
	运营者手机号码	运营者身份验证	运营者手机号码	
		运营者手机号码		

图2-2　公众账号注册需要准备的材料

　　从图 2-2可以看出，"个人类型"在这几种类型中是比较特殊的存在，以个人的身份申请微信公众号所需要的资料相对较少，不用准备企业的基本资料。然而企业、媒体等主体在注册时所需要提交的资料要比较全面，所以注册企业等类型的公众号时应做好更加详细的准备。

2.1.1　个人需要准备的证件

　　在注册微信公众号的注册时，申请人的个人信息是必不可少的。公众号申请成功后也是由专人来负责微信公众号的运营，因此选定申请人需要从多方面考虑。从微信主体讲，可以分为两种情况。第一种情况是个人，一般运营者就是微信公众号的拥有者；第二种情况是，企业、媒体、政府等，其申请人不可能是一整个公司或组织，因此它们一般会有专门负责微信运营的负责人，这时的运营者信息就既可以是该企业、组织的法人代表，也可以是其员工。

个人所需要填写和提交的信息、资料大致包括申请者个人信息、手持证件照、手机号码、绑定本人银行卡的微信号、个人职位证明等。

1. 申请者个人信息

申请者即微信公众号的运营者，个人在注册时，需要提供个人的身份信息，主要包括申请者姓名、身份证号码，如图 2-3所示。需要注意的是，同一个身份证号最多只能注册5个微信公众号；另外，微信公众号不支持临时身份证及护照。

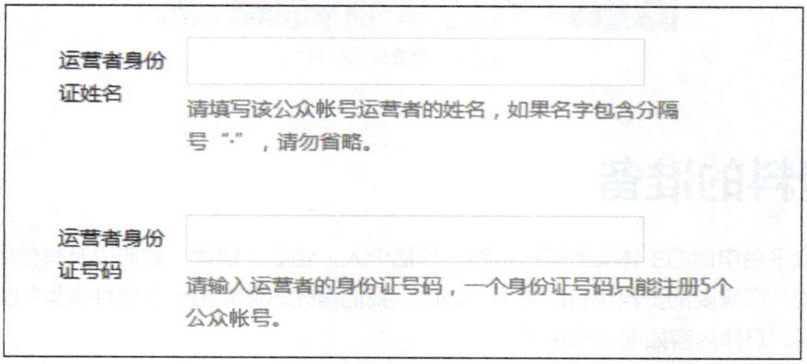

图2-3 身份信息

2. 手持证件照

手持证件照是个人在申请微信公众平台时必不可少的资料，我们可以按照相应的要求准备好照片。需要注意的是，拍摄时，申请者要将身份证放在下颚正前方，同时要保证身份证上面的文字和头像信息清晰可见，如图 2-4所示。上传的照片可以是JPG格式、JPEG格式、BMP格式以及GIF格式，文件大小不超过5M。

图2-4 手持证件照

3. 手机号码

在微信公众平台的申请中，运营者手机号码主要是用来接受注册的验证码，如图 2-5所示。需要注意的是，同一个手机号码只能使用注册5个微信公众号，如果申请者手机号码已经注册了5个微信公众号，就不能再次注册公众号，必须使用一个新的手机号。

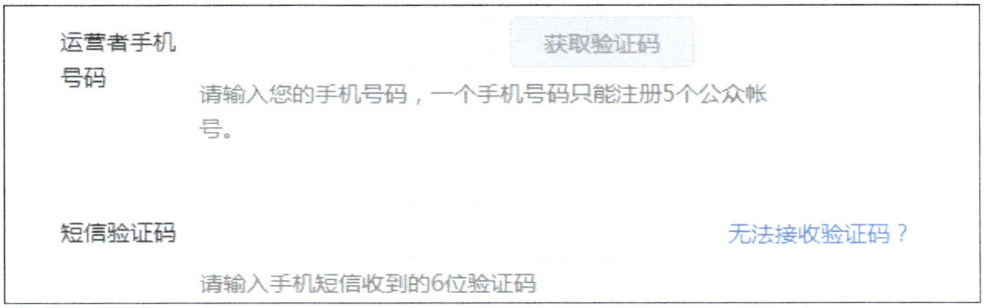

图2-5 手机号码

4. 绑定本人银行卡的微信账号

填好个人身份信息之后需要使用已经绑定本人银行卡的微信账户，并扫描出现的二维码。这一步主要用来确认申请人的身份信息是否与输入的信息一致，如图 2-6所示。所以，想要注册微信公众号，应该事先用微信绑定本人的银行卡。

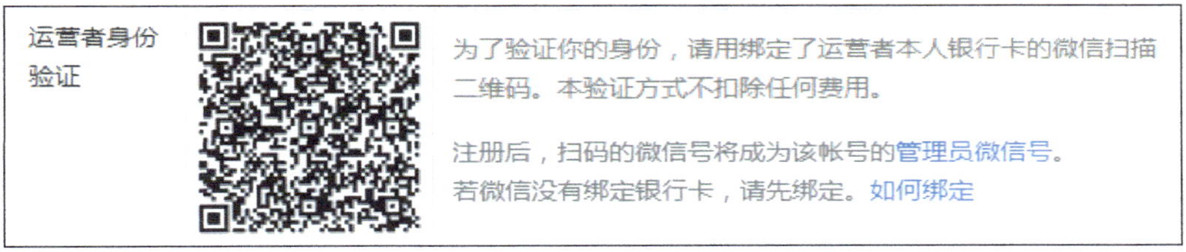

图2-6 扫描二维码

2.1.2 企业需要准备的材料

与个人申请资料相对，企业、媒体、政府及其他组织所需的资料要复杂得多，而且大多需要出示照片或扫描件，因此事前应做好充分的准备。资料主要包括企业名称、营业执照注册号、营业执照、对公账户、微信运营授权承诺书等。

1. 企业名称与营业执照注册号

企业名称，必须与当地政府颁发的营业许可证或企业注册证上的企业名称完全一致，信息审核成功后，企业名称是不可以修改的。同时，企业营业执照注册号也应与相应证件一致。与企业相同，媒体、其他组织也需填写正确的组织名称与组织机构代码。

2. 营业执照扫描件

在注册企业主体的"企业号"时，需要企业提供营业执照扫描件，而且企业提供的营业执照必须是中国大陆工商局或市场监督管理局颁发的工商营业执照，同时必须在有效期内，并且是企业最新的工商营业执照，同时该营业执照的年检章齐全，若是当年新成立的可以没有年检章，如图 2-7所示。

上传的照片可直接用手机拍照，但照片上的数据、文字必须都要清晰，不能出现图片模糊的情况，照片格式应为JPG、JPEG、BMP、GIF，且照片大小不能超过5M。将照片弄好之后可将照片在电脑上存好，为注册微信公众号做好准备。

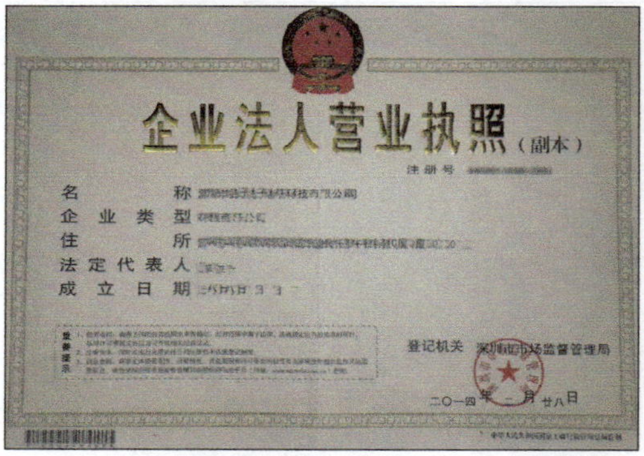
企业法人营业执照（副本）

注册号

名　　　称

企　业　类　型

住　　　所

法　定　代　表　人

成　立　日　期

登记机关　深圳市市场监督管理局

二〇一四年　月　廿八日

图2-7 营业执照

同样地，若是媒体或其他组织，必须上传相关组织机构代码证扫描件，上传要求与营业执照扫描件相同，如图 2-8所示。

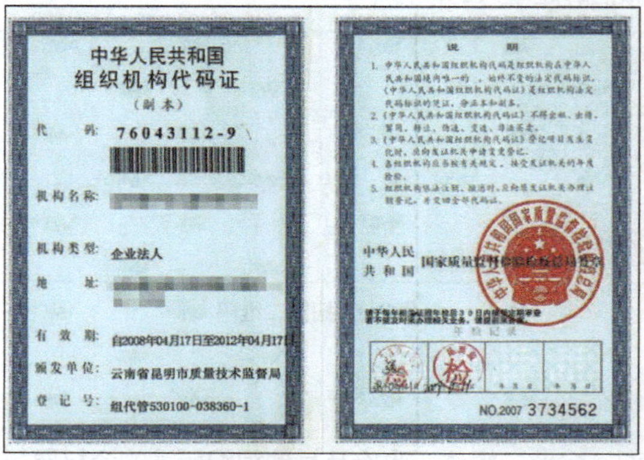
中华人民共和国

组织机构代码证

（副本）

代　　码：76043112-9

机构名称：

机构类型：企业法人

地　　址：

有 效 期：自2008年04月17日至2012年04月17日

颁发单位：云南省昆明市质量技术监督局

登 记 号：组代管530100-038360-1

说　明

中华人民共和国

NO.2007 3734562

图2-8 组织机构代码证

若是政府注册的“企业号”则要求上传“授权运营书”，如图 2-9所示，而且必须填好相关信息，并签字加盖公章。

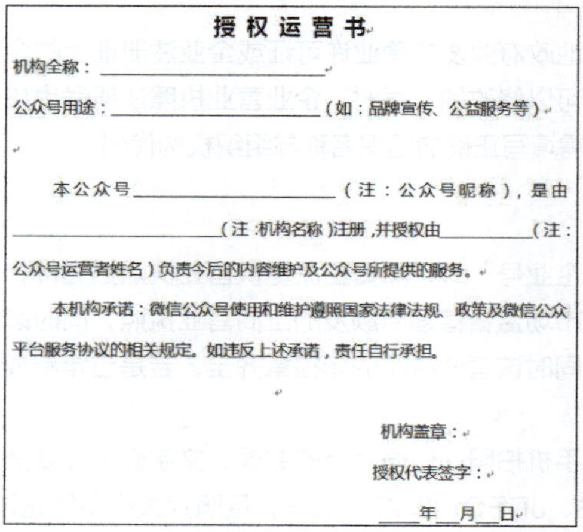
授权运营书

机构全称：＿＿＿＿＿＿＿＿＿＿

公众号用途：＿＿＿＿＿＿＿＿＿＿（如：品牌宣传、公益服务等）

本公众号＿＿＿＿＿＿＿＿＿＿（注：公众号昵称），是由＿＿＿＿＿＿＿＿＿＿（注:机构名称）注册，并授权由＿＿＿＿＿（注：公众号运营者姓名）负责今后的内容维护及公众号所提供的服务。

本机构承诺：微信公众号使用和维护遵照国家法律法规、政策及微信公众平台服务协议的相关规定。如违反上述承诺，责任自行承担。

机构盖章：

授权代表签字：

＿＿年＿月＿日

图2-9 授权运营书

3. 对公账户

　　注册企业的微信公众号还需要提供企业的对公账户。什么是对公账户呢？对公账户全称对公结算账户，又称单位银行结算账户，是指存款人以单位名称开立的银行结算账户。平日里单位的工资发放、特定用途资金专项管理、日常转账结算和现金收付等都是通过各种对公结算账户进行的。

　　填写对公账户时，要注意填写正确的企业对公账户号码，并选择相应的开户银行和开户地点，如图 2-10 所示。公众号注册成功之后，腾讯公司将会给这个对公账户打款1分钱，企业收到后便要回复与金额一起收到的备注码。

图2-10 对公账户

　　若个体工商户无对公账户，可填写营业执照上法人的个人银行卡号；若企业无对公银行账号，可以填写营业执照上法人的对私银行卡号及姓名。需要注意的是，填写个人银行卡号时必须与营业执照上的法人保持一致，同时在注册时，请不要选择自动打款验证，否则将无法注册公众号，而是选择人工验证，进行微信认证。

2.2 开通公众号

　　在对微营销及公众号的作用有了一个大致的了解后，我们就可以拿着准备好的各类证件扫描件，一步一步走进公众号的世界。其实，公众号并不是一个复杂的工具，那些我们所看到的会话栏中丰富多彩的回复、活动、文章、视频（如图 2-11 所示），都是由一个个使用便利的后台开发网站支撑的，我们甚至不用下载客户端，只要登录网页就能轻松搞定。

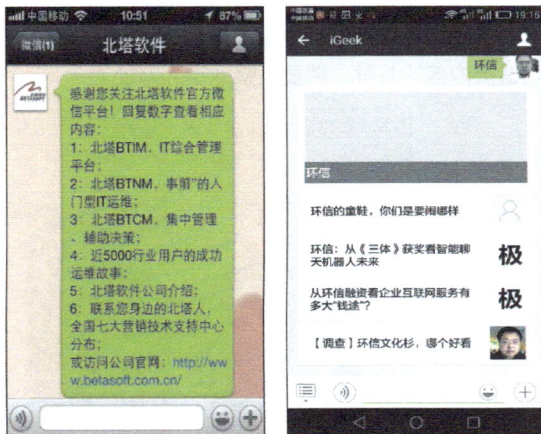

图2-11 公众号中丰富的会话栏内容

不过，用手机登录网页操作复杂，并不适宜。因此，我们的公众平台搭建，依旧需要PC端来继续发力。在开始之前，我们再来确认一次所需要的工具：执照扫描件、手机、可以联网的电脑。准备妥当之后就可以开始正式注册微信的公众账号了。

2.2.1 第一步：登录微信官方网站

1. 打开浏览器

打开桌面的浏览器，浏览器的类型根据自己的使用习惯而定（谷歌、IE、360等皆可），但需要注意的一点是，使用部分极速浏览器（如360极速浏览器等）会导致注册过程中网页的部分按钮无法打开，从而影响到我们整个的注册流程。

极速模式在一般在搜索栏末端显示"闪电"的标志，单击图2-12所示红色圆圈的闪电，可展开浏览模式的选项，红色方框中的极速模式，这个时候，我们只要单击其下方的兼容模式，即可完成跳转。兼容模式的好处就在于，不会造成某些网页中的特定内容无法运行，从而影响我们的注册。

图2-12 极速浏览模式

2. 进入微信公众平台官网

解决浏览器的问题后，接下来要做的就是登录微信公众平台的官方网站。常见的登录方式有两种。

第一种，在网页的地址栏中输入微信公众平台的网址按回车键确认，如图2-13所示。这种办法看上去比较麻烦，但编者建议大家尝试一下记忆网址，因为在之后开通第三方接口、发送网址链接内容的时候，需要频繁地输入网址。

图2-13 输入网址跳转界面

第二种则是我们的"懒办法"。用搜索引擎（如百度），检索"微信公众平台"或相关字样，在跳转的页面中单击图 2-14所示中红色方框内的内容，也可进入公众平台官网。需要注意的是，大家应该认准官网认证，以免被钓鱼网站乘虚而入，盗取个人私密信息。

图2-14　搜索引擎检索页面

另外，建议大家退出登录管家（如果有），如图2-15所示，否则会在填写账号信息时频繁将以前记忆的账号密码自动键入，影响注册。同时也不建议大家在不安全的开放环境下注册，以免泄漏隐私。最好是在自己家或公司的、设有密码保护的网络下进行注册。

图2-15　登录管家

接下来回到公众号的官网。请大家在网页右侧白色的登录模块右上方，单击图 2-16所示红色方框中的"立即注册"按钮，即可转到公众号的注册界面了。另外，以后登录公众号查看和管理则在白色的登录框中输入账号密码登录。在非安全环境下，不建议使用"记住账号"。

图2-16　单击"立即注册"

2.2.2　第二步：填写资料查看协议

单击"立即注册"后，页面将会跳转到公众号的注册页面，如图 2-17所示。只要按照网页的提示和要求进行操作，就能够轻松完成整个注册过程。从页面顶部的导航我们能够看出整个注册的大致流程。绿色的条目就是我们在注册过程中正在进行的步骤。值得注意的是，没有完成当前步骤是无法进行下一步或者查看下一步内容的。

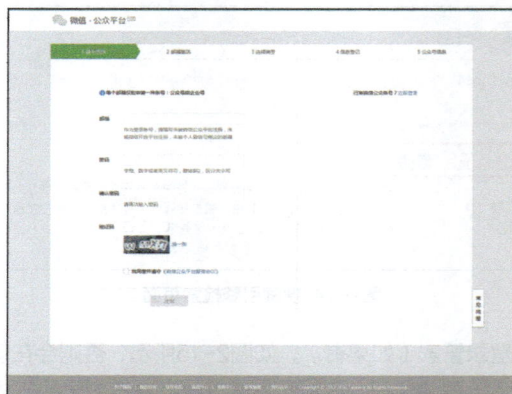

图2-17 公众平台注册流程导图

从图 2-17中我们能看到3种颜色的字。蓝字为动作链接，单击可以指定动作（如单击换一张，可更换验证码图片）；黑字为操作提示（如邮箱，大家在后面输入邮箱地址即可）；灰字有两种，其一为暂时不可操作（如页面最下的"注册"），其二为详细提示（如确认密码一栏的"请再次输入密码"）。

另外，如果我们在注册过程中出现了错误的操作或者不规范的填写，系统会自动弹出相关红字进行错误提示。例如，在输入邮箱存在问题时，则会在邮箱填写栏的下方出现"请输入正确的邮箱地址"或"该邮箱已被占用"的红色字样，修改通过之后才会消失，如图 2-18所示。

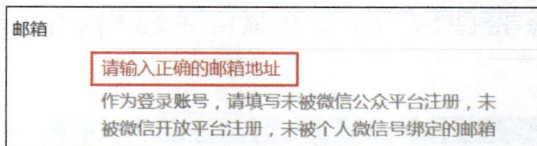

图2-18 错误提示

正确的邮箱书写分为两部分，账号和邮箱网址，通过符号"@"隔开。如XXXXXX@qq.com，或者是XXXXXX@163.com等。由于微信属于腾讯开发的软件，编者建议大家选择关联度更高的QQ邮箱作为注册邮箱。接下来则是设置和确认密码，如图 2-19所示。

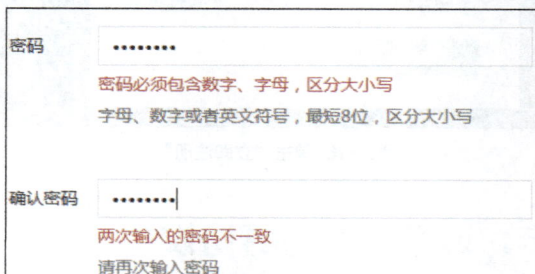

图2-19 输入和确认密码

　　根据灰色字的描述，密码由字母、数字（必须包含这两种）或英文符号组成，且不得少于8位数，此外还需要注意字母的大小写，如"1234Abc$"。由于登录密码使用频率相当高，编者建议选用好记的、常用的密码。但出于安全考虑切不可过于简单，单一的密码构成系统也不会通过。

　　输入密码后需要再次确认，确保没有填写错误，避免无法登录。在密码设置通过、确认完成后，图 2-19 的两行红色字会自动消失。接下来就可以完成最后的步骤了，填入验证码，并勾选《微信公众平台服务协议》，接着单击"注册"按钮即可，如图 2-20 所示。

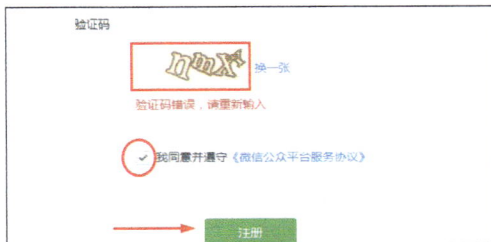

图2-20 完成注册

　　验证码是为了防止用户过于频繁地登录和注册操作，给官方后台运营添堵。公众平台的验证码由4个随机生成、较为难以辨认的变形英文字母组成。如果看不清或无法显示，大家可以单击右侧蓝色的"换一张"刷新。这里的字母不区分大小写，可以随意填写。

　　验证后，可以单击《微信公众平台服务协议》跳转页面查看详情，避免违规。完成阅读后，单击"我同意并遵守"。原本为灰色的"注册"按钮变成绿色，即可以单击"注册"。单击"注册"后，若本页信息无误，则可以跳转到下一步，否则，将会在相应的错误栏目下出现红字提示。

提示 将光标移到页面右侧"常见问题"，可查看官方的疑问解答，如图 2-21 所示。

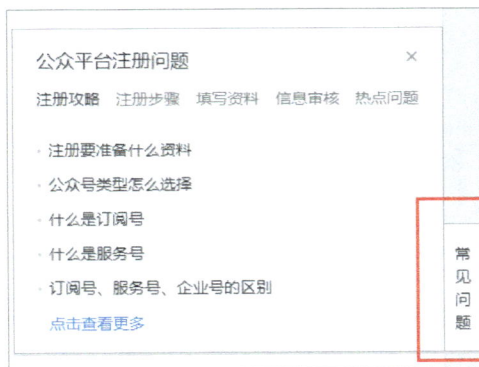

图2-21 常见问题

2.2.3　第三步：解决注册邮箱限制

　　基本信息填写无误就可以进入下一步"邮箱激活"了。公众平台系统会自动给我们之前所填写的邮箱发送一封邮件，如图 2-22 所示。这是为了确保邮箱真实有效且能接收邮件。

单击绿色按钮"登录邮箱"，可以跳转到所填写邮箱地址。

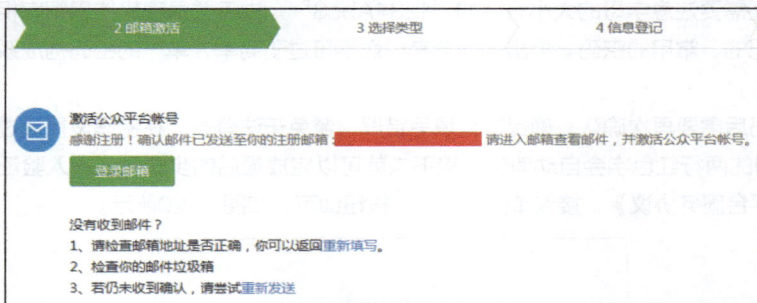

图2-22 邮箱激活

无法收到邮箱的原因有3种：第一，邮箱填写错误或无效，单击蓝色"重新填写"返回上一步修改。第二，发送的邮件被归类为垃圾邮件，查看垃圾箱并恢复。第三，网络繁忙或系统BUG，单击蓝色"重新发送"，页面顶端出现绿色条目"发送成功，请登录邮箱激活"后再试一次。如图 2-23所示。

发送成功，请登录邮箱激活

图2-23 重新发送提示

正确、有效的邮箱一般会在1分钟内收到邮件。这时，登录自己的邮箱，打开微信官方成功发送的激活邮件，并单击邮件内容中的链接，返回微信注册页面，就可以直接转跳到下一步"类型选择"的页面，如图 2-24所示。而对于邮箱，还有一些值得注意的地方。

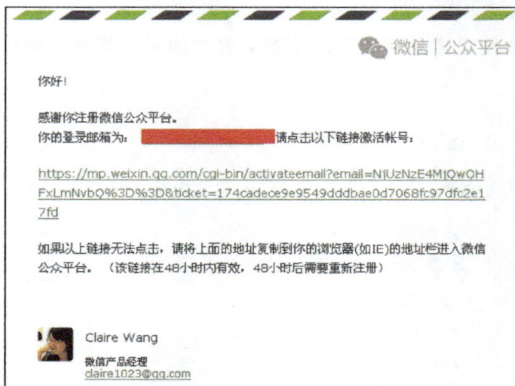

图2-24 激活邮件

一个邮箱只能够注册1个公众号账号，但是1个QQ邮箱可以开通3个邮箱账号，新开通的3个邮箱账号又可注册3个微信公众号。

登录ＱＱ邮箱，直接输入登录网址，或者在浏览器中输入"ＱＱ邮箱登录"进行搜索都可以。然后在出现的页面中输入自己的ＱＱ号码以及ＱＱ密码，单击登录即可。

在登录QQ邮箱之后，单击QQ邮箱首页右上角的"设置"，如图 2-25所示。

图2-25 设置

单击"设置"之后，页面就会变成邮箱设置。在邮箱设置中点击"账号"，在页面找到邮箱账号一项，如图 2-26所示，还可以新建"英文邮箱账号""foxmail邮箱账号""手机号邮箱账号"共3个邮箱账号。接下来以新建"英文邮箱账号"为例，展示新建邮箱的步骤。

图2-26 新建邮箱

首先点击邮箱账号中的第一项——"注册@qq.com英文账号"，就会出现确认注册界面，如图 2-27所示，然后点击"下一步"。

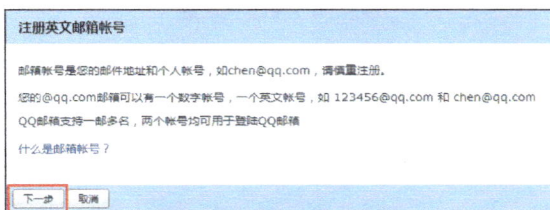

图2-27 注册英文邮箱账号

在点击"下一步"之后，便会出现填写有英文邮箱账号名称的界面，如图 2-28所示。在"请填写邮箱账号"之后的文本框中输入邮箱名称。建议将邮箱名称设置为与要注册的微信公众账号名称相关，可以是微信公众号的拼音形式，也可以是微信公众号的英文形式或是相关字母与数字的结合体，总之起名的原则是，看到邮箱账号可以立刻知道是哪一个公众号的注册邮箱。

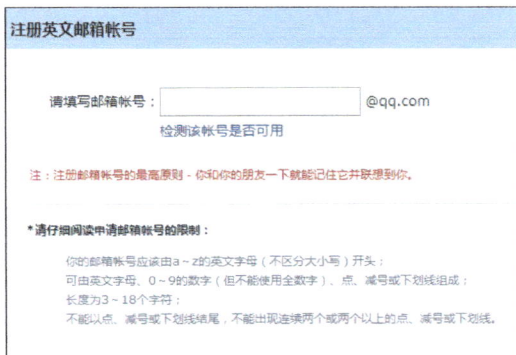

图2-28 填写邮箱账号

在填写邮箱名称时要注意，邮箱名称应该由a~z的英文字母开头（不区分大小写），整个名称可以由英文字母、数字、点、减号以及下划线组成，长度为3~18个字符。同时不能以点、减号或下划线结尾，不能出现连续两个或两个以上的点、减号或下划线。

在填好邮箱账号名称后，单击填写邮箱界面中的"检测该账号是否可用"，之后系统会搜索是否存在相同账号。如果没有，就会在上方出现"恭喜你，该邮箱账号还没有被使用"，如图2-29所示。如果名称已被他人注册，就会出现"该邮箱账号已被占用"的字样，需要重新命名邮箱。

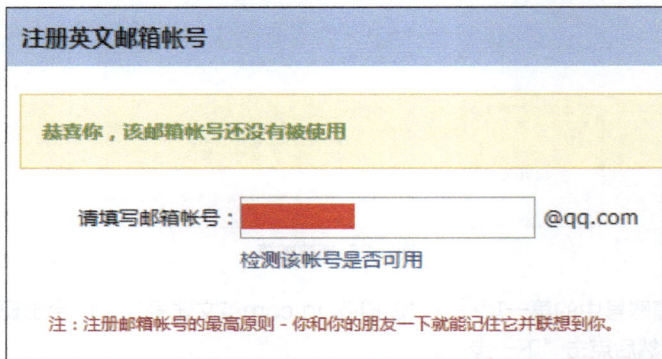

图2-29 检测是否重复

确定好邮箱账号名称之后，单击"下一步"。然后再一次确认邮箱名称，只需在相应位置填入相同的邮箱名称后，单击"确定"即可，如图 2-30所示。

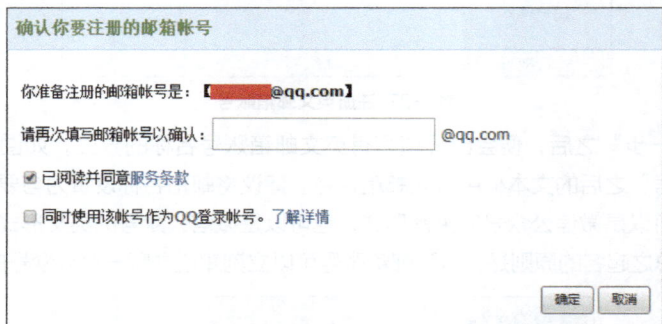

图2-30 再次输入邮箱账号

以上步骤完成之后，就会出现提示邮箱注册成功的界面，如图 2-31所示。这就意味着新邮箱注册成功了，之后便可以用新的英文邮箱去注册微信公众号。同样的方法，可以注册其他2个邮箱。得到邮箱账号后，就可以注册微信公众号了。

图2-31 注册成功

2.2.4　第四步：接收邮件确认激活

　　登录邮箱确认接到激活邮件后，打开邮件会看到一个绿色的激活链接，如图 2-32所示，直接单击该链接，就能直接跳转到微信公众号的选择类型界面，然后继续下面的操作。

图2-32　激活链接

　　如果接到的链接无法单击，可以将链接复制，如图 2-33所示，然后将链接粘贴到浏览器的网址栏中进行访问。

图2-33　复制链接

　　如果没有接到激活邮件，在"邮件垃圾箱"中也没有找到，"重新发送"也不能解决，就可以将微信官方的邮箱设置为"白名单"，然后再次发送。设置"白名单"的操作步骤为：首先登录自己填写的邮箱，然后在页面中找到并单击"设置"，之后在出现的多项选择之中找到"反垃圾"或"黑白名单"，如图 2-34所示。

图2-34　反垃圾

　　接着将微信官方邮箱设置为白名单即可，注意，微信的官方邮箱为"weixinteam@qq.com"。单击"设置邮件地址白名单"，然后输入邮箱地址，最后单击"添加到域名白名单"即可，如图 2-35所示。

图2-35 设置邮件地址白名单

设置白名单之后，再一次尝试重新发送。如果设置之后仍然不能够收到邮件，建议更换网络环境再进行尝试，或者使用其他邮件进行激活。

将邮箱激活后，页面就会变成"类型选择"，并且不可以再返回上面的操作。也就是在将一个邮箱激活之后，就不可以再一次使用该邮箱进行微信公众号注册。

2.2.5 第五步：选择类型上传执照

1. 选择类型

微信官方将公众号的注册过程分成了5步，依次是"基本信息""邮箱激活""选择类型""信息登记""公众号信息"。前两步"基本信息"与"邮箱激活"是比较好操作的，只要有一个正确、有效的邮箱即可快速完成。

然而到了"选择类型"就比较难以抉择了，因为一旦选择类型并成功创建账号，就不能再对微信公众号的类型进行修改。当然，在完成"信息登记"之前，是可以放弃当前的登记信息，再一次从"选择类型"开始设置的。

在第1章第2节——"认识公众号"中已经对微信公众号的3种类型做了一个基本的介绍，而在"选择类型"页面，如图 2-36所示，系统列出了3种公众号的特点与适用类型。

图2-36 选择类型

如果还是不太确定，可以单击"了解详情"来查看更多信息。单击"了解详情"，就会跳到"公众号平台服务号、订阅号、企业号的相关说明"页面，会对服务号、订阅号、企业号的最主要区别进行说明，同时也有几个温馨提示，可以让申请者从自己最需要的微信公众号功能出发，选择具体的公众号类型，如图 2-37所示。

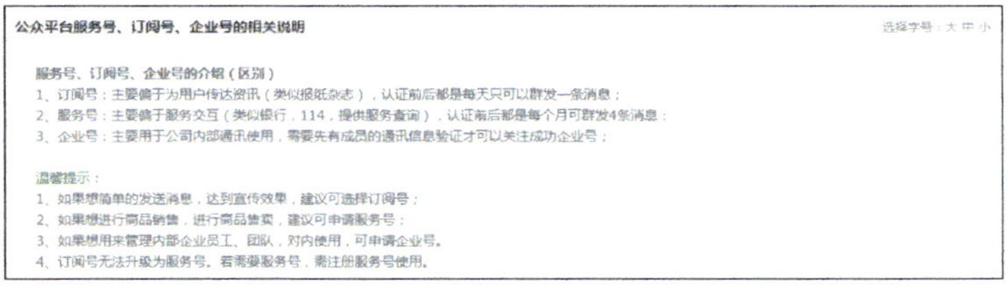

图2-37 公众平台服务号、订阅号、企业号的相关说明

不仅如此，在"公众号平台服务号、订阅号、企业号的相关说明"页面还有官方列出的订阅号、服务号、企业号的区别对比，如图 2-38所示。

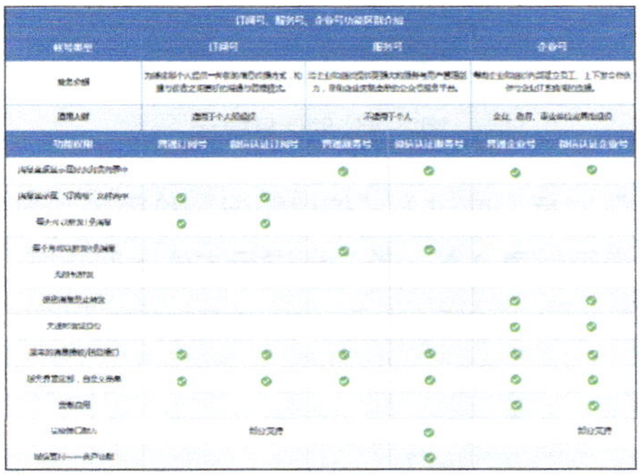

图2-38 订阅号、服务号、企业号功能对比

同时，在"类型选择"界面还可单击右侧的"常见问题"，并在其中单击"注册攻略"，就会出现许多常见问题，如图 2-39所示。单击红框中的问题，帮助注册者了解各类公众号的特点，从而决定具体的类型。

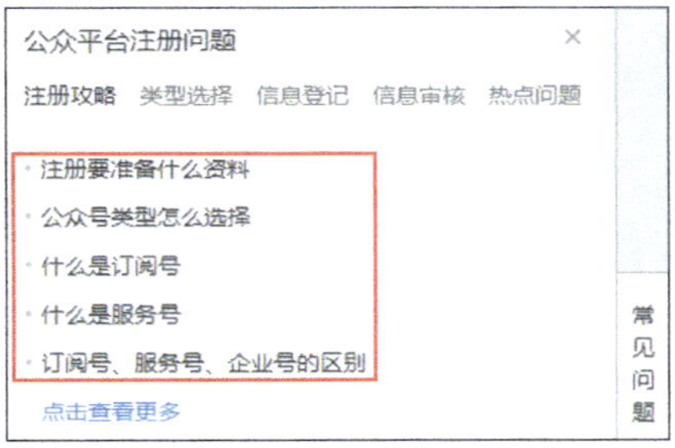

图2-39 常见问题

在选择好注册类型之后，如决定注册"订阅号"，则单击"订阅号"下方的"选择并继续"，如图 2-40所示。

图2-40 单击"选择并继续"

单击之后会弹出一个对话框，提醒注册者选择了公众号之后不可以再进行修改，是否继续操作，以免注册者选择错误，如图 2-41 所示。若已经决定好类型，并没有错误，可单击"确定"按钮，继续下面的操作。

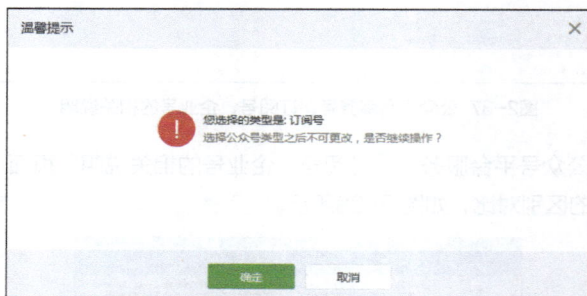

图2-41 对话框提示

做好公众号"选择类型"之后，就进入"信息登记"阶段了。单击"确定"按钮之后，就会出现"信息登记"页面。在填写信息之前，首先要进行主体类型选择，如图 2-42 所示。

图2-42 主体类型选择

微信公众平台已经开通了新注册用户的信息登记，并予以主体公示。公示的主体除了原有的政府、媒体、企业、其他组织，还包括个人。如果不知道应该选择哪一种主体类型，可以单击"如何选择主体类型"链接，将会跳到"公众平台注册如何选择账号主体类型？"页面，如图2-43所示，可以参照腾讯客服给出的类型标准来进行选择。

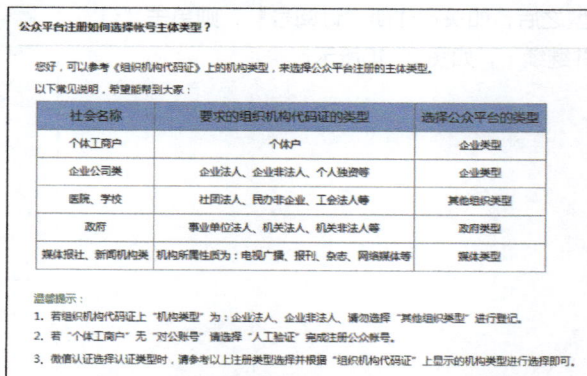

图2-43 公众平台注册如何选择账号主体类型

总的来说，以个人身份来注册公众号的只能选择订阅号中的"个人"，而企业、媒体等应参照组织机构代码证上面显示的机构类型来选择公众平台注册的主体类型。确定好主体类型之后，注册用户便可返回"信息登记"页面，单击选择主体类型，如图2-44所示。

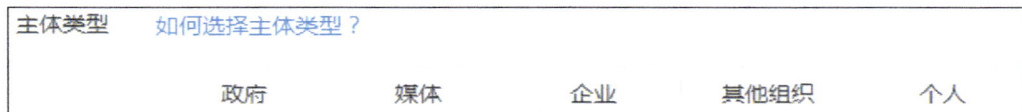

主体类型	如何选择主体类型？				
	政府	媒体	企业	其他组织	个人

图2-44 选择主体类型

2. 上传执照

微信公众号分为3种类型，它们在注册时的要求也各有不同。在注册"订阅号"与"服务号"中，只需填写企业、机构或政府名称与机构代码即可，但是在注册"企业号"时要求上传相关的证件扫描件。

若以政府为主体来注册"企业号"，就要求提供"授权运营书"，如图 2-45所示。"授权运营书"是为了证明申请者是经过该政府机构或部门认证允许的，这样可以最大限度地确保申请的微信企业号的正规性。

图2-45 政府企业号要求上传授权运营书

单击注册界面上的蓝字"授权运营书"，会直接弹出下载对话框，如图 2-46所示，单击图中的"下载"按钮即可。下载完成之后将其打印出来，然后填好相关信息，签好名字并加盖公章。

图2-46 单击"下载"按钮

43

如果系统提示浏览器版本过低，请将浏览器升级到IE8或以上；也可以直接在百度上搜索"微信授权运营书"下载。弄好之后，拍照扫描，上传即可。需要注意的是，上传的照片只支持JPG、JPEG、PNG、BMP格式，而且大小不能超过5MB。

若是以企业为主体注册微信"企业号"，需要上传企业营业执照的扫描件，如图 2-47所示。在上一节"资料的准备"中已经将营业执照扫描件的要求列出，如果事先已经做好准备，可直接单击"选择文件"按钮，在电脑上找到相应的照片，单击"确认"即可。

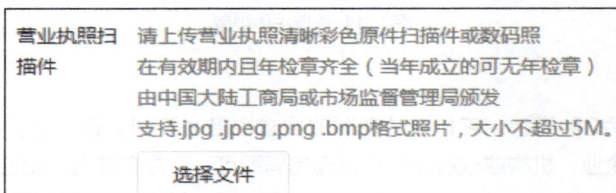

营业执照扫 请上传营业执照清晰彩色原件扫描件或数码照
描件 在有效期内且年检章齐全（当年成立的可无年检章）
由中国大陆工商局或市场监督管理局颁发
支持.jpg .jpeg .png .bmp格式照片，大小不超过5M。

选择文件

图2-47 上传营业执照扫描件

若是以注册组织为主体注册"企业号"，则需要上传组织机构代码扫描件，如图 2-48所示。同样要求提供组织机构代码证公章齐全且处在有效期内，照片大小也不可以超过5M，而且上传格式必须是JPG、JPEG、PNG、BMP格式。

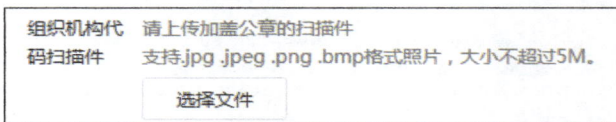

组织机构代 请上传加盖公章的扫描件
码扫描件 支持.jpg .jpeg .png .bmp格式照片，大小不超过5M。

选择文件

图2-48 上传组织机构代码扫描件

2.2.6 第六步：填写信息完成注册

为了微信公众账号信息的真实、规范、有效，给广大的微信用户提供真实透明的信息，目前在公众账号资料"注册详情"中需要填写真实的相关注册信息。微信公众平台以实际行动支持互联网实名制，致力于为用户提供绿色、健康的生态环境，努力打造一个为企业、机构与个人用户之间交流提供服务的优质平台。

选择好主体类型之后便要开始填写相关的信息了。需要填写的信息主要包括"主体信息登记"及"运营者信息登记"。

1. 主体信息登记

"主体信息"与"运营者信息"是两个不同的概念，"主体信息"是用户使用微信平台各项服务和功能唯一的法律主体信息与缔约主体信息，目前公示的主体除了原有的政府、媒体、企业、其他组织，还包括个人。

■ 个人类型的主体信息登记

个人类型的主体信息就是注册时填写和上传的个人身份证信息，如图 2-49所示。需要填写的就是身份证姓名及身份证号码。注意，在信息审核成功后身份证姓名不可再进行修改；如果名字中包含了分隔号"·"，请不要将它省略；同时提供的身份证号码必须是有效身份证，不支持临时身份证和护照，而且一个有效身份证只能注册5个公众账号。

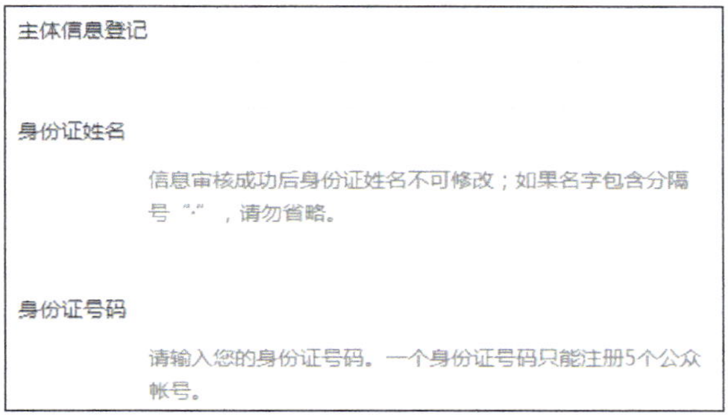

图2-49 个人类型的主体信息登记

■ 企业、媒体、其他组织类型的主体信息登记（以企业为例）

在主体信息填写阶段，企业、媒体、其他组织所要填写的内容基本相似，都是名称、相关证明的代码以及主体验证方式，因此以企业为例详细介绍。

企业类型的主体信息就是注册时填写和上传的营业执照信息，主要包括"企业名称""营业执照注册号""主体验证方式"3项，如图2-50所示。

图2-50 企业类型主体信息登记

填写的"企业名称"应该与当地政府颁发的营业许可证书或企业注册证上的企业名称完全一致，由于从2015年1月1日起，已注册成功的个人类型或企业类型公众号无法申请修改主体信息，所以在注册时应重视企业名称的填写，不要出现错误。若机构名称不足4个字，可在名称前面加上所在地区，并且选择人工验证。

填写的"营业执照注册号"应与营业执照一致，若企业办理了三证合一，可填写统一社会信用代码。

主体验证方式是腾讯公司给注册用户验证主体真实身份的一个渠道选择，有两种方式可选择："自动对公打款验证"与"人工验证"。

自动对公打款验证就是注册公众号时使用对公账户，接收腾讯公司对公账户打款（金额为1

分钱）并附上6位数字的备注验证码，收到打款后，在账单上查询备注验证码，将备注验证码在公众平台上填写，即可完成注册。这种验证方式要求开通对公账户，无对公账户的企业或者个体可以使用法人账户代替对公账户。自动对公打款验证的流程如图 2-51所示。

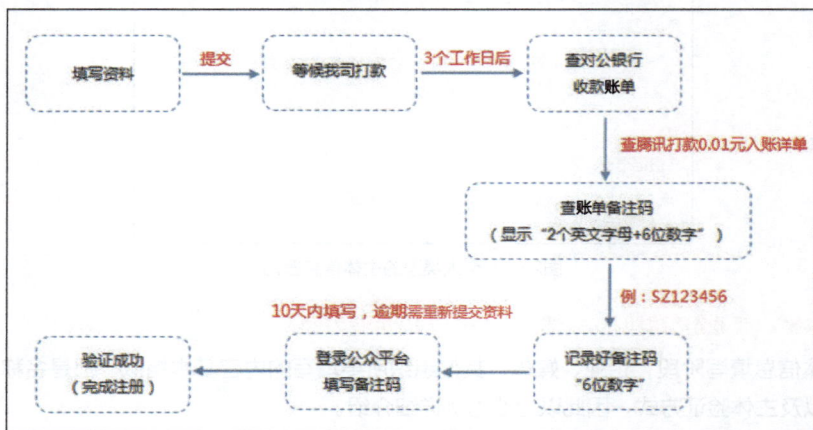

图2-51 自动对公打款验证流程

人工验证就是注册公众号的同时认证公众号，注册后公众号即为认证加V的公众账号，若后续账号需要微信认证，建议选择此选项，有无对公账户均可选择此步骤，微信认证服务审核费300元/次。人工验证的流程如图 2-52所示。

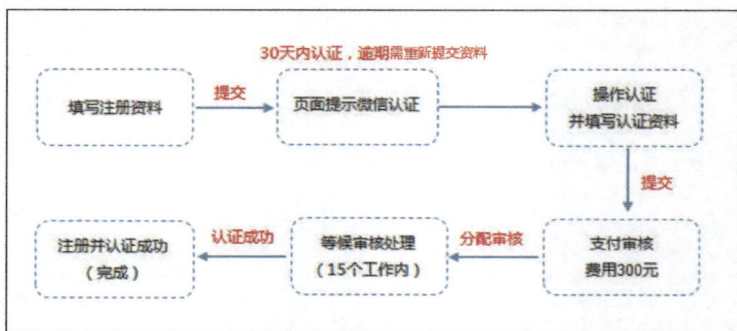

图2-52 人工验证流程

在两种验证方式中，自动对公打款验证所需时间短，大约在3个工作日内，且无须花费验证费用，但注册的公众号是没有经过认证的；而人工验证的优点就在于注册与认证一同进行，注册成功后公众号同时被认证，但是人工验证所花费的时间稍长，需要5个工作日，并且需要交纳300元/次审核费。

如果企业已经开通对公账户，且企业名称未少于4个字，可单击选择"自动对公打款验证"，就会出现对公账户资料填写界面，如图 2-53所示。

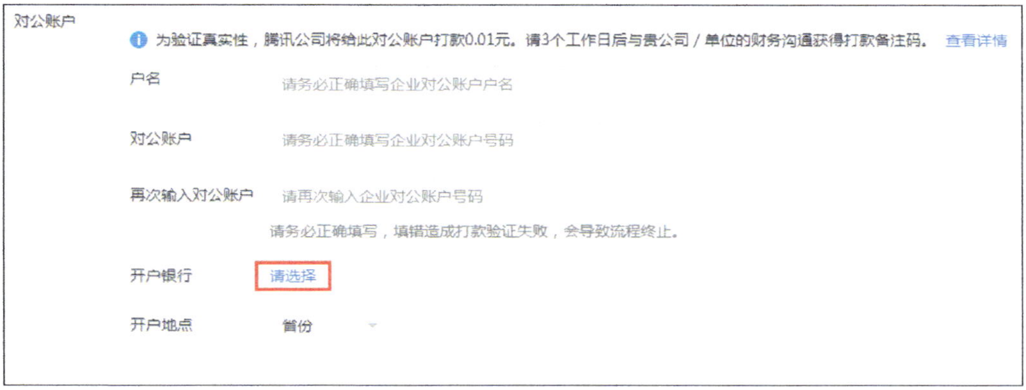

图2-53 企业对公账户信息

需要填写的信息包括户名、对公账户、开户银行以及开户地点。所填写的信息应对照开户许可证来填写，如果对公账户的账号中存在横杠，应去掉再填写。请务必正确填写，填错造成打款验证失败会导致流程终止。

在填好户名与账户账号之后，单击对公账户图片红框中的蓝字"请选择"，页面会弹出许多微信支持验证的银行名称以供选择，如图 2-54所示。可以单击图 2-54红框中的按钮翻页，或直接输入数字单击"跳转"来寻找正确的银行名称。

图2-54 选择银行

找到银行名称之后单击名称前的小圆圈，然后单击"确定"，就选择好银行了。如果选择错误，可点击蓝字"重新选择"来修改，如图 2-55所示。

图2-55 重新选择银行

如果在已经列出的银行名称中找不到相应的开户银行，可单击选择银行界面中的蓝字"找不到银行？"，可以看到腾讯官方给出的解释。找不到银行说明所属的银行是不支持此次验证的银行，可以考虑选择另外申请对公账号后再注册进行打款验证，或者选择人工验证方式。

选择好开户银行后需要选择开户地点，直接单击"省份"就会出现省份列表以供选择。

选好省份后才会出现市级的选择，大部分情况下，开户地点只能选择到省市一级，部分县级可以显示。选择好的情况，如图2-56所示。

| 开户地点 | 安徽省 ▽ | 黄山市 ▽ |

图2-56 开户地点

如果企业出现没有对公银行或对公银行户名与注册主体户名不一致、对公银行不能用于正常收款以及在自动对公打款验证中找不到开户银行4种情况，就只能选择人工验证。在注册阶段直接单击"人工验证"前的小圆圈即可，如图2-57所示，之后的程序在注册完成之后进行。

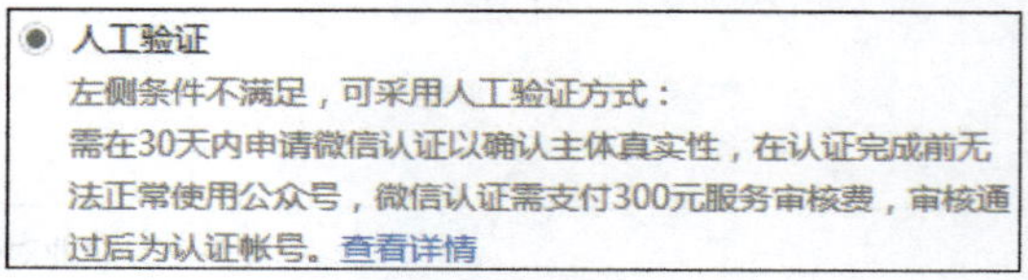

● 人工验证
左侧条件不满足，可采用人工验证方式：
需在30天内申请微信认证以确认主体真实性，在认证完成前无法正常使用公众号，微信认证需支付300元服务审核费，审核通过后为认证帐号。查看详情

图2-57 选择人工验证

■ **政府类型的主体信息登记**

政府类型的主体信息登记，如图2-58所示，需要填写"政府全称"，政府全称应与实际机构名称完全一致，而且仅支持我国的政府机构，同一个机构可以注册和认证50个公众号。需要注意的是，政府类型需要立即申请微信认证，从而确认主体真实性，在认证完成前暂时无法正常使用公众账号的功能。

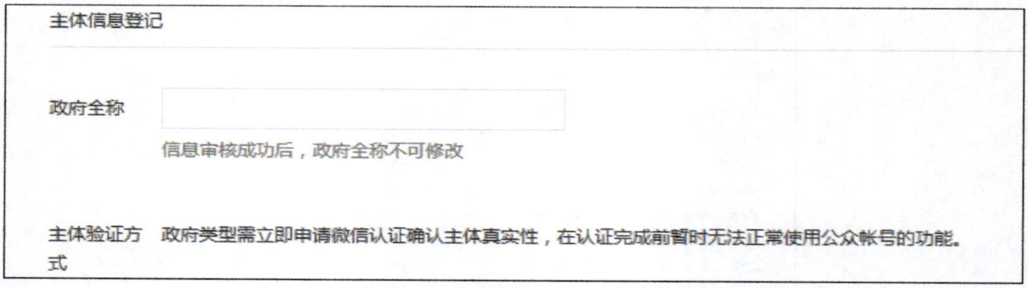

主体信息登记

政府全称 [_____]
信息审核成功后，政府全称不可修改

主体验证方式　政府类型需立即申请微信认证确认主体真实性，在认证完成前暂时无法正常使用公众帐号的功能。

图2-58 政府类型的主体信息登记

2. 运营者信息登记

"运营者信息"就是以后经营管理该公众号的负责人的信息。5种主体类型所要求填写的运营者信息是一致的，需要填写的信息大致包括姓名、身份证号码、手机号码以及短信验证码等，如图2-59所示。

运营者身份，个人公众号的运营者就是主体本人，所以在个人类型的主体信息填写之后可直接用微信扫描二维码验证身份。而其他类型的运营者可以是法人，也可以是企业或机构的其他员工。

在填写运营者身份姓名时，如果名字中含有间隔号"•"，不需要省略。同时要填写有效的身份证号码，这里的有效身份证号码是指已经满18周岁的中国

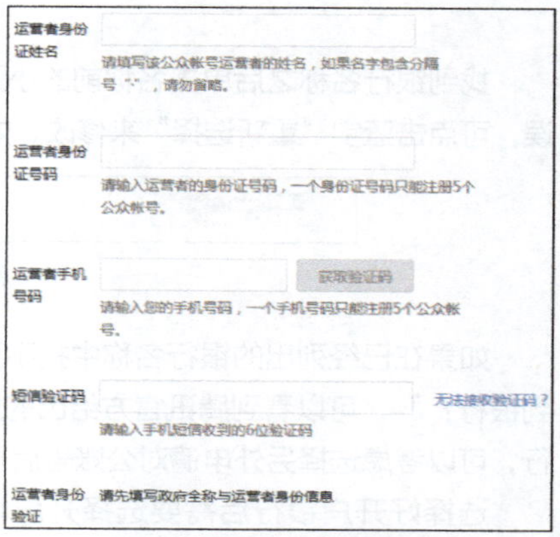

运营者身份证姓名
请填写该公众帐号运营者的姓名，如果名字包含分隔号"•"，请勿留略。

运营者身份证号码
请输入运营者的身份证号码，一个身份证号码只能注册5个公众帐号。

运营者手机号码 [获取验证码]
请输入您的手机号码，一个手机号码只能注册5个公众帐号。

短信验证码 无法接收验证码？
请输入手机短信收到的6位验证码

运营者身份验证 请先填写政府全称与运营者身份信息

图2-59 运营者信息登记

内地公民身份证号码，不支持临时身份证和护照。

所填写的手机号码只支持中国内地的手机号码，一个手机号码可以注册5个公众号，在填好手机号码后，"获取验证码"变成白色，单击"获取验证码"，就会收到微信官方发送到该手机号码上的验证码。然后将收到的验证码输入"短信验证码"后的方框中即可。

如果一直没有收到验证码，可检查是不是出现了以下5种情况：

一、所填写的号码不是中国内地的手机号码，需要更换手机号码登记；二、所发送的验证信息被手机安全软件拦截，可以打开手机安全软件，暂时关闭拦截功能，然后再次尝试获取验证码；三、短信网关拥堵或出现异常，短信网关拥堵或出现异常时会导致已发送的短信出现延时或丢失的情况，建议联系手机运营商核实或过段时间再尝试获取；四、由发送短信验证频率过快导致，建议隔一段时间后重新尝试操作即可；五、该手机号码登记的公众号已达到5个，需要更换手机号码进行登记。

在填好以上4项信息后，为了验证运营者身份，会出现一个二维码，如图 2-60所示。用已经绑定本人银行卡的微信扫描该二维码，注册后，扫码的微信号将成为该账号的管理员微信号。

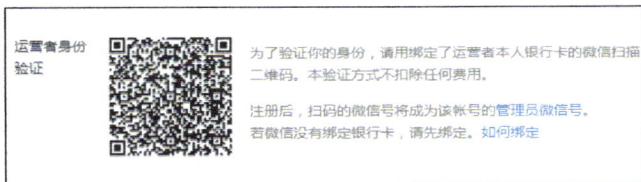

图2-60 二维码

运营者信息登记完毕之后，单击页面最下方的"继续"按钮，然后进行下一步操作。

3. 公众号账号信息登记

填写好基本信息后，需要输入注册的公众号名称、功能介绍以及运营地区，如图 2-61所示。在公众号注册好之后，公众号资料介绍界面就如图 2-61右侧的"微信公众平台"一般，将这些信息显示出来，所以在填写时一定要细心。

图2-61 填写公众号名称、功能介绍、运营地区

■ 账号名称

公众号的账号名称就是公众号的昵称。互联网如此之大，如何让大众记住你、喜欢你并且信

任你？我们需要从每一个细节做起，细节不一定必然决定成败，但是细节却深深地影响着成败！一个好的微信公众号运营，要从一个好的微信名称开始。

微信公众号的名称不需要与公司名称保持一致，但是要注意公众号名称是唯一的，即不能与其他公众号的名称一样。除了唯一性的起名原则之外，在为公众号命名时，要从以下几方面考虑。

第一，如何让你的粉丝或潜在客户更加容易地记住你，并形成深刻的印象？

第二，微信公众号的定位，如图 2-62 所示。名称应尽量与微信公众号的内容定位相符合，让人看到你的公众号就明白你的公众号的运营内容。

图2-62 微信公众号定位

第三，如何使该微信公众号在关键词搜索中占据靠前的位置？

那么，如何才能取一个好的微信号名称呢？或者说什么样的公众号名称更能引起人们的关注呢？

首先，进行微信公众号名称搜索。所谓"知己知彼，百战不殆"，我们在取名之前一定要搜索一下，看看同类型的微信公众号是如何取名的，同时也可查看自己预想中理想的名字是否已经被注册。

搜索微信公众号要先打开微信，点击屏幕右上角"+"号，在弹出的菜单中点击"添加朋友"，在添加朋友界面找到并点击"公众号"，之后输入关键词查询和了解情况。

其次，使用关键词。关键词主要是微信公众号用来产品定位的。如做面膜的，在公众号名称里面一定要有"面膜"这个关键词，做干果的一定要带上"干果"。这样做的理由很简单，一方面被用户搜索到的机会大增，同时用户看到微信公众号的名称就知道这个公众号的主要经营方向，关注公众号的粉丝也越精准。

例如，你是做蜂蜜农产品的，恰好有个喜欢蜂蜜的人对这些农产品也很感兴趣，想了解这方面的知识，他就会去微信公众号搜索，第一个想到的就是"蜂蜜"，第二个可能想到的是"农产品"。如果我们的名称里面包含其中一个关键词，就有可能被看到并且被关注，如图 2-63 所示；如果没有关键词，如取名"甜甜蜜蜜"，用户在搜索时不能输入与之相关的关键词，就会流失很大一部分潜在用户。

图2-63 搜索关键词结果

如果微信公众账号已通过微信认证，搜索排名便会更加靠前。用户不需要你的推广就会自己找上门来。

最后，微信公众号尽量用通俗易懂的简化汉字，禁止太个性化的微信名称，如英文、拼音、生僻字、天马行空的名称等。

■ 功能介绍

在申请微信公众号时，无论申请微信公众服务号还是微信公众号订阅号，都会要求填写功能介绍。那么怎么写呢？

顾名思义，微信公众号的功能介绍主要是介绍一些公众号会提供哪些功能、服务、产品等内容，功能介绍可以说是大众最初对该公众号具体内容的把握，所以应该尽量写得简单但重点突出，使人一下就能明白他是否对这个公众号的内容感兴趣，才会决定是否关注该微信号。

公众号不需要与公司经营范围一致，但是要注意不能带有被保护、违规的词语，如微信、热线、兼职、相册等。

在写作公众号功能介绍之前，首先，要明确定位、将会提供哪些服务等；其次，善用关键词，思考如何搜索到该公众号，大众一般会使用哪些词进行搜索，然后在写作时尽量用到；最后，可搜索同类型的公众号，查看他们是如何写作的，可以吸取他人的成功经验。

■ 运营地区

选择运营地区，可直接单击"国家"就会出现选择列表，在列表中找到相应的国家并单击选择即可，在选择好上一级之后会出现下一级别的选项，以同样的操作进行确定即可。

这3项内容填好之后，即可单击"完成"。如果之前的填写的资料没有问题，在单击"完成"后就会出现"注册成功"的提醒，如图 2-64所示。但是要记得进行后续的确认工作，如果选择"自动对公打款"，要记得在1~3个工作日内查询对公账户收款1分钱的情况，10天内登录公众平台填写备注码才算注册成功。如果选择"人工验证"，要记得在30天内（自然日）操作微信认证，认证通过才算注册成功，账号才能正常使用。

图2-64 注册成功

第 3 章

公众号基本设置

公众号的基本信息都可以在公众号平台界面的设置项中的"公众号设置"中进行设置。填写准确、真实的公众号信息，进行公众号设置，可以避免因被抢注而导致的流量损失。

公众号注册成功之后，会自动跳转到公众平台的设置界面，如图 3-1所示。图中红框部分为微信公众号的基本设置，包括公众号设置、微信认证、安全中心及违规记录等内容。

图3-1 公众号平台的设置界面

3.1 设置公众号

公众号基本信息的设置，都在公众号平台界面的设置项中的"公众号设置"中进行。在微信公众平台单击"公众号设置"，就会出现由"账号详情"与"功能设置"组成的设置界面。"账号详情"包括了公众号的公开信息与注册信息，其中一部分会在公众号详情中显示，如头像、二维码、名称、微信号、分类等，在手机上的显示状况如图 3-2所示。

"公开信息"同时也是本节"设置公众号"的主要区域，它由账号头像、二维码、名称、微信号、类型、介绍、认证情况、所在地址、主体信息共9项内容组成，其中，头像、二维码、名称、微信号、介绍、所在地址等都是可以设置的。下面就开始逐一介绍设置和修改各项信息的步骤。

图3-2 公众号详情显示

3.1.1 第一步：选择头像

微信公众号的头像是公众号影响大众第一印象的重要因素，所以设置的头像一定要独特、清晰且醒目。

首先单击微信公众号平台的"公众号设置"，可以看到所出现的页面中公开信息的第一项就是"头像"，刚注册完成的微信公众号是没有头像的，如图 3-3所示，显示的是一张灰色背景白色轮廓的图片。

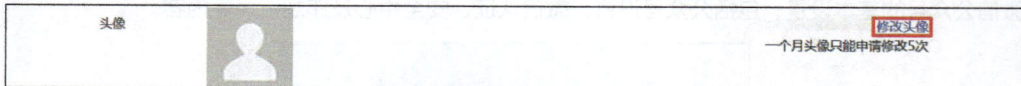

图3-3 公众号头像栏

如果要设置头像图片，可单击头像栏右侧的蓝字"修改头像"，开始进行设置。单击"修改头像"后，就会出现修改头像的相关设置，如图 3-4所示。单击"选择图片"，然后在电脑文件中选择用于公众号头像的图片。

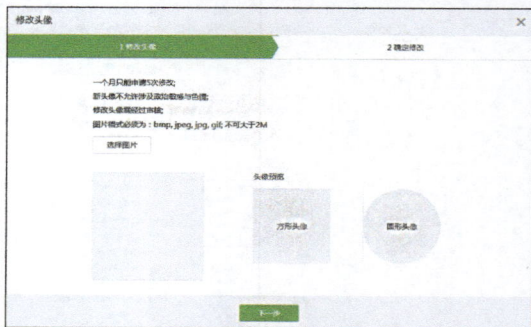

图3-4 选择图片，头像预览

选择图片需要注意的是，图片格式必须为BMP、JPEG、JPG、GIF中的一种，并且图片不能大于2MB。同时要注意一个月只能申请修改头像5次，且新头像不许涉及政治敏感与色情，修改头像必须经过审核才能使用。对于图片的长宽尺寸并没有要求，因为在上传图片之后，系统会对图片自动压缩，一般最大约240像素×240像素，并可对图片进行裁切。预览最终生成的头像效果，以裁切后的实际尺寸大小为准。

图3-5 图片上传成功

按照要求选好图片后，单击"确定"就能将图片上传，图片上传成功后会在页面上方出现"上传成功"的提示。

图片上传成功后，可以在页面中看到3张在细节上有所区别的图片，如图3-5所示，最左侧的是上传的图片经过自动压缩之后的效果，中间的是方形头像预览，右侧的是圆形头像预览。圆形头像在公众号的详细信息页和用户个人关注中展示，而方形头像则在同用户聊天中显示。而且，圆形头像和方形头像无法分开设置，头像上传后，系统会对同一头像自动拉取圆形头像和方形头像。

确认了头像预览的效果之后，如果感到满意可单击下方的"下一步"，然后就可以进入"确定修改"阶段。单击"下一步"之后，页面图形会变成两个，如图3-6所示。

图3-6 单击"上一步"返回，或单击"确定"完成修改

在此阶段可以再次查看两种图片的预览效果，如果不满意还可以单击页面下方的"上一步"，返回"选择头像"阶段，重新选择图片；如果满意，就可单击"确定"完成头像设置或修改。

完成头像修改后，头像栏会发生改变，如图 3-7所示。同时可以看到在"修改头像"下方写着"本月头像还可以修改4次"，表示这个月还可以再更换4次头像，下一次更换头像与这次的步骤是一样的。

图3-7 修改头像完成

3.1.2　第二步：生成二维码

公众平台二维码是一项粉丝添加公众号的方式和"秀"出公众账号的功能。在电脑上登录微信公众平台后可以自动生成二维码，保存二维码图片后可以分享推广，人们可以根据微信公众平台的唯一的二维码扫描关注。

同样，二维码栏处于"公众号设置"中的"公共信息"，微信公众平台二维码由系统自动生成，公众号二维码名片的背景颜色是系统默认显示，不支持手动设置，二维码的背景颜色不影响扫描。目前公众号的二维码暂不支持修改，但是可以根据自己的需求对二维码的大小及二维码中间的图片进行修改。

微信公众号二维码默认的尺寸是43像素及其倍数，如需放大或缩小，可下载更多尺寸。在"公众号设置"界面中找到"二维码"，就可以看到这一栏的右侧有6个蓝色的字——"下载更多尺寸"，单击蓝字就会出现下载二维码大小的对话框，如图 3-8所示。找到想要的尺寸，并单击右侧的下载图标。接着页面上会出现下载对话框，单击"下载"按钮，如图 3-9所示，就会开始下载二维码图片。

图3-8 更多二维码尺寸

图3-9 下载二维码

单击"下载"之后，二维码图片会被下载到电脑上，如图 3-10所示，这就是已经下载到电脑的二维码图片。直接单击二维码栏中的二维码也可以直接下载，下载的二维码图片为JPG格式。

图3-10 带图片的二维码

如需修改二维码中间的照片，直接更换头像即可，而且修改二维码中间的照片不影响原二维码的正常使用。

3.1.3 第三步：选择头像

账号名称，即公众号名称/昵称。微信公众号名称注册后不可修改，如果新注册的微信公众号还需要提交相关资料审核，账号名称就会自动暂时命名为"新注册公众号"，系统会出现修改微信公众号名称的提醒，如图 3-11所示。如果在相应时间内没有完成修改，账号将会被注销。

你申请的公众号名称需要提交相关资料审核，所以帐号名称暂时为"新注册公众号"，请尽快修改名称。如果在2016年06月19日前未完成名称修改，帐号将被注销。

图3-11 修改名称提醒

修改微信名称可先找到微信名称栏，如图 3-12所示。单击右侧的色字"修改"，就可以填写新的微信名称。

名称　　　　　　新注册公众号　　　　　　　　　　　　　　　　　　　　　　　　　　　　　　　修改

图3-12 单击"修改"开始修改微信名称

单击"修改"之后，就会出现修改名称的窗口。在修改名称之前，首先要进行身份的验证，再阅读修改协议，该协议的主要内容是对公众号名称的3点要求，也是命名微信公众号时必须遵循的3点原则。

（1）公众号名称必须遵守国家相关法律法规。

（2）若涉嫌侵权则需要提交相关材料，通过审核才能使用。

（3）公众号名称一旦成功提交并通过审核，则不能再申请修改。

具体操作时，首先可扫描二维码验证操作者的身份，如图3-13所示。验证成功后单击"下一步"，进入协议页面，同意后，便可开始设置微信公众号的名称。

图3-13　验证身份

　　经过第一、第二阶段之后，会进入填写新名称的阶段，如图 3-14所示，将所想要使用的微信名称输入红框中，然后单击"确定"即可。

图3-14　填写新的公众号名称

　　需要注意的是，微信名称可设置3~30个字符，1个汉字算2个字符，微信公众号名称不支持设置特殊符号，如图 3-15所示，并且在名称中不能含有"微信"等保留字。总的来说，这一次填写微信公众号名称与之前在注册阶段填写微信公众号名称的要求是一样的，可以进行参考。

图3-15　名称要求

　　按照要求填好新的公众号名称之后，并且没有与其他的微信公众号同名，就能顺利地进入"确认修改"阶段，如图 3-16所示。然后单击"确定"按钮，就能完成这一次的修改名称操作。

图3-16　单击"确定"按钮

顺利完成修改名称之后，页面上的名称栏就会变成新修改的名称，右侧的"修改"字样也会消失，如图 3-17所示，这是因为在注册完成之后，名称就不能进行修改了。只有在微信认证过程中有一次重新提交命名的机会，且认证的名称必须符合微信认证命名规则。

名称	麓山文化

图3-17 名称修改完成

3.1.4 第四步：选择微信号

新账号信息审核通过后，可在"公众号设置"进行微信号设置。即在"公众号设置"界面找到微信号一栏，可以看到右侧的蓝字"设置微信号"，如图 3-18所示。单击"设置微信号"就可以开始设置自己的微信号。

微信号	设置微信号

图3-18 单击"设置微信号"

单击"设置微信号"之后，会出现设置对话框，如图 3-19所示。运营者可先检测预设的微信号是否可用，将微信号输入文本框，并单击"检测"按钮。此外，运营者可直接看见手机微信软件中该公众账号的微信号展示效果，提升用户对微信号的理解。

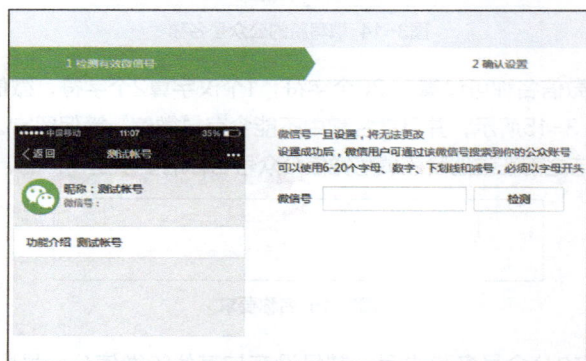

图3-19 输入微信号并检测

注意，该微信号应该由6~20个字母、数字、下划线和减号组成，并且必须以字母为开头，如图 3-20所示。如果输入的微信号检测并没有与别人重复，会在微信号下方出现"微信号可用"的字样。检测微信号可用后，可以进行下一步的操作，直接单击"下一步"即可。

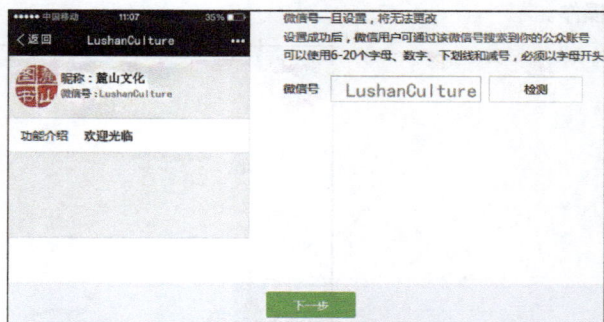

图3-20 单击"下一步"

进入"确认设置"阶段后，就意味着只差最后一步就能完成设置，一旦设置完成，该微信公众号的微信号就再也不能更改了。如果还是想换一个微信号，可以单击"上一步"返回上一步操作，如图 3-21所示。

图3-21 单击"完成"，完成微信号设置

3.1.5　第五步：填写介绍

在注册微信账号的最后一步，填写公众账号信息时已经填写过一次功能介绍。如果在注册之后，想要修改功能介绍，可以在"设置公众号"页面中找到"介绍"栏，如图 3-22所示。

图3-22 功能介绍

在图中可以看到注册时所填写的功能介绍，以及右侧蓝字"修改"。修改功能介绍可单击"修改"，然后页面就会出现修改功能介绍的对话框，如图 3-23所示。修改功能介绍的步骤可分成两步，首先输入新的功能介绍，在修改功能介绍窗口中的文本框内输入4~120个字的介绍，简洁有力地说明公众号的主要运营方向，填写完毕之后，就可以单击"下一步"。

图3-23 修改功能介绍

然后，就进入"确认修改"阶段了，系统会再一次询问是否对微信公众号的功能介绍做出修改，如图 3-24所示，这时可以单击"上一步"，返回输入功能介绍阶段，重新输入介绍，也可

以单击"确定"，完成这一次修改。

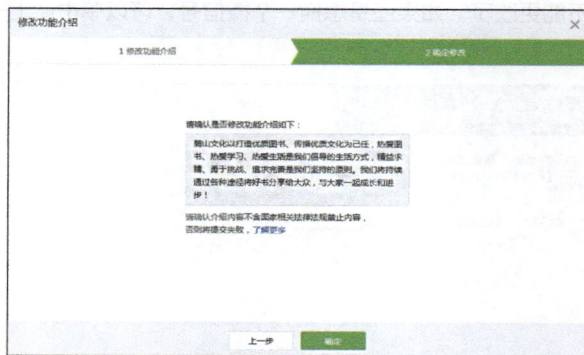

图3-24 确认修改

值得注意的是，微信公众号功能介绍在一个月之内只修改5次，所以修改时要避免出现错别字、符号运用错误等基础性错误。

单击"确定"之后会出现"提交成功"的提示，然后页面也会自动回到平台管理页面。但是同时，单击"确定"之后也有可能出现"提交失败"的字样，表示这一次的修改功能介绍的操作失败了，需要重新进行。

一般而言，出现"提交失败"有3种情况。第一是由于网页长时间打开，没有做任何操作，需要清除IE浏览器缓存，关闭后重新登录尝试操作；第二是由于内容中存在公众平台保护的名称，如"微信""热线""兼职"等字眼，需要将它们删除才能重新尝试提交修改；第三是在功能介绍的内容中存在违反公众平台信息规范的情况，需要重新写作。

3.1.6 第六步：设置所在地址

有时候我们关注微信公众号可以看到它的所在地址，可以提高大众对公众号的信任度。登录微信公众号的平台管理界面，找到"设置公众号"，在公开信息中找到"所在地址"，如图3-25所示。

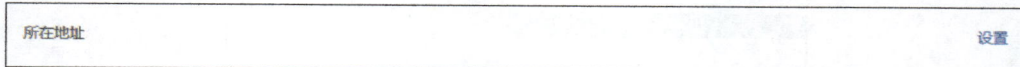

图3-25 所在地址

单击所在地址栏中的蓝字"设置"，就会出现所在地址的界面，如图 3-26所示。设置详细地址可以通过输入地址进行搜索，即在"具体位置"后的文本框中输入详细地址，然后单击"搜索"。

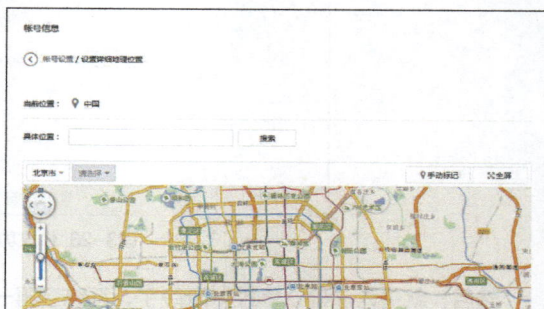

图3-26 设置具体位置

同时，也可以通过单击选择省份与城市来定位，单击图 3-26中的"北京市"，就会出现中国的省份列表，如图 3-27所示。

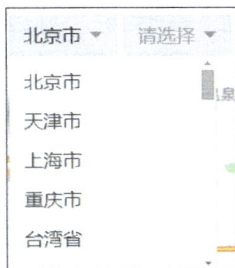

图3-27 选择省市

然后在列表中找到并单击所在省市，地图就会自动找到所在范围，如图 3-28所示。然后在地图上寻找更为具体的位置。

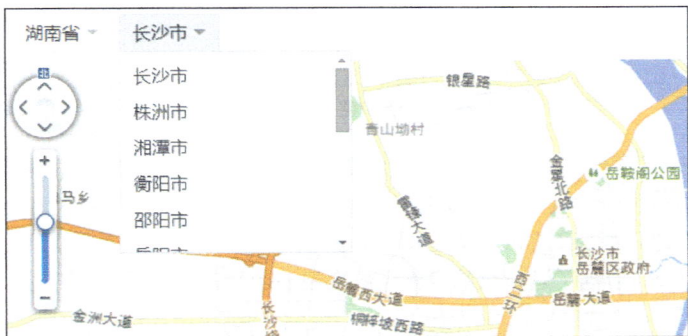

图3-28 所在地址地图

将地图范围缩小之后，可单击"手动标记"，然后在地图上单击所在位置，接着单击出现的"设为我的位置"按钮，如图 3-29所示，单击之后就会将公众号的地址定位到该地址。

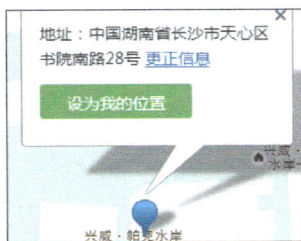

图3-29 单击"设为我的位置"

3.2 其他设置

在微信公众号平台，除了公众号的基本信息之外，还可以进行修改邮箱、添加水印等操作。这些设置同样在"设置公众号"中进行。

3.2.1 设置一：确认主体

微信公众平台致力于打造真实、合法、有效的互联网平台，为了更好地保障所有用户的合法权益，开通了新注册用户的信息登记，并予以主体公示。公示的主体除了原有的政府、媒体、企业、其他组织，还包括个人。

自2015年1月1日起，已注册成功的个人类型或企业类型公众号无法申请修改主体信息，若账号主体信息有误，需要重新注册公众平台账号。在账户详情中可以看出该账号的主体类型为"个人"，主体名称如图 3-30所示。

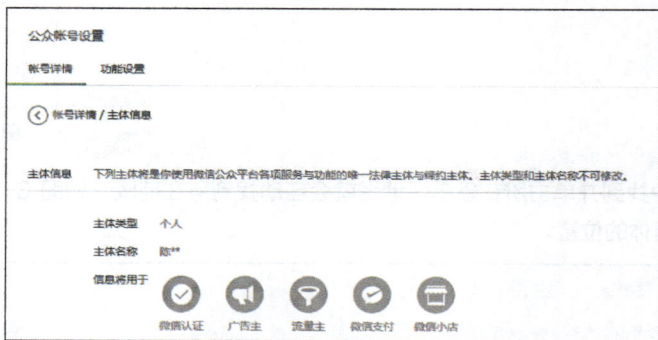

图3-30 个人订阅号主体信息确认

企业的主体信息页面如图 3-31所示。企业的主体类型、主体名称、主体证件号也是不可以变更的，但是企业的运营者是可以进行更换的。对比个人主体信息界面与企业主体信息界面可以看出，企业的主体信息比个人的主体信息多了一项"运营资料"。运营资料是管理该公众号的运营者身份，包括了运营者的身份证姓名及其手机号码，而这一项资料是可以进行修改的。

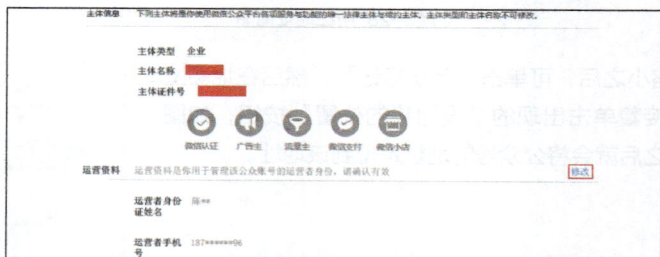

图3-31 企业主体信息

单击图 3-31红框中的"修改"就会进行验证，如图 3-32所示。验证方式有两种，可以选择通过短信发送验证码的方式，还可以选择输入运营者的姓名与身份证号来验证。

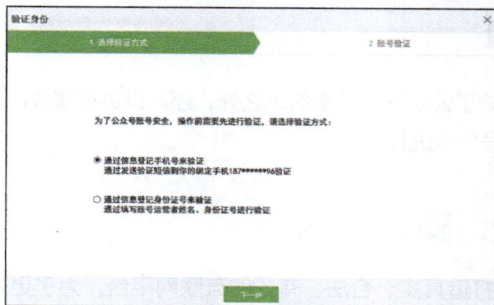

图3-32 选择验证方式

通过验证后就可以填写新的运营者信息，如图 3-33 所示，这一步骤同注册时填写运营者信息的步骤与要求是一样的，填写完毕单击"提交"即可。不仅是以企业为主体的公众号，媒体、政府、其他组织的运营者信息都可以通过这种途径进行修改。

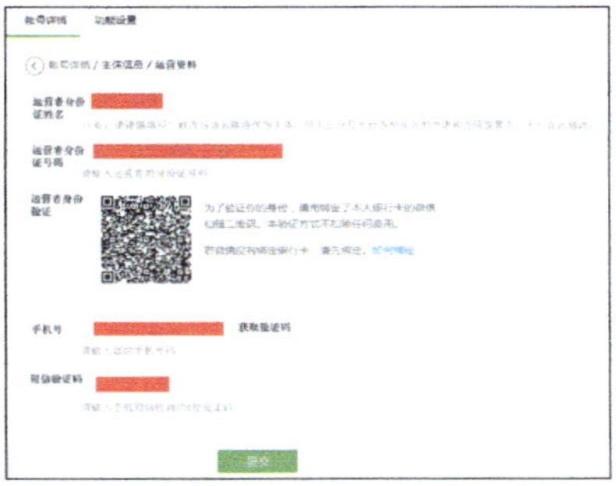

图3-33 填写新的运营者信息

3.2.2　设置二：修改邮箱

注册微信公众号时使用的邮箱，就是注册成功后所绑定的邮箱，也是在微信公众平台登录页面所需输入的邮箱，如图 3-34所示，该邮箱可在"设置公众号"页面中的注册信息中查看。

图3-34 登录邮箱

如果需要修改登录邮箱可单击图 3-34右侧的蓝字"修改"，就会出现修改邮箱账号页面界面，如图 3-35所示。这时需要在登录密码右侧的文本框中输入该公众号的登录密码验证身份。

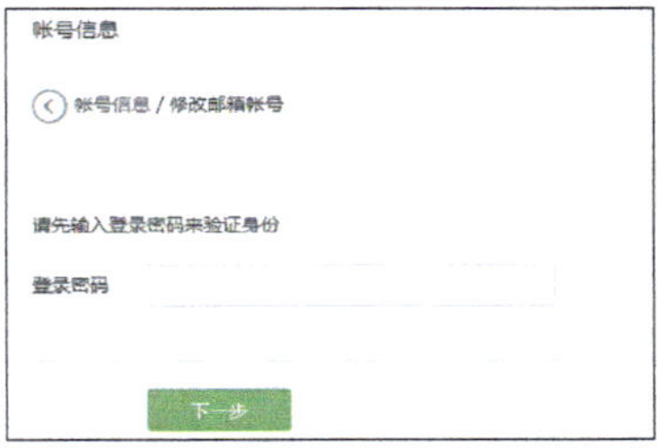

图3-35 修改邮箱账号

如果登录密码输入错误，就会出现"请输入正确的密码"的提示，如图 3-36所示。在密码输入正确之后才能单击"下一步"，继续下面的操作。

图3-36 输入正确的登录密码

在验证身份之后，微信官方会发送一个邮件到目前正在使用的登录邮箱，如图 3-37所示。单击图中的"登录邮箱"，进入邮箱登录页面登录邮箱。如果在收件箱中没有找到邮件可到邮件垃圾箱中查找，或者返回修改邮箱页面，单击"重新发送"。

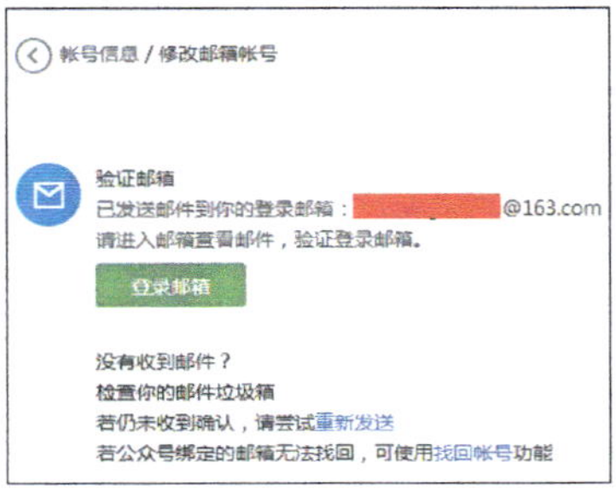

图3-37 登录邮箱，接收邮件

单击打开收到的邮件，如图 3-38所示，微信官方会在邮件中说明该邮件的用意，即修改公众号的登录邮箱。直接单击邮件中的链接，可直接跳回公众平台的修改邮箱页面，如果单击该链接无效，可将链接复制，然后粘贴到浏览器的地址栏中进入。

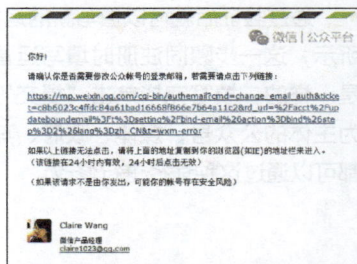

图3-38 单击链接

单击邮箱中的链接之后，即通过邮箱来验证身份之后，会跳回公众平台的修改邮箱页面，如图 3-39所示，接着就可以开始设置新的登录邮箱。首先在文本框中输入新的登录邮箱的账号，新的登录邮箱应该是有效的并且没有注册过公众号的邮箱。

输入新的邮箱地址之后，单击"下一步"，微信官方将发送一封邮件到新输入的邮箱，接着同样是登录邮箱，单击邮件中的链接即可完成绑定。

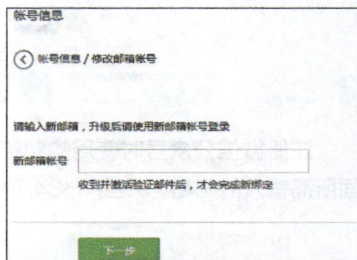

图3-39 输入新的登录邮箱账号

绑定好新的登录邮箱之后，再次登录微信公众号时要使用新邮箱进行登录。同时应注意，在1个月之内只能更换一次邮箱，这一次成功完成绑定之后，要等到30天之后才能修改。

3.2.3　设置三：隐私设置

微信公众号是一个面向大众的平台，目前并没有"注销"的功能，若想使该公众号退出大众的搜索范围，就只能在隐私设置中选择"不允许通过名称搜索到本账号"。微信公众号的隐私设置其实就是一个屏蔽搜索设置，让用户不能通过昵称搜索到该账号，但是如果他人有该公众号的微信号或二维码，还是可以通过这两种途径关注该公众号的。

首先在"公众号设置"页面单击选择"功能设置"，在"功能设置"之下有3项设置，分别是"隐私设置""图片水印""JS接口安全域名"。如图 3-40所示，该公众号的隐私设置就是没有关闭的状态，也就代表当前阶段是可以通过搜索名称找到该账号的。如果需要进行隐私设置可单击"隐私设置"栏右侧的蓝字"设置"。

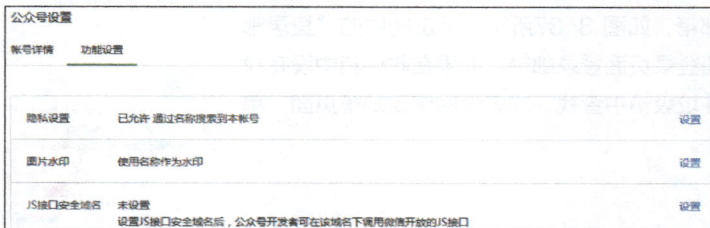

图3-40 功能设置

单击"设置"之后，就会出现隐私设置的对话框，如图 3-41所示，可以通过单击"是"与

"否"前面的小圆圈来决定是否允许用户通过搜索名称找到该公众号。

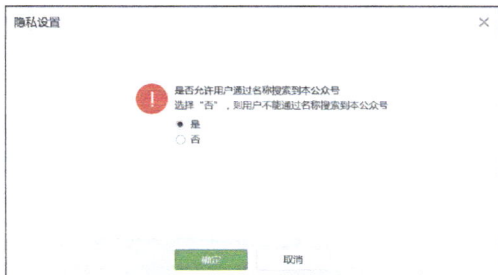

图3-41　是否允许用户通过名称搜索到本公众号

选择之后单击"确定"按钮，就会在
页面上方出现"设置成功，半小时后即可
生效"，如图 3-42所示，即代表这次的
隐私设置成功完成，并且将在半小时后
生效。

图3-42　设置成功提醒

3.2.4　设置四：添加水印

所谓添加水印是向数据多媒体中，如图像、声音、视频等，添加某些信息以达到鉴别文件真
伪、保护版权等目的。嵌入的水印信息隐藏于宿主文件中，不影响原始文件的可观性和完整性。
微信公共平台也有相关的水印设置。

在"公众号设置"的"功能设置"中找到"图片水印"栏，如图 3-43所示。

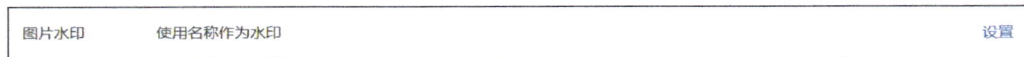

图片水印	使用名称作为水印	设置

图3-43　图片水印

单击图 3-43右侧的蓝字"设置"，就会出现图片水印设置界面，如图 3-44所示。微信公众
平台支持使用"微信号""公众号昵称"给文章图片
添加水印。添加水印既可以防止他人盗图，同时又能
在文章被转载时让读者知道来源。但是如果觉得添加
水印会影响到图片的美观，也可以选择不添加水印，
只需要在设置选项勾选"不添加"即可。

在图片水印设置中，不仅能选择水印类型，在左
侧还有图片预览。在单击"确定"之前，可以通过单
击"使用微信号""使用名称"，然后查看左边的图
片预览添加水印的效果。最后单击"确定"，页面上

图3-44　图片水印设置

方立即会出现"设置成功"的字样。

3.2.5 设置五：开通JS端

　　微信公众平台是运营者通过公众号为微信用户提供信息和服务的平台，而公众平台开发接口则是提供服务的基础，开发者在公众平台网站中创建公众号、获取接口权限后，可以通过阅读接口文档来帮助开发。

　　根据微信官方对于分享域名的规定，需要在微信公众平台设置JS接口安全域名，这样粉丝才能将页面分享至朋友圈。否则，粉丝分享后，好友无法看到相应的分享信息。

　　微信JS-SDK是微信公众平台向网页开发者提供的基于微信内的网页开发工具包。通过使用微信JS-SDK，网页开发者可借助微信高效地使用拍照、选图、语音、位置等手机系统的功能，同时可以直接使用微信分享、扫一扫、卡券、支付等微信特有的能力，为微信用户提供更优质的网页体验。

　　使用微信JS-SDK对应的JS接口前，需确保公众号已获得使用对应JS接口的权限。用户可登录微信公众平台进入"开发者中心"查看对应的接口权限。

　　所有的JS接口只能在公众号绑定的域名下调用，公众号开发者需要先登录微信公众平台进入"公众号设置"的"功能设置"填写"JS接口安全域名"。首先找到"JS接口安全域名"栏，如图 3-45所示，单击右侧的蓝字"设置"。

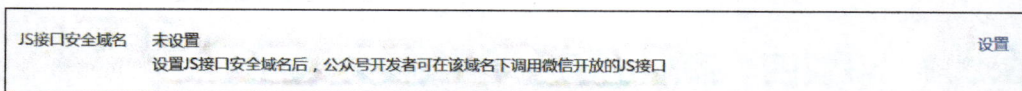

JS接口安全域名	未设置	设置
	设置JS接口安全域名后，公众号开发者可在该域名下调用微信开放的JS接口	

图3-45　JS接口安全域名

　　单击"设置"之后，页面上会出现"JS接口安全域名"窗口，如图 3-46所示。1个自然月内最多可修改并保存3次，每次可填写3个域名，要求是一级或一级以上域名（如qq.com，或者www.qq.com），需使用字母、数字及"–"的组合，不支持IP地址及端口号、短链域名。同时所填写的域名须通过ICP备案的验证。

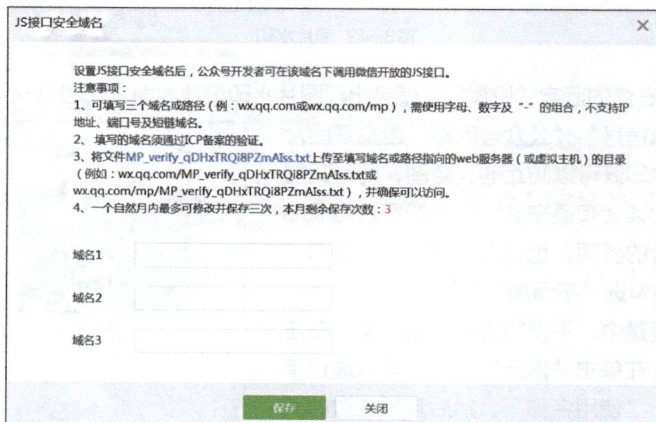

图3-46　填写域名

3.3 认证公众号

　　微信公众平台为了确保公众账号信息的真实、安全，目前向微信公众服务号提供微信认证的服务。微信认证是腾讯对公众号主体所提交的主体信息、资质文件等合法性与真实性进行合理、谨慎的书面甄别与核实的过程。

　　微信公众平台开放的接口权限、微信支付商户功能等高级功能都依赖于微信认证资质认证结果，这也是为了保证拥有相应权限功能的公众号主体是合法可信的企业、组织。企业资质证件、相关运营人信息在一年内可能出现变更，为了保证使用公众平台高级功能权限的账号依然是合法可信的企业、组织，微信认证每年都需要进行年审。微信认证年审费用同首次微信认证一样，都是300元/次，是支付给第三方专业审核机构的审核服务费。

3.3.1 认证的作用及优势

1. 提高账号公信力

　　众所周知，企业是需要进行工商登记注册的，必须在有关部门记录相关人员的信息，建立信用档案，为以后的长远发展和未来产生的问题负责。而微信认证就是将合法登记结果验证之后，展示给所有的微信用户，来证明这个公众号背后的企业的基本合法性，以此来提高该微信公众号在广大微信用户之间的公信力。

　　认证成功后，用户将在微信公众号的详细资料中看到微信认证特有的标识，如图 3-47 所示。还可以点击"账号主体"，并且能够查看该公众号的认证详情，如图 3-48 所示。主要信息有该公众号背后的企业、媒体、组织的全称，以及该企业的工商执照注册号或统一社会信用代码，还有该公众号背后企业的经营范围。

图3-47 在详细资料界面显示的认证商标　　　　图3-48 认证详情

2. 平台的高级服务

　　在微信认证之前，有许多功能是不能使用的，如公众号的微信支付功能，在没有完成资质认证或名称认证之前是没有权限使用的。而通过微信认证后，公众号能够获得更丰富的高级接口，向用户提供更有价值的个性化服务。如图 3-49所示，包括了微信支付、多客服、微信智能回复等多种功能。

图3-49 更多接口与功能

3. 搜索排名靠前

大众寻找微信公众号一般是通过搜索来查找，所以搜索结果列表的排名是影响公众号粉丝增长的一个重要因素。通过认证的公众号，在搜索结果的排名中会处在靠前的位置，而在大部分情况下，大众对排名靠前的公众号的兴趣会更大、好感度更高，如果搜索结果排名靠前，那么吸引粉丝的概率也就更大。

同时要注意，如果在手机微信上直接点击搜索键，输入关键词，出现的将结果分类的情况，往往是一个代表性的公众号、朋友圈中包含关键词的内容、相关文章，如图 3-50所示。如果要查看更多与之相关的公众号，需要点击"查看更多公众号"，这种情况对于作为公众号代表所出现的公众号是十分有利的。

如果在"添加朋友"中选择"公众号"再输入关键词进行搜索，就会直接出现各个含有关键词的公众号，如在微信公众号搜索中输入"运动"，搜索结果如图 3-51所示。排在前面的大多数是已经认证的公众号。

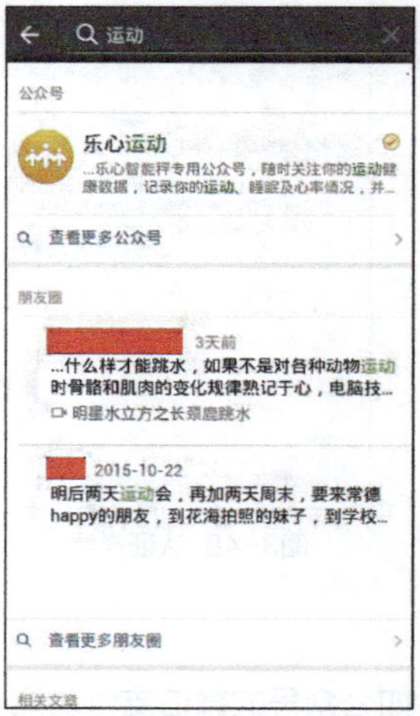

图3-50 搜索结果界面

图3-51 公众号搜索结果

3.3.2　认证的限制和要求

目前微信公众号支持的认证方式是微信认证。对于各种账号类型与主体类型的认证要求是有所区别的。

首先就主体类型来说，在2014年8月26日之后注册的个人类型的公众号，目前已经不支持认证，如图 3-52所示，微信认证栏的"开通"按钮呈现灰色，无法按动。如果需要申请微信认证，只能重新注册企业/组织类型的公众号。但在2014年8月26日之前注册的账号需满足以下两个条件，即可申请微信认证：第一，没有开通的流量主的个人类型账号；第二，未纠错过主体信息的账号。

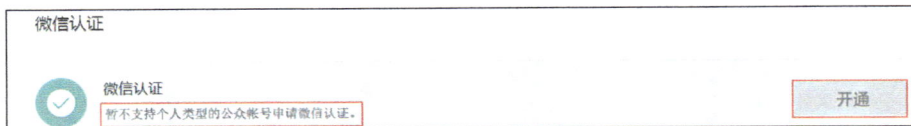

图3-52 个人类型暂不支持认证

1. 认证主体类型

目前支持认证的类型包括企业、网店商家、媒体、政府及事业单位、其他组织。

其中企业包括企业法人和非企业法人。所谓非企业法人，即是个人独资企业、合伙企业、企业法人的非法人分支机构、中外合作经营企业中的非法人企业，还有个体工商户，外资企业驻华代表处。

网店商家目前只支持天猫店铺、QQ网购店铺申请，以店名作为认证名称；同时店铺的经营者必须是申请主体。

媒体包括事业单位媒体与其他媒体。

对于政府及事业单位政府可免费认证，部分事业单位认证也可免费。

其他组织包括：社会团体，即组织机构代码证上显示为社团法人；民办非企业组织，即组织机构代码证上显示为民办非企业；基金会、国外政府机构驻华代表处，这一类型可免费认证；组织机构代码证上显示为其他机构，基金会、国外政府机构驻华代表处除外的其他组织类型。

2. 认证要求

申请认证的企业等，应该是拥有相关运营执照或组织代码的，并且要求证件尚处在有效期内，同时有每年的审查按章。而且企业、政府、媒体、其他组织类型的公众号，在申请微信认证时，主体须与注册时即当前主体信息名称保持一致，否则审核可能会不通过。而且微信认证审核通过后，主体信息不支持修改。

3. 认证所需材料

各主体类型在申请微信认证时分别要求提交以下材料。

■ 企业在申请认证时需要提交的材料

运营者的身份证件的正反面照片；信息齐全并加盖公章的申请公函；处在有效期内的组织机构代码证原件的照片、扫描件或加盖公章的复印件；工商局或市场监督管理局颁发的处在有效期内的工商营业执照原件的照片、扫描件或加盖公章的复印件；如果要使用商标命名的公众号，还需要出示商标注册证书或商标授权书。

■ **媒体类型在申请认证时需要提交的材料**

运营者身份证件的正反面照片；加盖公章的申请公函；处在有效期内的代码证；处于有效期内的事业单位法人证书；各种许可证原件照片、扫描件或加盖公章的复印件。

网络媒体上传互联网新闻信息服务许可证或信息网络传播视听节目许可证，如图 3-53所示；广播电视上传广播电视播出机构许可证或广播电视频道许可证；电视/网媒节目上传广播电视节目制作经营许可证；报纸上传中华人民共和国报纸出版许可证；期刊上传中华人民共和国期刊出版许可证；发行单位上传中华人民共和国出版物经营许可证。

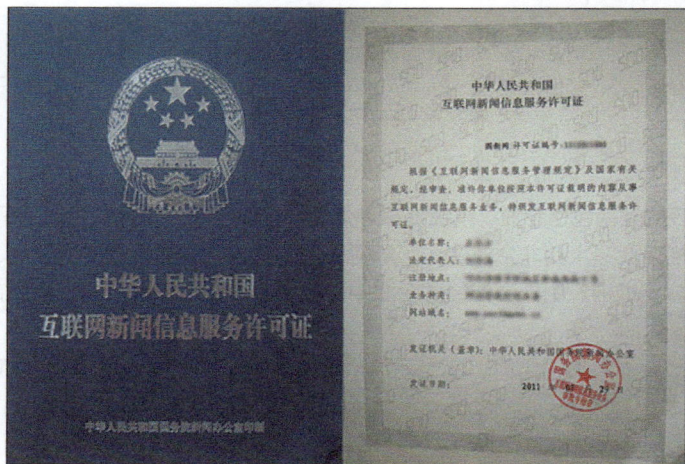

图3-53 互联网新闻信息服务许可证

如果要使用媒体名命名的话，需要提供相关的许可证，广播电视需提供广播电视播出机构许可证或广播电视频道许可证，报纸期刊需提供中华人民共和国报纸出版许可证、中华人民共和国期刊出版许可证、中华人民共和国出版物经营许可证，网络媒体需要提供互联网新闻信息服务许可证或信息网络传播视听节目许可证。

4. 政府类型需要提供的有：

运营者身份证的正反面照片；加盖公章的申请公函以及运营授权书。

5. 其他组织类型需要提供的有：

运营者身份证件的正反面照片；加盖公章的申请公函。

社会团体类型需要上传社会团体登记证书原件的照片、扫描件或加盖公章的复印件；基金会需上传基金会法人登记证书原件的照片、扫描件或加盖公章的复印件；国外政府机构驻华代表处需上传国家有关相主管部门的批文或证明的照片、扫描件或加盖公章的复印件；宗教组织需要上传宗教事务管理部门的批文的照片、扫描件或加盖公章的复印件；非事业单位的培训教育机构需提高自身所有权的办学许可证；非事业单位的医疗机构（包括美容机构）需上传自身所有的医疗机构执业许可证。

3.3.3 第一步：选择验证方式

微信认证的验证方式有两种，分别是人工验证和对公打款验证。

人工验证是针对没有对公账户或无法验证对公账户的情况可以选择的注册方式，需进行微信认证，服务审核费300元/年。人工验证方式实际就是在注册上直接进行微信认证来验证主体，政府类型需直接进行微信认证操作，其他企业、媒体等如无对公账户，无法选择对公打款验证，可选择用此方式进行验证身份。

以下情况是需要选择人工验证：没有对公银行；对公银行户名与注册主体户名不一致；对公银行不能用于正常收款；自动对公打款验证中找不到开户银行。人工验证的具体流程，如图3-54所示。

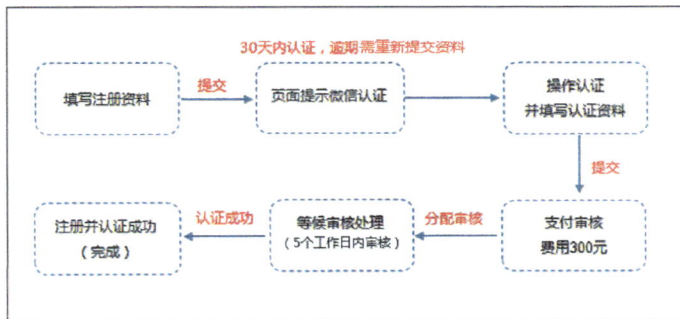

图3-54 人工验证的流程

对公打款验证是腾讯公司向申请主体的对公银行账户上打款1分钱，银行账单上查询验证码，10天内进行验证成功即可完成公众账号注册，如图 3-55所示。同样可在平台单击"开通"开始填写信息。

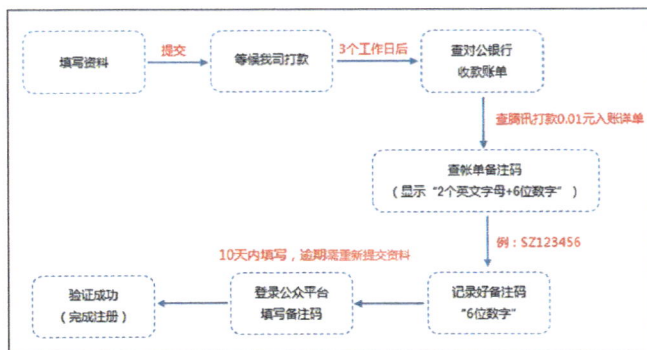

图3-55 对公打款验证的流程

3.3.4 第二步：填写申请公函

申请公函可在填写信息时单击"下载公函"，如图 3-56所示，只是要注意在填写资料页面单击"下载公函"会跳转到一个新的网页查看和打印公函，若需要修改公函信息需要在原来的填写资料页面进行修改，系统会自动同步。

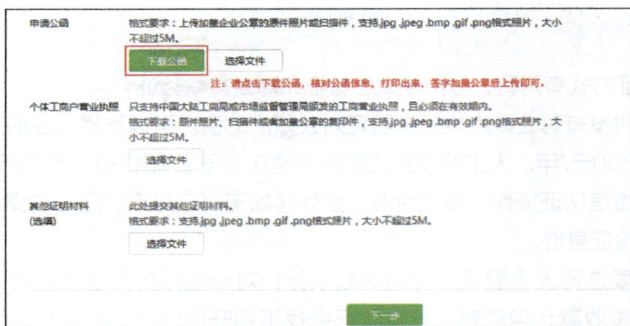

图3-56 下载申请公函

如果想在事先弄好申请公函，可提前下载并填好信息、加盖公章。在腾讯客服搜索"申请公函"，在搜索结果中单击"公众平台微信认证电子版申请公函"，或者在浏览器的网址栏中输入相应的网址，在页面中找到"公众号公函模板"，单击下载即可。也可直接在网页上搜索"微信公众号申请公函"，然后下载相应的文档。

微信官方的申请公函的模板，如图 3-57所示。如果是在填写资料界面下载的公函，其中的"申请人主体名称""注册时主体全称""账号运营者姓名""电子邮箱"以及"办公地址"等信息，系统会自动拉取。如果是提前填写的公函，则一定要注意填写的信息要与在注册时填写的信息保持一致。

在填写申请公函时会出现系统拉取信息错误且无法修改的情况，这是由于在注册之后名称在工商局做了变更，但是在系统拉取信息时，电子公函信息是系统自动拉取未变更前的信息。如果出现这种情况可以上传"工商局企业名称变更证明"，审核公司核实情况后会修改错误的主体信息。

图3-57 申请公函模板

最后的"申请主体盖章"，如果个体户若无公章，可以用法人的签字代替。

3.3.5　第三步：填写资质认证

微信认证在注册好公众号之后，在公众号平台找到并单击"微信认证"，就会出现微信认证界面，如图 3-58所示，然后单击图中的"开通"按钮。或者进入微信公众平台在"设置"中单击"公众号设置"，找到"账号详情"单击"申请微信认证"。

单击"开通"之后依次进行身份认证，勾选同意《微信公众平台认证服务协议》，如图3-59所示，然后选择资质类型。

图3-58 单击"开通"开始微信认证

图3-59 同意《微信公众平台认证服务协议》

个体工商户、非公司制企业法人、企业分支机构、个人独资企业、合伙企业及其他企业，应该选择企业类型认证；事业单位法人、事业单位分支、派出机构、其他事业单位，应该选择事业单位类型认证；国家权力机关法人、国家行政机关法人、国家司法机关法人、政协组织、民主党派、人民解放军、武警部队、其他机关，应该选择政府类型认证；社会团体法人、社会团体分支、代表机构、其他社会团体，应该选择其他组织-社会团体类型认证；民办非企业，应该选择其他组织-民办非企业类型认证；基金会、宗教活动场所、农村村民委员会、城市居民委员会、自定义区、其他未列明的组织机构，应该选择其他组织类型认证。

选择好类型之后，就要开始业务资料填写了。以个体工商户为例，需要填写的内容，如图3-60和图3-61所示。

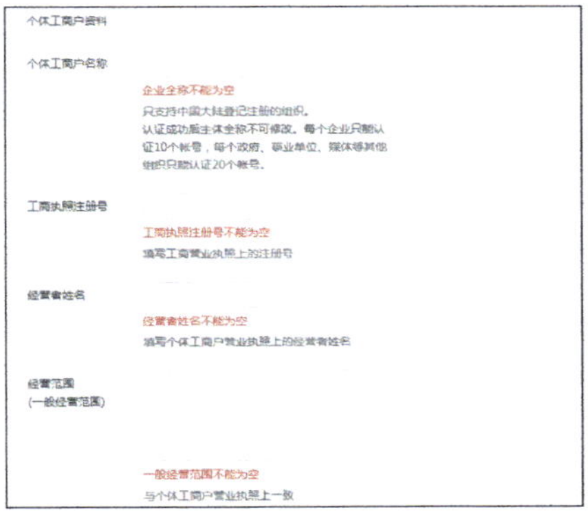

图3-60 个体工商户资料填写

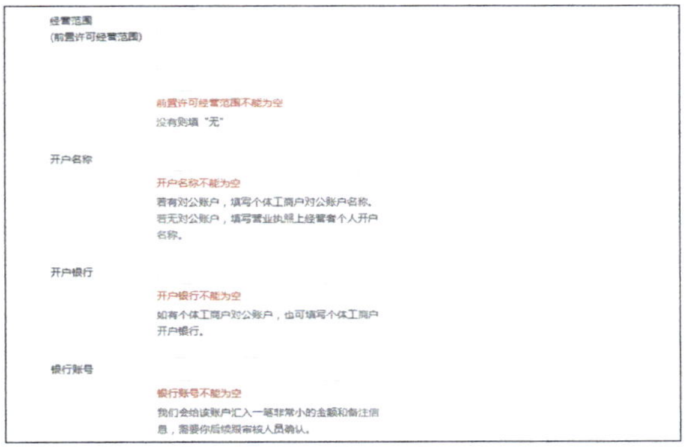

图3-61 经营范围与企业信息

在填写时需要注意以下几点。

（1）个体工商户名称，不能为空，而且要能与工商营业执照匹配；若营业执照名称为空或者呈现"*"号，可直接填写营业执照法人姓名即可；

（2）工商执照注册号，不能为空，如果办理过三证合一的，可在营业执照注册号位置上填写"注册号"或"统一社会信用代码"；

（3）法定代表人/企业负责人姓名，不能为空，个体工商户请填写经营者姓名，均按照营业执照填写；

（4）经营范围（一般经营范围），不能为空，应与企业工商营业执照一致；

（5）经营范围（前置许可经营范围）不能为空，没有则填"无"；

（6）企业规模（选填），填写企业员工人数；

（7）企业开户名称，不能为空，需同组织机构代码证上的机构名称保持一致（基本户、一般户均可）；

（8）企业开户银行不能为空，填写对应的开户银行即可；

（9）企业银行账号，不能为空，个体工商户填写法人的任意一张银行卡卡号即可，腾讯会给该对公账户汇入一笔非常小的金额和备注信息，需要进行后续跟审核人员确认。

在将企业业务资料填写完毕之后，还要进行运营者信息的填写。运营者信息，如图3-62所示。主要包括了运营者姓名（可以填写与申请注册时的运营者不一致的负责人的信息）、运营者部门与职位、运营者手机号码、运营者座机（包括区号、电话、分机号，以"-"隔开）、运营者电子邮箱、运营者身份证明号码、扫码验证运营者身份、运营者身份证件正面照、运营者身份证件反面照。

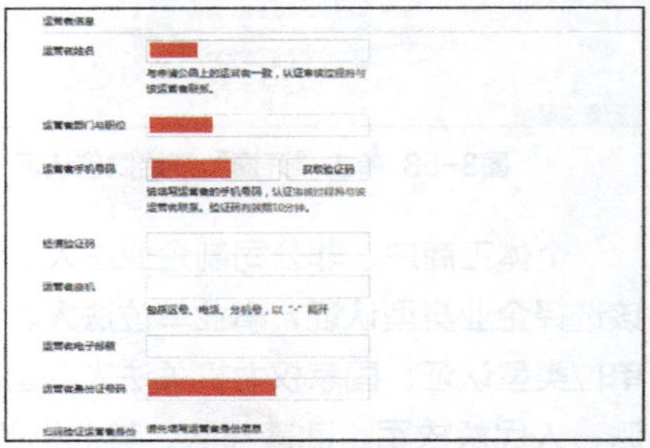

图3-62 运营者信息

在填写好相关信息之后，就需要上传基本资料了。各种类型所需要的资料已在3.3.2"认证的限制和要求"中列出，可在认证之前提前准备好相关照片，存放至电脑，以便在认证时能及时上传。

3.3.6 第四步：确认名称信息

填好相关信息并上传照片之后，就进入"确认名称"阶段，如图 3-63所示，命名方式分为3种，一是商标名，二是媒体名，三是自选词汇。输入名字之后，如果名称符合微信公众号命名的原则，即可单击"下一步"进行操作。公众号名称不能为空，微信认证通过审核后，公众号名称会以现在填写的名称为准。

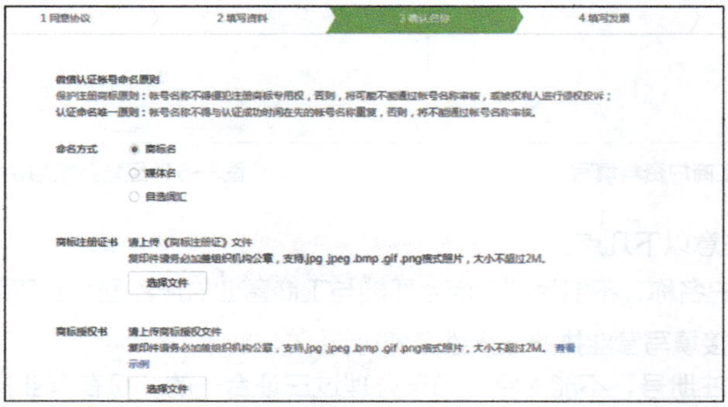

图3-63 确认名称

如果选择使用商标名来命名，所使用的商标只能是中国商标局注册的R商标，不得使用境外注册的商标。同时使用的R商标必须有效并在有效期范围内。

如果是已经注册的商标（R商标），需要提供商标注册证书。如果使用他人注册的商标来命名，需提供商标所有者的商标授权书，商标授权书上需有明确的商标注册号、授权人和被授权人的盖章或签字。如果R商标发生转让，还需要提交核准商标转让证明。如果是通过初审的TM商标只能通过自选词汇方式命名，即受理通知书不可作为商标命名依据。

商标授权书可在认证时即时下载，也可提前下载，将授权书填写好并签字盖章。在腾讯客服页面输入"商标授权书"进行搜索，然后在结果中找到并单击"微信认证商标授权书填写规则"，在新打开的页面上单击蓝字"商标授权书"，就会弹出下载对话框，如图 3-64所示。也可以直接在浏览器中输入"商标授权书"，然后找到文档进行下载。

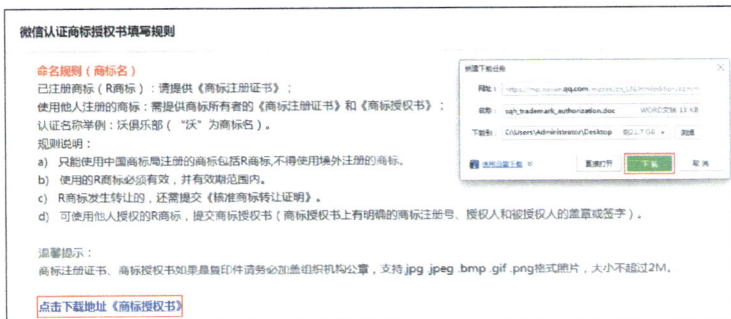

图3-64 单击下载商标授权书

需要注意的是，商标注册证书、商标授权书如果是复印件请务必加盖组织机构公章，支持的图片格式有JPG、JPEG、BMP、GIF、PNG 5种，同时要求图片的大小不超过2M。

如果选择媒体名，也需要提交相关资料。广播电视、报纸以及期刊认证账号名称，可使用媒体机构名，或使用频道/节目/报纸/期刊名；例如，"中国好声音"所使用的就是节目名，"南方都市报"使用的是报纸名。

若使用频道/节目/报纸/期刊名，需提供相应的许可证。广播电视需提供广播电视播出机构许可证或广播电视频道许可证；报纸期刊需提供中华人民共和国报纸出版许可证、中华人民共和国期刊出版许可证、中华人民共和国出版物经营许可证；网络媒体需要提供互联网新闻信息服务许可证或信息网络传播视听节目许可证。

上传的媒体许可证的复印件，请务必加盖组织机构公章，支持JPG、JPEG、BMP、GIF、PNG 5种格式照片，大小不超过2M。

填写媒体名的相关规则是，必须使用频道、节目、报纸、期刊的名称作为名称，后面可以加修饰词。报纸期刊的发行公司需提交中华人民共和国出版物经营许可证，并提供出版单位的授权书。网络媒体不可以单独使用其子栏目名作为认证名称，前面要加上网站的全称。报纸期刊不能单独用某个板块、栏目、副刊名作为认证名称，前面要加上报刊的全称。网络媒体提交的许可证必须为目标企业所有，不能授权使用。

如果选择"自选词汇"，选择自选词汇必须符合微信认证账号名称原则。

（1）账号名称不得侵犯注册商标专用权，否则，将不能通过账号名称审核，或被权利人投诉侵权；

（2）账号名称不得与公众平台内已有账号名称重复，否则，将不能通过账号名称审核；

（3）不得单独以人名为认证名称（个人不支持微信认证）；

（4）不得单独以地域名为认证名称（举例：北京、上海、深圳等）。

需要注意的是，公众账号认证名称需保证在所在领域具有唯一识别性和客观性，禁止侵权，禁止使用具有夸大性、广告性和误导性的名称。微信公众号有两条命名原则：保护注册商标原则，即账号名称不得侵犯注册商标专用权，否则，将不能通过账号名称审核，或被权利人投诉侵权；认证命名唯一原则，即账号名称不得与已注册成功的账号名称重复，否则，将不能通过账号名称审核。

同时禁止使用的公众账号认证名称还有：

（1）中国的国家名称、国旗、国徽、军旗、勋章以及中央国家机关所在地特定地点的名称或者标志性建筑物的名称（国家机关名称只有对应的政府机构才可使用，外资或合资企业名称中包含"中国"的，可以使用，如"宝洁中国"）；

（2）外国的国家名称（国外驻华领事馆等外国驻华机构全称包含该国家名的可使用，如"美国驻华领事馆"）；

（3）带有民族歧视性的；

（4）夸大宣传并带有欺骗性的，如"国酒"（没有哪个酒的品牌可以称自己为中国最好的酒）、"中国第一酒"（不可包含修饰形容词汇）；

（5）有害于社会主义道德风尚或者有其他不良影响的；

（6）有歧义，误导用户或侵犯其他用户、第三方合法权益的，包括但不限于：侵权，冒充其他公司品牌，利用命名进行夸大宣传，非腾讯官方、微信官方但名称包含"腾讯""微信"等；

（7）企业简称为通用名词、名称、词汇的，腾讯有权要求使用完整企业/机构名称作为认证名称，例如，正能量、吃货、星座、运势、爱情、健康、养生、百科等。

最后需要注意的是，微信名称不支持空格与符号，如果在填写名称时输入了空格或符号，会在文本框下方出现提醒，将字符修改过来即可。

3.3.7　第五步：填写收款发票

确认好名称信息之后，单击"下一步"，就会进入填写发票阶段，如图 3-65所示。微信认证时，勾选"开具发票"时，可选择"普通发票（定额发票）"或"增值税专用发票"，选择发票类型并根据页面提示填写相应资料后，腾讯公司会开具发票，邮费由腾讯公司承担。

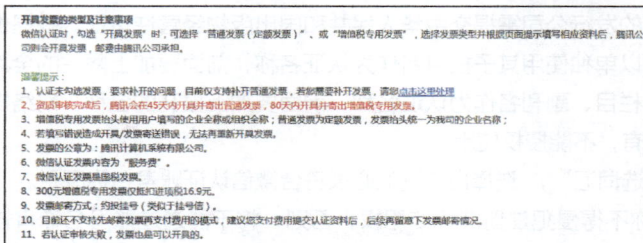

图3-65 填写发票

若发票类型选择"不开具发票"，在认证完成后无法补开发票；如果选择"普通发票"，在订单完成之后，即收到认证成功或失败的通知，腾讯公司将会在45天内开具并邮寄；如果选择

"增值税专用发票"，在资料审核通过之后，腾讯公司会在80天内开具并邮寄。

需要注意的是，普通发票的信息在微信认证资料提交成功后，发票信息不再支持修改；"增值税专用发票"提示的发票资料未审核通过被驳回之后，可以修改发票资料及发票类型，但若是"增值税专用发票"资料审核成功，发票信息不支持修改。

如果选择"不开具发票"，即可单击"不开具发票"，之后便不需要填写其他信息，可以直接单击"保存订单并下一步"。

如果选择"普通发票"，出现的页面如图 3-66 所示。首先，普通发票的发票抬头应是"腾讯公司"，而不是公众号拥有者的单位名称，这一项是系统自动填写的，不需要再做修改；其次，目前只支持中国大陆地区的邮寄，邮件地址应详细到具体街道；再次，填写的邮政编码是所在地区的邮政编码，同时应使用正确的邮政格式，即有6位数字组成，不得有空格或字符；最后，填写的联系人与联系电话不能为空，并且填写的信息必须正确，避免出现联系不上的问题。

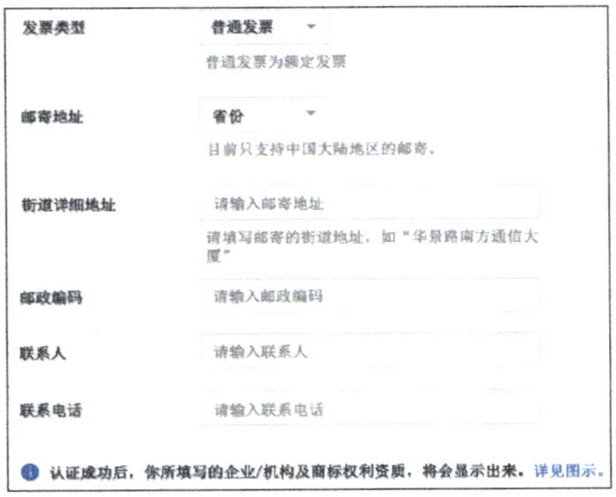

图3-66　普通发票的资料填写

如果选择的是"增值税专用发票"，企业必须有一般纳税人的资质，而且需要提交税务登记证、银行开户证明，在腾讯客服核对无误后方能开启。如图 3-67所示，"增值税专用发票"所填写的内容相对较多，而且需要提交相关证明，所以在填写时应更加仔细。

在填写"增值税专用发票"的资料信息时应注意以下几点。

（1）增值税专用发票的抬头应该是用户的企业全称或组织全称，一般而言，发票抬头的主体名称系统会自动拉取主体信息，而且不可修改，如果主体名称在工商局发生了变更，需要将相关的证明材料提交给第三方审核公司；

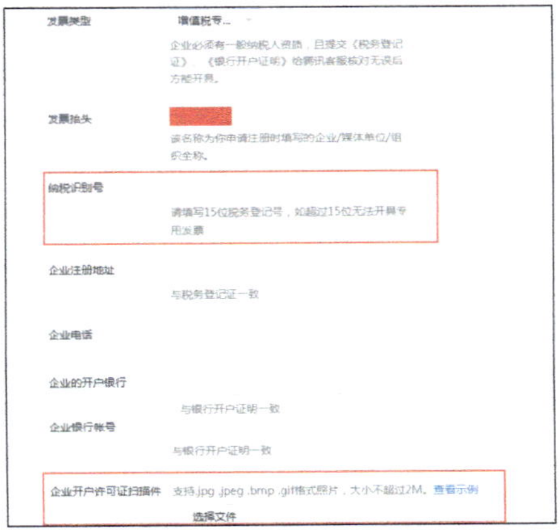

图3-67　增值税专用发票资料填写

（2）纳税识别号应是15位、17位、18位或20位的，如果超过位数则无法开具专用发票；如果是已经办理三证合一的企业，可填写18位数的统一社会信用代码；

（3）在填写企业注册地址时，应注意所填写的地址必须与税务登记证保持一致；

（4）企业的开户银行与银行账号必须与银行开户证明一致；

（5）企业需要上传的文件有：企业开户许可证扫描件、税务登记证副本或一般纳税人资格证书，已经办理三证合一的可上传三证合一营业执照；

（6）邮件地址、邮政编码、联系人、联系电话等信息的填写可参考"普通发票"的填写要求，必须保证资料的正确性与有效性。

同时，微信认证的发票公章均为"腾讯计算机系统有限公司"，内容为"服务费"，发票的邮寄方式为约投挂号。同时目前还不支持先邮寄发票再支付费用的模式，建议支付费用提交认证资料后，后续再留意下发票邮寄情况。若认证审核失败，发票也是可以开具的。

3.3.8　第六步：选择支付方式

填好发票信息后，需要支付相关费用，即微信认证费用300元。支付方式一共有两种，分别是微信支付与银行卡转账，如图 3-68所示。

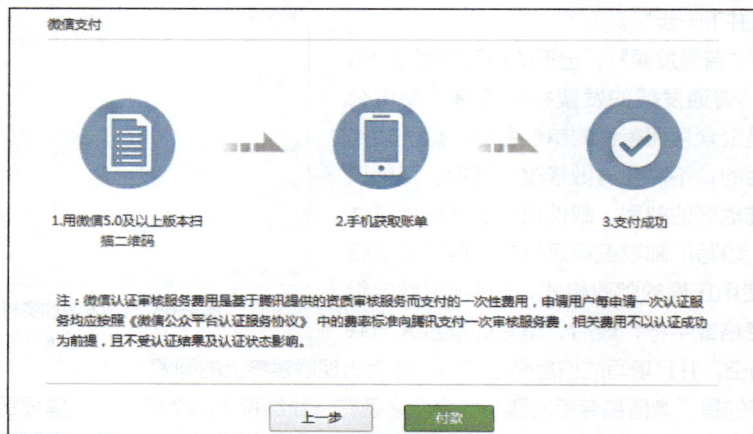

图3-68 选择支付方式

微信支付就是使用微信扫描二维码完成支付，银行卡转账就是使用企业对公账户打款到腾讯公司的对公账户。两者的区别不仅在于支付方式的不同，更表现在审核时长上，使用微信支付或个人银行账户转账的，会在确认收款的5个工作日内完成审核，而使用对公账户转账的，可缩短在3个工作日内完成审核，如图 3-69所示。

功能类型	微信支付		银行卡转账/打款		
			企业对公账号打款	其他对公账号打款	个人账号打款
支付方法	微信扫一扫二维码支付	已在注册步骤操作对公打款验证	使用微信认证填写的对公账号，打款到腾讯公司的对公账号	使用非微信认证的对公账号，打款到腾讯公司的对公账号	使用个人银行账号，打款到腾讯公司的对公账号
审核时间	5个工作日	3个工作日	3个工作日	5个工作日	5个工作日
银行账号打款验证	是	否	否	是	是

温馨提示：
1、若是用填写对公账号打款，收到款后3个工作日内进行审核（未到账时不会进行审核）
2、若是其他对公账号打款、个人账号打款，收到款后5个工作日内进行审核（未到账时不会进行审核）

图3-69 支付方式的区别

2015年5月29日注册小额打款全量上线后，在注册环节做了对公打款验证，后续申请微信认证可以免去同样的打款验证环节，所以如果在注册时选择对公打款验证方式，那么在认证支付费用时，只能选择微信支付方式支付，腾讯公司会在收到款项后的3个工作日内审核；如果在注册时选择的是人工验证方式，请根据页面提示为准支付费用，若无对公账户，即认证填写资料时没有填写对公账户，可选择个人银行或微信支付；如果是在2015年5月29日之前注册的公众号，根据页面提示选择支付方式即可。

同时在选择银行卡转账之后，页面会出现两个银行账户的信息，即公众号的对公账号以及微信团队的对公账户信息，如果在之前已经填写对公账户，系统将会自动拉取相关信息，这是需要仔细核对相关信息。如果在之前没有填写对公账户或者没有对公账户，则需要填写的有银行卡号（可用个人银行卡号）、开户银行、开户人以及转账金额。需要注意的是，如果使用个人银行账户，或其他对公账户（非认证填写的对公账户）进行打款，就无法核实是企业资质身份，在确认收到后，会按照原微信支付的审核流程对公账号小额打款进行确认，无法缩短审核时间，将在5个工作日内完成审核。

通过对公账号打款到腾讯公司的对公账号，需要填写15位的银行账号和10位的客户编码。当用户选择用对公账户打款的方式，公众平台的认证流程页面上就会自动显示他的客户编码，后面的10位数字是代表公众号的唯一识别码，打款的时候必须一起输入。如果客户编码填错，系统就无法自动识别是哪个公众号发起的付款申请。当然，万一这个环节输错，只要用户备注信息同时填写了公众号唯一的ID，后续还可以通过人工查询是哪个公众号的认证费用。

银行卡转账时，需输入联系人和联系电话，打款输入的联系人应是"腾讯公司"，打款输入的联系电话为"0755-83768788"。

在完成支付之后，进入认证审核，页面上会公布第三方审核公司的联系方式，在审核过程中该公司将有可能与用户联系沟通，如果在审核过程中遇到问题，可以拨打该公司的热线电话进行咨询。微信官方会在3~5个工作日内审核，收到款项后会在公众平台"通知中心"进行提醒，如图 3-70所示。

图3-70 消息通知

如果在成功打款后，仍提示"未支付"或超时仍"正在确认收款"，需要先核对公众平台页面提示的收方账号、收方公司名与汇款时输入的收方账号、收方公司名是否一致。如果汇款时输入错误，银行会将资金退回至付款账户，请耐心等待银行退款后再重新支付即可。如果出现重复支付或者支付金额错误等情况，可申请微信认证费用退款，如图 3-71所示。

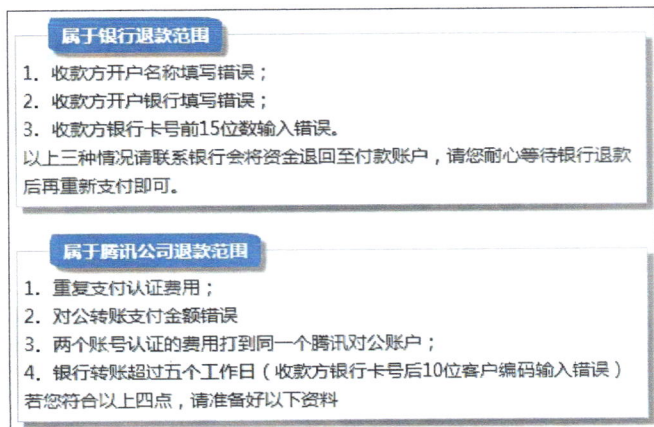

图3-71 微信认证退款情况

出现以上情况后，可在腾讯客服中找到"自助服务专区"，选择"支付重复/多支付退费"，在出现的页面中填写相关信息，或者直接在浏览器网址栏输入自助服务专区的网址，进入退款说明填写界面。填好信息之后，单击"提交"，之后等待微信官方回复即可。

3.3.9 拓展：重新认证账号

每一次微信共从账号认证时效为一年，微信认证完成时，即会在微信公众平台上显示下次年审的时间，认证到期前3个月会通过微信公众平台的通知中心提醒用户需要进行年审。如果需要修改公众号名称，也可提前进行重新认证。

如果未进行年审或年审时未通过审核，认证标识及认证信息将会被取消，名称会释放，他人可以申请使用，账号名称可能会被强制更改；所有认证功能也会取消；年审认证流程、资费、审核标准与首次认证一样。

在微信公众号平台，在"设置"中单击"微信认证"，就会出现微信认证界面，单击界面上的"重新开通"按钮，页面会弹出重新认证操作提示，单击"同意并下一步"按钮即可。

之后的操作流程与审核标准与首次操作一致，同样要进过"同意协议—填写资料—确认名称—填写发票—支付费用"5个步骤，而且同样需要缴纳300元的审核费。

重新认证时会保留上次认证时的信息，同时可以在允许的范围内修改一定的信息，如在符合公众号的命名规则内可以修改公众号的名称。

第 **4** 章

实用功能的学习

微信公众平台的流行，得益于微信公众平台操作简单、功能齐全的特点，同时加上微信的自主开发中心，让更多样的服务成为可能。这不仅是经营者的福音，更是广大微信用户的实在便利。

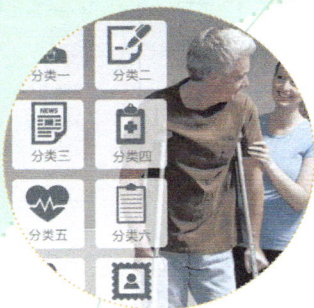

4.1 管理类功能

微信公众平台是公众号运营者管理广大微信粉丝的后台，登录微信公众平台后，第一眼就能看到"功能"项与"管理"项，如图 4-1所示。微信公众号运营者就是通过这两项功能来编辑群发图文消息、与微信粉丝互动的。

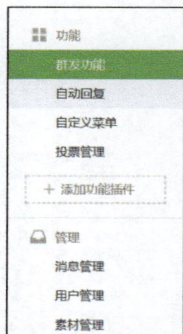

图4-1 "功能"与"管理"

4.1.1 功能一：管理群发素材

微信公众号的头像是公众号影响大众第一印象的重要因素，所以设置的头像一定要独特、清晰且醒目。

设置头像首先单击微信公众号平台的"公众号设置"项，可以看到出现的页面中公开信息的第一项就是"头像"，在刚刚注册完成时，微信公众号是没有头像的，如图 3-3所示，显示的是一个灰色背景白色轮廓的图片。

1. 素材管理

素材，是指在平时生活中所搜集、收藏的未经加工的原始材料。微信公众平台中的素材管理功能，是为了保存在平时所收集的图片、文字、视频等材料，保证在编辑微信推送消息时，不会处于"巧妇难为无米之炊"的尴尬境地。

使用"素材管理"功能的步骤是，首先登录微信公众平台，可在页面左侧看到功能与管理项，单击管理项中的"素材管理"，就会出现素材管理界面，如图 4-2所示。

图4-2 素材管理

从素材管理界面可以看到，素材可分为4个部分，分别是图文消息、图片、语音、视频。在没有使用素材管理之前，页面显示的是"暂无素材"。那么如何才能创建微信素材呢？

因为在微信文章中经常会插入图片、语音、视频，所以在新建图文消息之前可以将所需要的图片等放入素材库中。单击"图片"，在没有上传图片之前，界面上显示的是"该分组暂时没有图片素材"，如图 4-3所示。

图4-3 暂时没有图片素材

单击"本地上传"，就会出现电脑中的文件夹，找到图片保存的位置，然后单击图片确定上传，就可以将该图片上传到图片素材库。注意，上传的图片仅支持BMP、PNG、JPEG、JPG、GIF格式，图片大小不能超过5M，若图片过大，可以重新修改尺寸再操作上传。上传图片之后的界面如图 4-4所示。

图4-4 图片素材

但是如果上传的图片比较繁杂的话，还可建立分组管理图片。单击图 4-4中右侧的"新建分组"，就会出现一个命名的小窗口，如图 4-5所示。将分组名称输入文本框，单击"确定"按钮即可创建。

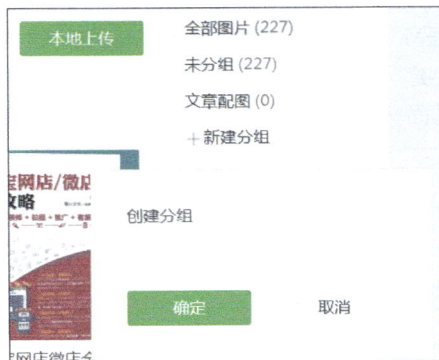

图4-5 创建分组

在创建好分组之后，分组列表也会出现在素材页面的右侧，如图 4-6 所示。但是在建好分组之后，还需要将相关的图片转移到分组中去，否则图片仍然被放置在"未分组"中。

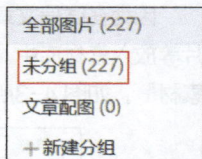

图4-6 分组列表

将图片移动到新建分组的操作十分简单。在图片素材中单击勾选需要移动的图片，然后单击"移动分组"，如图 4-7 所示。

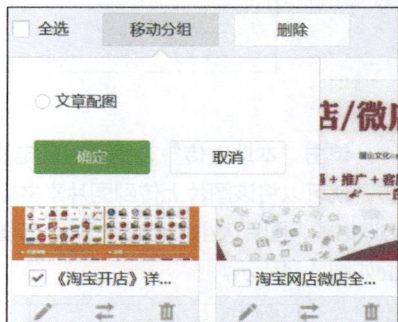

图4-7 选择移动分组

在出现的分组中，单击要选择的分组前面的小白点，然后单击"确定"，就能将图片移动到分组中了，如图 4-8 所示，"素材管理"分组中就挪入了一张新的图片。按照相同的操作，可见素材库中的图片依次分类，以便于在编辑信息时查找和使用图片。

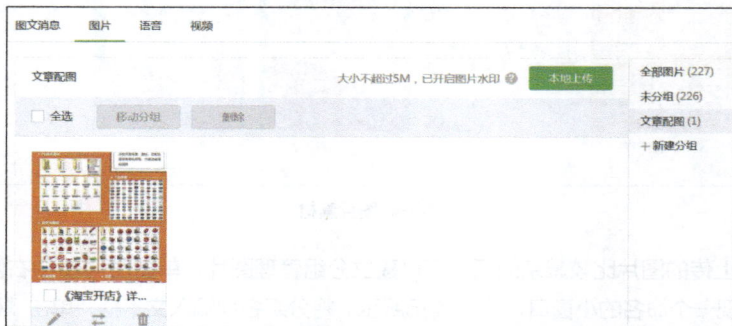

图4-8 图片分组

在素材库中还可放入"语音"。在没有上传语音之前，单击"语音"，页面显示的是"暂无数据，可单击右上角新建按钮创建"，如图 4-9 所示。依照提示，单击右上角的"新建语音"，这时会跳转到一个新的语音上传界面。

图4-9 语音素材

"新建语音"界面如图 4-10所示，首先需要输入14个字以内的语音标题，如果没有输入，会在文本框下方出现红色字"请输入标题"，然后在分类中单击选择相应的类别，之后单击"上传"，在电脑中找到需要上传的音频文件，单击"确定"，就能将语音上传，最后单击"保存"，保存成功后就表示语音素材创建成功了。

图4-10 "新建语音"界面

需要注意的是，上传的语音格式支持MP3、WMA、WAV、AMR，而且上传的文件大小不能够超过30M，语音时长不能够超过30分钟。

在将需要的图片等素材上传到素材库中之后，就可以着手创建图文消息了。单击"新建图文消息"，就会跳转到一个新的消息编辑界面，如图 4-11所示。

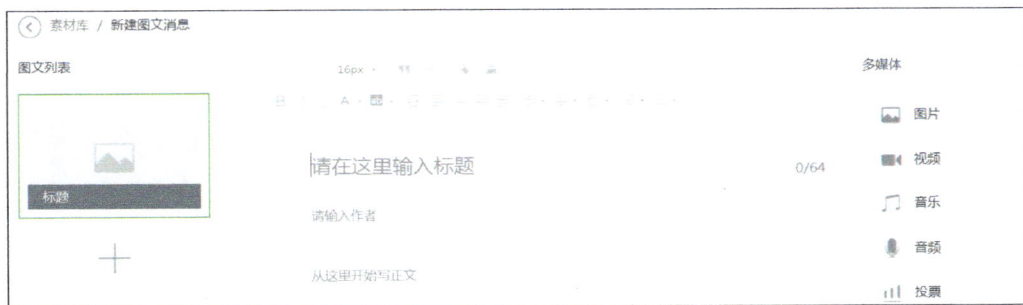

图4-11 新建图文消息

从新的"新建图文消息"界面，可看到一条消息的组成主要包括了标题、作者、正文、封面、摘要等。相应的位置都会有所提示，如"请在这里输入标题""请输入作者"等，在标题框中输入标题后，左侧的图文列表中的标题也会显示，如图 4-12所示，这样就比较方便在素材库查找相应的文章。

图4-12 文章标题

微信文章中既可以使用文字，同时还能插入图片、视频、音乐等。以插入图片为例，示范如何在文章中插入图片。首先单击"新建图文消息"界面右侧的"多媒体"栏中的"图片"，然后就会出现"选择图片"界面，如图 4-13所示。单击需要的图片之后，单击"确定"按钮即可。如果在素材库中没有保存好的图片，需要单击"本地上传"来选择图片。

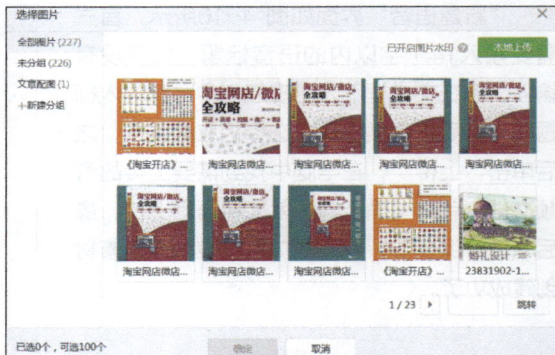

图4-13 插入图片

按照要求写好图文消息后，就可单击页面下方中的"保存"按钮，如图 4-14所示，将这一次编辑的信息放入素材库。

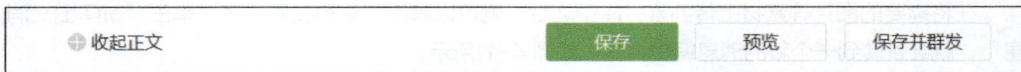

图4-14 保存编辑的图文消息

出现"保存成功"的提示之后，关闭"新建图文消息"界面，就能在素材库中看到刚刚新建好的图文消息，如图 4-15所示。如此一来，新的图文素材就创建好了，在需要发送时可直接将编辑好的图文消息发送出去。

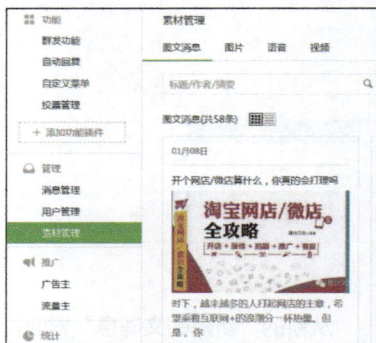

图4-15 图文消息素材

2. 群发消息

微信公共号可通过群发消息，将发布的内容推送到微信粉丝的消息列表中。新注册的微信公众号登录微信公众平台后，单击功能项中的"群发功能"，就会出现群发功能声明，如图 4-16所示。仔细阅读相关的条例，单击"同意以上声明"按钮。

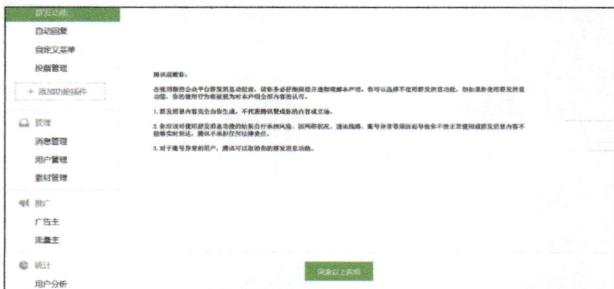

图4-16 群发功能声明

同意群发功能声明后，单击"群发功能"，就会出现群发功能界面，如图 4-17所示。从图 4-17可以看到，群发功能界面大致分为"新建群发消息"和"已发送"两个部分，前者可以编辑新的信息并发送出去，后者可以查看之前发送的消息。

图4-17 群发功能界面

微信群发功能的一大特色就在于它能够选择特定的人群来推送消息，将目标用户定位得更加准确。发送信息之前，可以对"群发对象""性别""群发地区"进行选择。单击群发功能界面中的群发对象下方的"全部用户"就会出现"全部用户"与"按标签选择"两个选项，单击"性别"就能选择发送对象的性别，可以选择"全部""男""女"，单击"群发地区"下的"国家"，就会出现各个国家的列表，其中单击"中国"，就会出现省份选择以及城市选择，如图 4-18所示。

群发对象		性别		群发地区				
按标签选择	▽	星标用户	▽	女	▽	中国	▽	上海	▽	奉贤	▽

图4-18 选择群发人群

微信群发信息有多种选择，如图 4-19所示，共可以选择"图文消息""文字""图片""语音""视频"5种。

图4-19 消息类别

发送图文消息要先单击"图文消息"，再做选择。既可以直接从素材库中直接选择文档，也可重新编辑新的图文消息。单击"从素材库中选择"，就会弹出选择素材窗口，如图 4-20所示。可以直接在出现的图文消息素材中点击相关文章，也可在搜索框中输入作者、标题、摘要来搜索相关图文消息。点击文章之后，会在文章之上出现一个白色的勾，然后单击"确定"即可。如果选择即时编写图文消息，可单击"新建图文消息"，然后按照要求编写，完成之后即可上传发送。

图文消息的显示效果如图 4-21 所示。

图4-20 选择素材

图4-21 图文消息展示

如果要发送纯文字信息，可在"群发功能"界面单击"文字"，然后就会出现文本输入框，如图 4-22 所示。在文本框中一共可输入600个字，编辑好之后单击"群发"即可。

其他图片、视频、语音等消息的

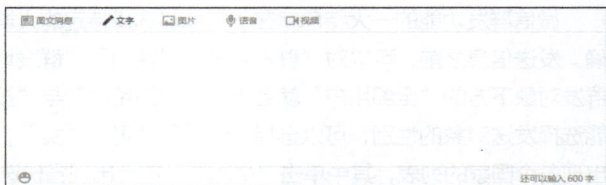

图4-22 文字消息

发送步骤皆与上面两种类型的步骤相似。不论发送哪一种类型的消息，都要注意严禁恶意营销以及诱导分享朋友圈，严禁发布色情低俗、暴力血腥、政治谣言等各类违反法律、法规及相关政策规定的信息。

出现微信公众平台消息群发成功而粉丝未收到群发消息的情况的原因可能有以下几种。

（1）通过微信公众平台群发消息时，对群发对象、性别、群发地区进行了选择，不在选择内的粉丝则无法接收消息。

（2）粉丝设置了拒绝接受消息。

（3）被加入黑名单的粉丝，不会接收到群发信息，建议进入微信公众平台在"用户管理"的"黑名单"中，查看是否进行过设置。

（4）若公众号为服务号，一个粉丝一个月最多接收同一个服务号的4条群发信息，若超过4条则该粉丝无法接收。

4.1.2　功能二：添加视频消息

微信公众平台不仅能推送文字图片消息，而且可以推送视频消息，视频消息能够更加吸引关注者的眼球，能够更加生动形象地将自己的想法展示给关注者。

发送视频消息的步骤与发送图片、文字等消息类似。首先在群发消息界面中单击"视频"就会出现选择素材选项。可以从素材库中选择视频，也可以即时新建一个视频文件，如图 4-23 所示。

图4-23 视频消息

如果在素材库中已经上传了相关视频，可直接在素材库中勾选发送。若素材库中没有响应的视频，可单击"新建视频"，之后就会出现上传视频界面，如图 4-24所示。单击"选择文件"，从电脑的文件中找到并上传相应的视频。需要注意的是，上传的视频不能超过20M，支持大部分主流视频格式。如果上传的视频超过20M，可至腾讯视频上传后添加。

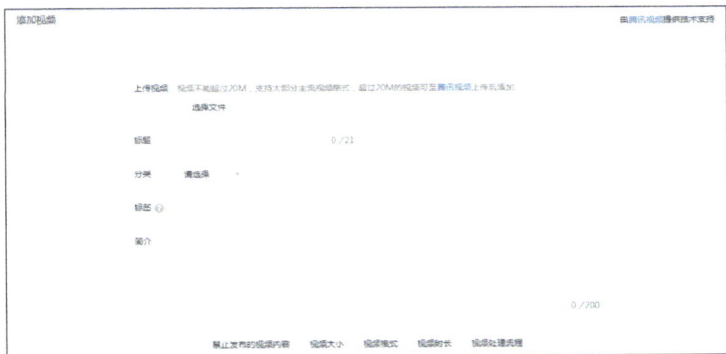

图4-24 新建视频

上传视频之后，还需要在相应的地方填写标题、分类、标签以及简介。标题的字数应在21个字之内，多个标签可用回车键隔开，填写的标签应与视频内容相关，简介填写应在200个字以内。完成相关的操作之后，单击勾选"我已阅读并同意《腾讯视频上传服务规则》"，最后单击"保存"即可。

视频也可添加在图文消息之中。"新建图文消息"的编辑界面，有一个"多媒体"选项，其中就包括了视频，如图 4-25所示。

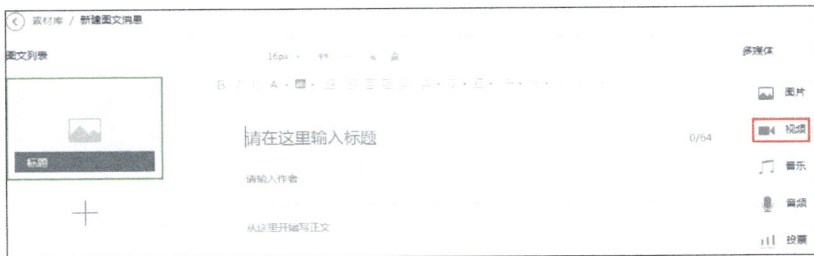

图4-25 添加视频

单击"新建图文消息"界面中的"视频"按钮，就会弹出选择视频的窗口，如图 4-26 所示。

图4-26 选择视频窗口

选择视频有两种方式。 一是在已有的视频中选择上传，如果没有现成的视频，也可单击"新建视频"，之后的操作就与之前上传视频的操作一致。二是上传视频网站上的视频，将需要的腾讯视频的网址输入网址框中，该视频会自动出现在页面中，如图 4-27所示。选定视频之后，单击"确定"按钮即可。需要注意的是，视频网址暂时只支持腾讯视频网址。

图4-27 视频网址

如果在素材管理的图文内插入视频后并未显示视频画面，而是显示黑色背景，如图 4-28所示，这是因为视频的尺寸被调整优化了，但这不会影响到群发后的视频播放效果。如果想要预览视频是否正常，可以通过发送"预览"到手机端查看。

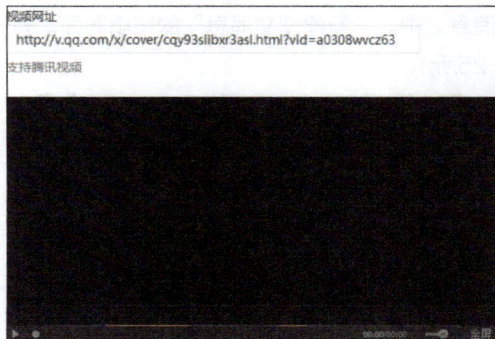

图4-28 视频显示黑屏

对于上传的视频，微信官方做出了一些要求。

（1）不得上传未经授权的他人作品，上传的视频拥有完整的著作权或已获得合法授权，未侵犯任何第三方之合法权益。

（2）上传的视频中，不得含有：违反国家法律，危害国家安全统一、社会稳定、公序良俗、社会公德以及侮辱、诽谤、淫秽或含有任何性或性暗示的、暴力的内容；侵害他人名誉权、肖像权、知识产权、商业秘密等合法权利的内容；涉及他人隐私、个人信息或资料的；骚扰、广告信息及垃圾信息；其他违反法律法规、政策及有悖公序良俗、社会公德或干扰视频正常运营和侵犯其他用户或第三方合法权益内容的信息；其他视频网站、境外电视台、境外制作公司的台标或者Logo。

（3）上传的视频在腾讯视频发布后，即被视为允许腾讯公司在腾讯各平台及合作推广渠道上使用和推荐该视频。

4.1.3　功能三：链接外部网站

在微信推送的消息中，经常会出现点到某些文字或图片时，界面会自动跳转到其他网站的情况，如图 4-29所示，这就是超链接在微信公众号推送消息中的妙用。这样一来，就可以增加相应网站的点击量，也可让对此感兴趣的粉丝直接进入相关界面，是一个十分实用的功能。

图4-29 超链接功能展示

如何设置超链接呢？没有认证的微信公众号的图文消息的编辑界面是没有超链接按钮的。只有当公众号同时满足3个条件，即公众号为服务号，并且公众号已经通过微信认证，同时已开通微信支付，才能使用超链接功能。

满足以上3个条件之后，在图文消息编辑界面，就会出现一个超链接按钮，如图 4-30所示，可以链接到外部网站。

图4-30 超链接

在编辑图文消息的过程中，如果需要设置超链接，就可以单击超链接按钮，之后便会出现新增或编辑超链接窗口，如图 4-31所示。

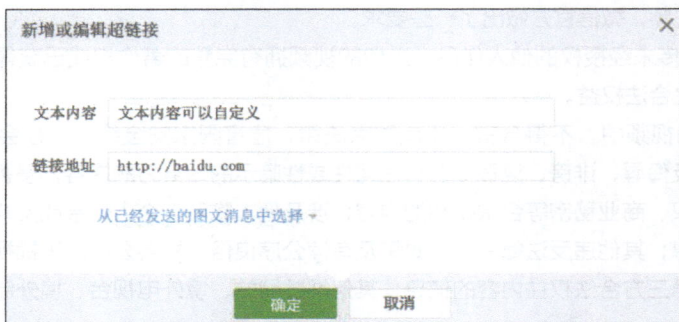

图4-31 新增或编辑超链接

其中，超链接的文本内容可以自定义，然后在链接地址栏中将链接地址输入其中，如图4-32所示，最后单击"确定"即可。

图4-32 文本链接

除了上面所讲的服务号之外，还有一种公众号支持添加超链接，那就是具有原创保护功能的账号，但是这种情况只能允许添加自己已经推送的图文消息。目前此权限仅向部分媒体类账号及少量个人主体的自媒体人开放。如点击文章标题下面的蓝字，如图4-33所示，界面就会跳转到其他文章。

图4-33 点击文字跳转页面

4.1.4 功能四：员工安全中心

安全中心是微信公众平台针对账号安全推出的功能模块，通过安全中心，运营者可开启保护、开启提醒。开启微信保护有助于公众号运营者更好地保障账号安全。开启后，除登录和群发操作可由管理员或运营者直接扫码验证外，其他风险操作都需管理员微信号进行验证以保护公众号安全。

在登录微信公众平台之后，可以单击设置项中的"安全中心"，就会出现安全中心界面，其中包含了"管理员微信号""风险操作保护""风险操作提醒""风险操作记录""修改密码"5项内容，如图4-34所示。

图4-34　安全中心

1. 管理员微信号

　　管理员微信号就是指公众号安全助手绑定的微信号，一个公众号可绑定一个管理员微信号。一个管理员微信号可绑定并管理5个公众号。运营者注册时扫码绑定的微信号将作为公众平台管理员微信号，公众平台将会自动开启登录保护，后续每次登录账号需要扫码验证后方可登录，这样可以提高账号的安全性。

　　因为管理员微信号及运营者微信号都将被作为公众号风险操作的验证入口，所以需要设置好管理员微信号，并加强对运营者微信号的保护及管理。开启微信保护后，除管理员和运营者可直接扫码验证登录和群发操作外，其他风险操作都需管理员微信号进行验证以保护公众号安全。非管理员或运营者之外的微信扫码后提交操作申请，系统会发送申请至管理员微信号进行验证。

　　如果要重新设置管理员微信号，可单击"安全中心"界面中"管理员微信号"一栏右侧的"详情"，就会出现管理员微信号界面，如图 4-35所示。在安全中心界面中可以修改管理员微信号，同时也可以添加运营者微信号。

图4-35　管理员微信号

　　单击管理员微信号中的"修改"，就会出现一个二维码扫描界面。首先需要用原管理员微信号扫描二维码，之后才能通过扫描二维码绑定新的微信号。

　　如果原管理员微信号无法使用，就可单击二维码界面下方的"重置绑定微信号"，系统就会自动发送一封含带有链接的邮件到该公众号的注册邮箱，如图 4-36所示。单击"登录邮箱"，然后在收件箱中找到邮件并点击链接，接着就可以开始设置新的管理员微信号。

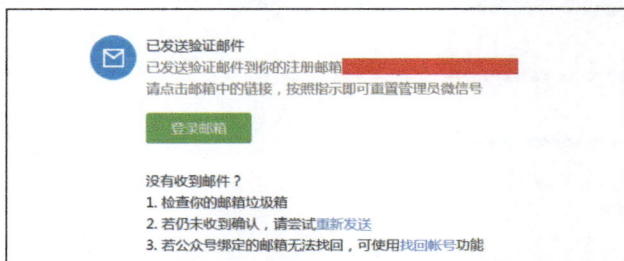

图4-36 验证邮件

　　运营者微信号是为实现多人管理公众号，每个公众号可由管理员添加绑定4个运营者微信号。运营者微信号可跳过管理员授权进行登录和群发操作。

　　添加运营者微信号的操作方式是，先单击管理员微信号界面中的"绑定运营者微信号"，在图中相应位置输入将要绑定的运营者的微信号，然后单击"邀请绑定"，如图 4-37所示。单击"邀请绑定"之后，需要使用管理员的微信扫描出现的二维码来验证身份。之后，该运营者的微信会接收到邀请，单击"确定/接受"即可。

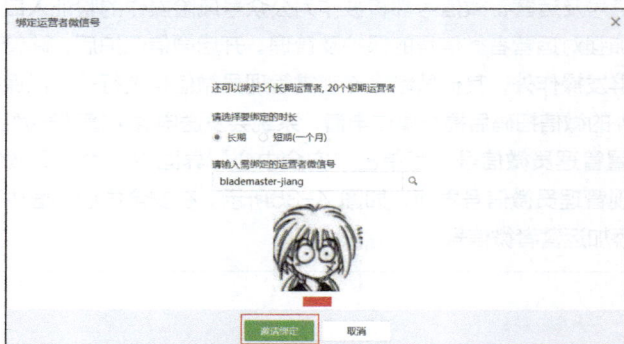

图4-37 绑定运营者微信号

　　需要注意的是，新添加运营者微信号时，绑定的运营者微信号需先关注该公众账号，而且该账号已经开通账号保护。

2. 风险操作保护

　　单击安全中心页面上的"风险操作保护"栏右侧的"详情"，进入"风险操作保护"界面，可以看到当前公众号风险保护情况。如果没有开启风险保护可单击"开启"，然后使用管理员微信号扫描出现的二维码，之后便可开通风险操作保护。开启风险操作保护之后，进行相关操作时会需要进行微信号验证。

　　如果是已经开启风险操作保护的公众号，就会出现具体风险操作的项目名称及保护状态，还有开启某项保护的操作，或者关闭某项保护的操作，如图 4-38所示。

　　如果想要关闭某些风险操作保护时，可单击该项目右侧的"关闭保护"，就会出现二维码扫描界面，如图 4-39所示，需要用管理员的微信号扫描二维码才能关闭相关功能。

图4-38 风险操作保护

图4-39 验证身份

如果需要开启某些风险操作保护，可单击该项目右侧的"开启保护"，就会出现询问对话框，如图 4-40所示。单击其中的"开启"，即可开启这项风险操作保护。

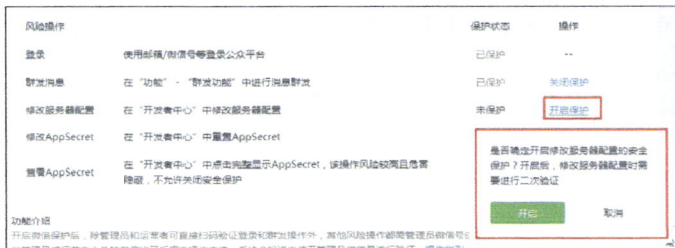

图4-40 询问是否开启

3. 风险操作提醒

为什么要开启安全提醒？因为开启安全提醒后，若公众号进行有风险操作，就会提醒管理员。这个风险操作包括登录、群发消息、修改服务器配置、重置AppSecret。现在微信公众号越来越受到企业、机构等的重视了，微信公众号中的利益也是十分可观。那么，如何开通微信公众号的安全提醒呢？

首先单击安全中心页面上的风险操作提醒栏右侧的"详情"，进入安全提醒界面，如图4-41所示，图中的安全提醒是尚未开启的，需要单击图中绿色按键"开启"。单击"开启"之后，会要求使用管理员微信扫描二维码，之后便可开启安全提醒。

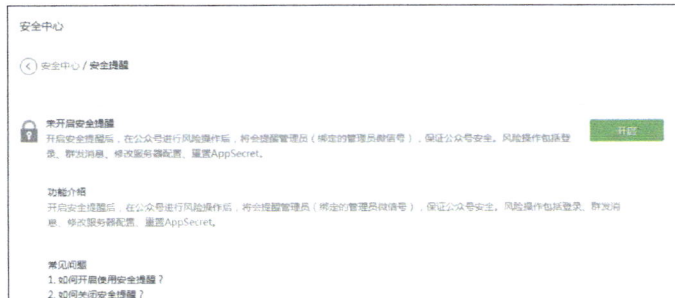

图4-41 安全提醒界面

开启安全提醒后，在公众号进行风险操作后，将会提醒管理员（绑定的管理员微信号），保证公众号安全。风险操作包括登录、群发消息、修改服务器配置、重置AppSecret。如图 4-42

所示，就是修改密码之后发送到管理员手机微信上的提醒信息，其中详细地列出了风险操作名称、公众号昵称、操作者昵称、操作者微信号以及操作时间。

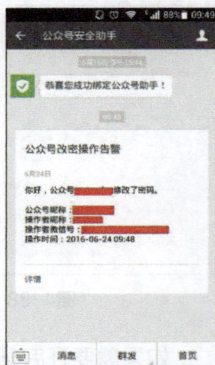

图4-42 操作提醒

如果需要关闭风险提醒，也在安全中心单击"风险操作提醒"右侧的详情，之后就可单击界面上的"停用"，如图 4-43所示，然后按照提示操作即可。开启安全提醒可使公众账号的安全更加有保障，可以及时通知各类风险操作，建议不要关闭安全提醒。

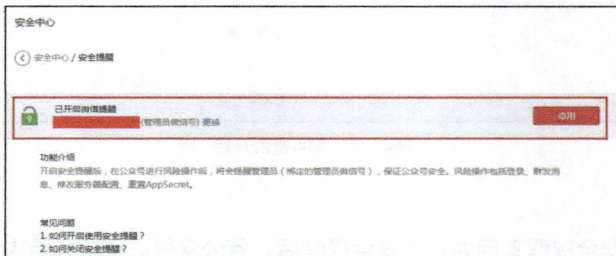

图4-43 安全提醒界面，单击"关闭"

4. 风险操作记录

风险操作记录是微信官方会将该公众号的某些风险操作记录下来，管理员可以通过查看风险操作记录来确认账号是否存在异常的操作。

在安全中心界面单击"风险操作记录"栏右侧的"详情"，打开风险操作记录界面，如图4-44所示。

图4-44 风险操作记录

风险操作记录最多可查看近30天的操作，其操作记录共分为3大块，分别是"登录""群发"以及"修改"。单击相应的按钮，就会出现该项操作的记录。

5. 修改密码

公众号的密码可在安全中心的"修改密码"处修改。单击"修改密码"栏右侧的"修改"，如图 4-45 所示。

修改密码
用管理员微信扫码验证后，修改你的密码   修改

图4-45 修改密码

单击"修改"之后，会自动跳转到新的页面，如图 4-46 所示，需要使用管理员的微信扫描图中的二维码来验明身份，之后才可进行下一步的操作。

图4-46 扫描二维码，验证身份

使用管理员微信扫描成功之后，页面下方会出现"扫描成功"的字样，如图 4-47 所示。之后在手机上点击"确认"，就能完成身份验证。

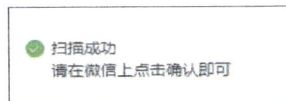

图4-47 扫描成功提醒

在验证身份之后，就会跳转到"重新设定密码"界面，如图 4-48 所示，需要填写的有"原密码""新密码""确认密码"和"验证码"。

首先在"原密码"栏填入原来的密码，之后需要两次填写新设定的密码，该密码至少需要8个字符，必须包含数字、字母，而且字母是需要区分大小写的，最后输入验证码，如图 4-49 所示。在全部填写完毕之后，单击"提交"。

图4-48 重新设定公众号密码

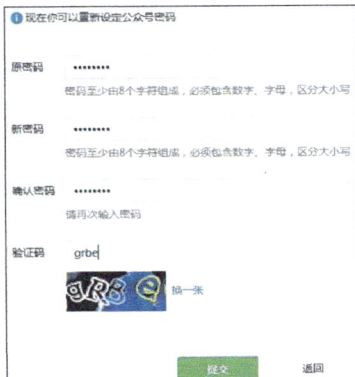

图4-49 提交信息

单击"提交"后，页面会自动跳转到公众平台登录界面，在该界面输入登录邮箱、新的登录密码，然后单击"登录"即可。

4.2 开发者中心

微信公众平台开发者中心就是借助第三方平台进行功能开发的一个接口连接处，第三方能够为微信公众号提供行业解决方案或功能优化方案，提高公众号的服务效果，是很多微信公众号的后盾。

4.2.1 平台外接优势

随着微信营销的火爆市场，越来越多的企业申请微信公众号，也有很多微信运营者陷入了沉思，微信后台完全可以运营出一个优质的微信公众号，为什么还要选择微信第三方平台进行管理和运营？微信第三方平台有什么优势呢？

■ 方便运营者管理

微信运营者要了解粉丝情况时，需要登录微信公众平台查看数据。但接入第三方平台运营者，可以收到消息提醒，掌握新粉丝的关注和取消的情况，运营者可以很快了解这段时间的运营情况。如果公司的公众号有客户投诉或者有客户在商城下了订单，不需要时时刻刻关注后台情况，手机也可以收到提醒，运营者就有多余时间用来学习和做其他事情。

■ 微信第三方平台开发的功能应用

从微信的九大高级接口可以了解到，微信公众平台自身并没有太多应用，大部分都是交给微信第三方去研发。接入第三方平台可以解决服务号消息数量存在限制的问题，服务号每个月只能群发4条消息，但是服务号的功能又很强大，这让许多企业摇摆不定，如果接入微信第三方平台，就可以解决问题，在自定义菜单栏设置"最新"版块，点击就可以获取最新信息，客户通过微信公众号来获取咨询。

■ 企业营销所需

目前微信官方对营销功能也是比较重视的，微信卡券的出现给很多企业带来了新的契机，同时微信第三方平台也可通过微信卡券做深度研发。

如第三方平台的微信卡券快购，不仅可以给客户发送优惠券，而且可以直接通过购券送礼和团购，可以说颠覆了礼品市场和餐饮团购市场，尤其是对于实体类产品运营，这个功能是非常实用且强大的。

■ 商城多样化

微信本身有微信小店，这并未具有相当的创意与个性，只是一个很简单的商品列表，不能在店铺的新意与个性上吸引用户。如果启用微信第三方的微商城，可以根据自身的企业性质和行业性质创建不同的产品，更具创意与个性，而且商城产生的订单也是直接进入企业自身的公司账户的，既安全又放心。

4.2.2 第一步：设置对接口

要获得接口，需要公众号通过微信认证。同时，微信认证分为资质认证和名称认证两部分，只需要资质认证通过即可获得接口。

1. 接入微信公众平台开发

在开始开发之前，首先需要成为开发者。要进行的3个步骤分别为填写服务器配置、验证服务器地址的有效性、依据接口文档实现业务逻辑。首先需要登录微信公众平台，在页面找到"开发"项，如图 4-50所示。可以看到在"开发"之下，还有"基本配置""开发者工具""运营中心""接口权限"4个项目。

在还没有成为开发者时，首先需要成为开发者。先单击"基本配置"，就会出现同意协议界面，如图 4-51所示。仔细阅读接口说明，还可单击图中蓝字《微信公众平台开发者服务协议》，阅读开发者使用规范。

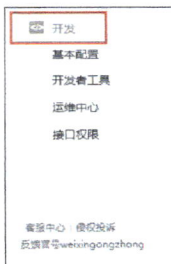

图4-50 开发　　　　　　图4-51 基本配置

阅读之后，勾选"我同意《微信公众平台开发者服务协议》"前的小方格，如图 4-52所示。接着之前灰色的"成为开发者"按钮就会变成绿色按钮，单击"成为开发者"按钮。

图4-52 单击"成为开发者"

如图 4-53所示，成为开发者之后，页面就会变成基本配置界面，页面共分为两项，分别是"开发者ID"和"服务器配置"。"开发者ID"包括"APPID（应用ID）"和"APPSecret（应用密钥）"。

图4-53 开发者基本配置

■ 服务器配置

接入微信公众平台开发，开发者需要做的第一步就是填写"服务器配置"，单击基本配置界面中的"修改配置"，就会出现填写参数的页面，如图4-54所示。其中需要填写服务器地址（URL）、Token和EncodingAESKey，其中URL是开发者用来接收微信消息和事件的接口URL。Token可由开发者可以任意填写，用作生成签名，该Token会和接口URL中包含的Token进行比对，从而验证安全性。EncodingAESKey由开发者手动填写或随机生成，将用作消息体加解密密钥。

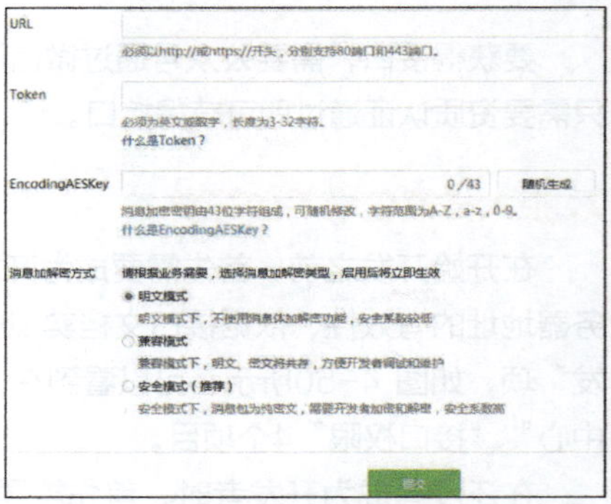

图4-54 填写参数

需要注意的是，在URL项填写的必须以"http://"或"https://"开头，分别支持80端口和443端口；Token项填写的必须为英文或数字，长度应为3~32字符；消息加密密钥由43位字符组成，可随机修改，字符范围为A~Z，a~z，0~9。

同时，开发者可选择消息加解密方式：明文模式、兼容模式和安全模式。模式的选择与服务器配置在提交后都会立即生效，请开发者谨慎填写及选择。加解密方式的默认状态为明文模式，选择兼容模式和安全模式需要提前配置好相关加解密代码。

填好相关信息之后，单击"提交"，如果没有出现错误，那么基本配置界面的"服务器配置"项就变成图4-55所示的状态。

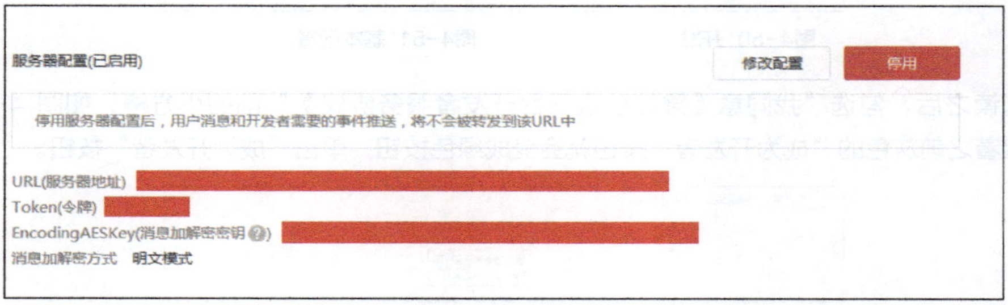

图4-55 设置好服务器配置

■ 验证服务器地址的有效性

其次，填好服务器配置后就需要验证服务器地址的有效性。开发者提交信息后，微信服务器将发送GET请求到填写的服务器地址URL上，GET请求携带4个参数，如图4-56所示。

参数	描述
signature	微信加密签名，signature结合了开发者填写的token参数和请求中的timestamp参数、nonce参数。
timestamp	时间戳
nonce	随机数
echostr	随机字符串

图4-56 参数描述

开发者通过检验signature对请求进行校验（下面有校验方式）。若确认此次GET请求来自微信服务器，请原样返回echostr参数内容，则接入生效，成为开发者成功，否则接入失败。加密/校验流程如下。

第一，将token、timestamp、nonce这3个参数进行字典序排序；

第二，将3个参数字符串拼接成一个字符串进行sha1加密；

第三，开发者获得加密后的字符串可与signature对比，标识该请求来源于微信。

检验signature的PHP示例代码：

```php
private function checkSignature()
{
$signature = $_GET["signature"];
$timestamp = $_GET["timestamp"];
$nonce = $_GET["nonce"];

$token = TOKEN;
$tmpArr = array($token, $timestamp, $nonce);
sort($tmpArr, SORT_STRING);
$tmpStr = implode( $tmpArr );
$tmpStr = sha1( $tmpStr );

if( $tmpStr == $signature ){
return true;
}else{
return false;
}
}
```

■ 依据接口文档实现业务逻辑

验证URL有效性成功后即接入生效，成为开发者。如果公众号类型为服务号（订阅号只能使用普通消息接口），可以在公众平台网站中申请认证，认证成功的服务号将获得众多接口权限，以满足开发者需求。

成为开发者后，用户每次向公众号发送消息，或者产生自定义菜单，或产生微信支付订单等，开发者填写的服务器配置URL将得到微信服务器推送过来的消息和事件，开发者可以依据自身业务逻辑进行响应，如回复消息。

公众号调用各接口时，一般会获得正确的结果，具体结果可见对应接口的说明。返回错误时，可根据返回码来查询错误原因。

用户向公众号发送消息时，公众号方收到的消息发送者是一个OpenID，是使用用户微信号加密后的结果，每个用户对每个公众号有一个唯一的OpenID。

另请注意，微信公众号接口必须以http://或https://开头，分别支持80端口和443端口。

2. 获取access_token

access_token是公众号的全局唯一接口调用凭据，公众号调用各接口时都需使用access_token。开发者需要进行妥善保存。access_token的存储至少要保留512个字符空间。access_token的有效期目前为2个小时，需定时刷新，重复获取将导致上次获取的access_token失效。

公众平台的API调用所需的access_token的使用及生成方式说明：

（1）为了保密appsecrect，第三方需要一个access_token获取和刷新中控服务器。而其他业务逻辑服务器所使用的access_token均来自该中控服务器，不应该各自去刷新，否则会造成access_token覆盖而影响业务；

（2）目前access_token的有效期通过返回的expire_in传达，目前是7200秒之内的值。中控服务器需要根据这个有效时间提前去刷新新access_token。在刷新过程中，中控服务器对外输出的依然是老access_token，此时公众平台后台会保证在刷新短时间内，新老access_token都可用，这保证了第三方业务的平滑过渡；

（3）access_token的有效时间可能会在未来有调整，所以中控服务器不仅需要内部定时主动刷新，还需要提供被动刷新access_token的接口，这样便于业务服务器在API调用获知access_token已超时的情况下，可以触发access_token的刷新流程。

公众号可以使用AppID和AppSecret调用本接口来获取access_token。AppID和AppSecret可在微信公众平台官网-开发页中获得（需要已经成为开发者，且账号没有异常状态）。注意调用所有微信接口时均需使用https协议。如果第三方不使用中控服务器，而是选择各个业务逻辑点各自去刷新access_token，就可能会产生冲突，导致服务不稳定。

那么如何来获取ccess_token呢？

在"开发"项中找到并点开"开发者工具"，如图 4-57 所示，在开发者工具界面一系列的工具中单击"在线接口调试工具"右侧的"进入"。

单击进入"在线接口调试工具"界面之后就会出现调试界面，如图 4-58所示，填写好appid和appsecret，然后单击"检查问题"。

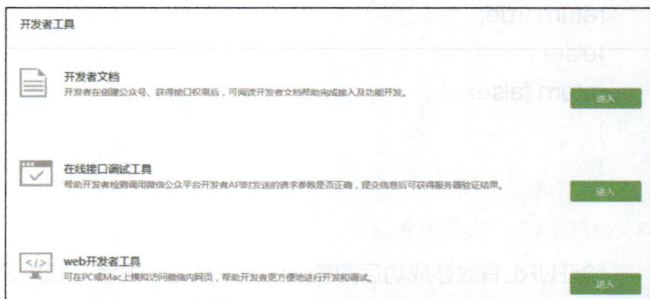

图4-57 单击"进入"在线接口调试工具

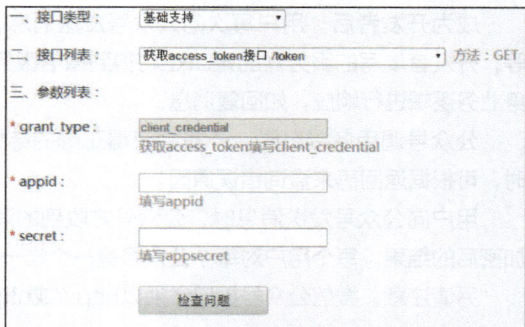

图4-58 输入相关信息，单击"检查问题"

如果填写的信息没有出现错误，就会出现正确显示的界面，如图 4-59所示，其中红框中的就是access_token，即获取到的凭证，expires_in后的参数就是凭证的有效时间，以秒计算。

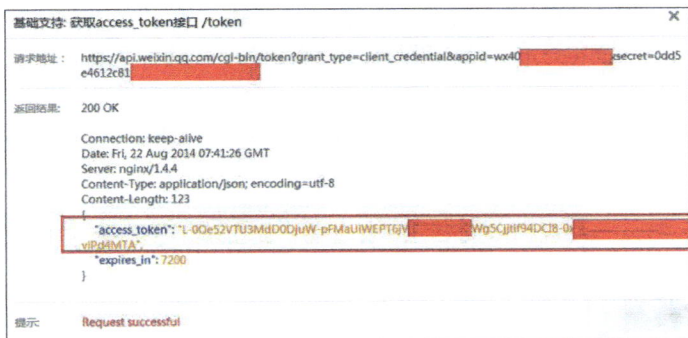

图4-59 获取access_token

错误时微信会返回错误码等信息，JSON数据包示例如下（该示例为AppID无效错误）：{"errcode":40013,"errmsg":"invalid appid hint:[gXidDa0085e277]"}，如图 4-60所示。如果出现了这种情况，只能选择重新获取。

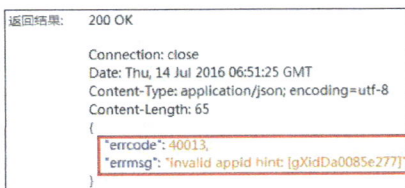

图4-60 错误信息

4.2.3　第二步：授权第三方

现在许多微信公众号选择授权第三方，那么是如何进行授权的呢？目前微信公众号授权第三方的程序简化了，只需要使用公众号管理员的微信扫描登录微信公众号，就能选择将一部分微信权限授权给第三方。下面将以授权给"腾讯云CDN加速"为例来展示授权的过程。

单击"开发者工具"，然后将页面下拉就可以看到微信官方提供的第三方选项，如图 4-61所示。单击"腾讯云CDN加速"右侧的"进入"，进入腾讯云CDN加速网站。

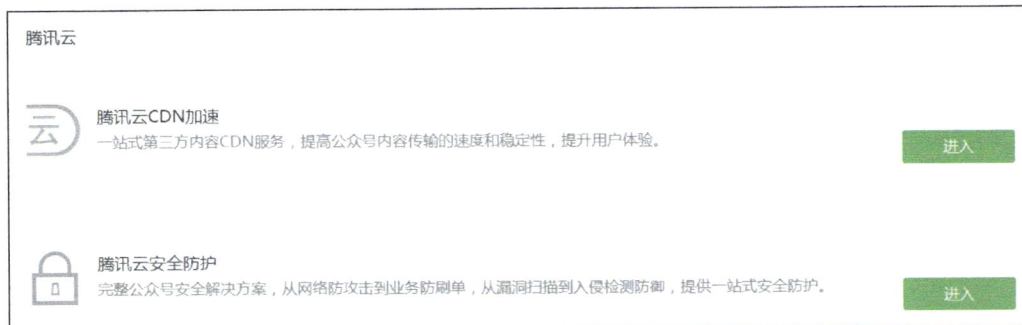

图4-61 单击"进入"腾讯云CDN加速

进入腾讯云CDN加速网站后单击"立即开通"，就会自动弹出二维码扫描授权界面，如图4-62所示。

使用与公众号绑定的微信号扫描二维码，扫描成功之后会在手机上出现"授权确认"界面，如图 4-63所示，界面中显示"腾讯云将获得以下权限"，若同意即可点击"授权"，要注意的是点击"授权"就意味着你已经同意公众平台授权服务协议。

如果想弄明白点击"授权"之后对方将会获得什么权限，可点击授权确认界面中的"自定义权限"，就会在新的界面将对方获得的权限列出，如图 4-64所示。同时也可以点击"查看权限说明"。

在确认之后就可以点击"授权"，之后手机上就会出现"授权成功"的字样，如图 4-65所示，这样就完成了授权操作。

图4-62 扫描二维码授权　　　图4-63 授权确认　　　图4-64 服务权限确认　　　图4-65 授权成功

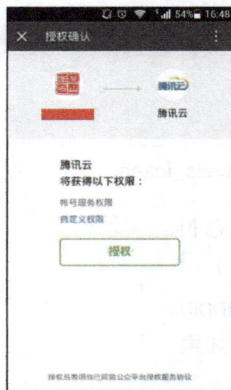

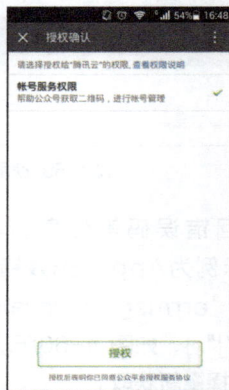

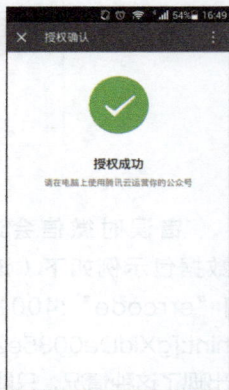

已经授权的第三方可在"添加功能插件"中找到与取消授权，登录公众平台后，在"功能"项中找到"添加功能插件"，界面会变成由"插件库"与"授权管理"，然后单击"授权管理"，在界面上就可以看到已经授权的第三方，如图 4-66所示。

第三方平台名称	已授权权限	授权时间	操作
腾讯云 助力您提升公众号服务的体验	● 帐号服务权限	2016-6-24 16:49	查看平台详情

图4-66 授权管理

如果想要取消授权，可单击授权管理中的"平台详情"，页面会出现具体的授权情况，如图 4-67所示，图中会列出该第三方的基本资料以及从公众号所获取的权限的列表，在页面的最下方会有一个红色的"取消授权"按钮，单击"取消授权"就能解除与第三方的授权关系。

图4-67 授权管理，平台详情

4.3 管理类功能

虽然微信公众平台的功能较多，但还不能满足大众的要求，在部分功能上遇到一些瓶颈。这时候就涌出一大波第三方网站，其作用就是补充微信公众平台的缺陷。这样微信公众平台和第三方工具就完美地结合了，既能享受微信公众平的功能，还能用第三方工具弥补不足，又可以使用户能够有更好的使用体验。

4.3.1 后台开发：小猪CMS

小猪CMS又称PIGCMS，是一个基于php+mysql的多用户微信营销源码程序，由合肥彼岸互联信息技术有限公司开发，是国内使用最多、功能强大、性能稳定的多用户微信营销系统平台源码。

小猪CMS拥有近百项功能，既包含常见的各类智能自动回复（图文、音频等形式）功能、营销活动推广模块、微网站和强大的会员卡系统，又涵盖了针对各个行业（餐饮、房产、汽车、婚庆、医疗、旅游等）的微信营销应用，另外，系统自带的完善的粉丝管理和详细的数据统计分析功能，让用户可以方便地管理粉丝信息，并直观地看到各模块数据统计、粉丝行为分析结果、粉丝喜好和周期关注趋势对比等信息。

■ 高级智能回复

小猪CMS能够进行智能回复，包括文本自动回复、图文自动回复、多图文自动回复、音频自动回复等多种智能回复形式，如图4-68、图 4-69和图4-70所示。

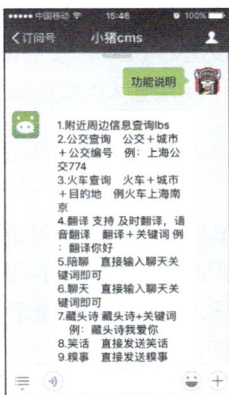

图4-68 文本自动回复

图4-69 多图文回复

图4-70 音频自动回复

它还能做高级关注回复，小猪CMS的高级关注回复是指粉丝在不同时段关注商家公众号会收到不同的回复。不仅回复内容花样百出，而且回复类型五花八门。文本、单图文、多图文，以及优惠券和红包均可设置。打破传统关注回复的单调形式，它灵活的回复类型和花样百出的回复内容，令粉丝眼前一亮，体验更奇妙。

例如，在中午的某个时段，粉丝关注公众号就能收到微投票、微砍价、微游戏等活动；或者在晚上8点到10点，将关注回复设置成红包，粉丝只要在这个时间段关注公众号，就会收到商家慷慨赠送的大红包。

■ 自定义模板

自定义模板就是客户可以创建一个自己想要的具有动态效果的微网站模板。不仅有内置模板库大量模板以供挑选，更可以根据需求自定义模板。添加或编辑图片、文字、视频、音乐等素材，搭配多种动画样式，定制专属于自己的动态模板，如图 4-71所示。

■ 自定义菜单

自定义菜单在系统基础设置项"自定义菜单"中设置。根据公众号的定位需求对菜单进行设置，一级菜单最多只能开启3个，二级子菜单最多开启5个。

例如，公众号以餐饮团购为主的公众号，其一级菜单可选择功能介绍、优惠信息、连锁店位置；二级可设置团购、外卖、预约、点菜等。

图4-71 自定义模板

■ 微场景

微场景应用将产品信息以颠覆性的方式呈现，如精美的画面、互动式的开启体验（或擦屏或滑屏开启）、恰如其分的音乐等。同时还可以加入视频、地图等多种素材。强大的场景代入感，引领粉丝进入一个炫酷的世界。

■ 群发消息

受限于公众平台的群发数量，服务号的很多信息无法群发给粉丝，这给微信公众号运营者带来了很多麻烦，为此小猪CMS推出了群发功能。在这种接口规定下，可以使用系统后台"微信—群发消息"中"发送消息（通过群发接口）"发送。每个月可群发4条图文信息。

群发消息的特点为：（1）群发可以针对单人发送；（2）群发前可以预览信息；（3）预览与单人发送都可以快捷地选择发送和预览人；（4）利用强大的微信编辑器，可以编辑更多新颖好玩的内容，如关注引导、阅读原文引导等。

■ 百度直达号

小猪CMS系统可以直接对接微信网站和百度直达号网站。申请好百度直达号的对应关键词，在手机客户端百度APP输入关键词后不再出现结果列表，而是直达手机网站。

百度直达号是商家在百度移动平台的官方服务账号。基于移动搜索、@账号、地图、个性化推荐等多种方式，令亿万客户随时随地直达商家服务。

■ **手机站**

通过该功能商家可以直接生成手机网站，配置独立域名，并且可以独立部署手机网站到任何服务器，手机网站与微信网站信息同步。

■ **PC网站**

传统PC网站、移动互联网、微信公众号，三网站统一平台，一个平台解决商户的所有需求。通过小猪CMS的三网通智能建站系统，一个平台同时管理商家的微信网站、手机网站和电脑网站。系统的管理后台"电脑网站（独立）"的"基本设置"可以对网站进行基本设置。

通过小猪CMS系统可以做其他竞争对手不能做的东西，这无疑会让用户在与竞争对手的竞争中增加竞争力，走出价格战的困局。

4.3.2　素材编辑：秀米网

目前存在许多独立于腾讯微信公众平台之外的、由第三方企业或个人针对公众账号管理者开发的、能够便捷进行微信素材编辑和排版的在线工具。其中秀米网就是一个优秀的代表，它是在线图文排版和H5场景制作、编辑、发布的平台，如图 4-72所示。提供丰富多彩的模板设计以及便利的操作体验，能够使微信公众号运营者快速地制作出如报刊般精美的内容，打动更多的订阅粉丝。

图4-72 秀米网

秀米网的功能分为两个部分，分别是秀制作与图文排版，如图 4-73所示。不论哪种制作方式，官方都有相应的模板，只需将自己的标题、内容、图片放置在相关的位置就能"做"出一遍相当悦目、优秀的文章，同时也可依据自己的设计排版，可谓既适合傻瓜式的排版，也适用于自主定义。

图4-73 秀制作与图文排版

秀米网提供的模板相当多样，如图 4-74 和图 4-75 所示，标题框有十分多样的选择，用户可以自主选择与内容更贴切的标题模板。

图4-74 标题样式　　　　　图4-75 标题模板

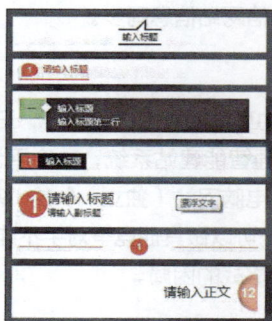

4.3.3　平台管理：有赞商城

有赞商家版是一套强大的微店铺系统，为商家提供了完整的微电商解决方案。有赞提供了商品、订单、交易、会员、消息、营销工具、数据分析等功能模块，使用有赞可以快速、低成本地搭建起一个微商城，将店铺经营到微信、微博、QQ等社交平台。

有赞商城目前业务包括软件、硬件、营销插件、APP开店4大业务模块，无论是第三方开发者（ISV）、传统软件厂商、互联网O2O硬件，应用营销开发商或者有开发能力的大卖家，都能在有赞开放平台找到适合自己的业务方向。

在有赞-微商城后台数据中心还可以发现店铺的问题所在，在这里可以分析营销活动的效果及了解粉丝的状态，单击数据中心能直观地看到一个数据概况，了解店铺近期运营数据，如图4-76所示。

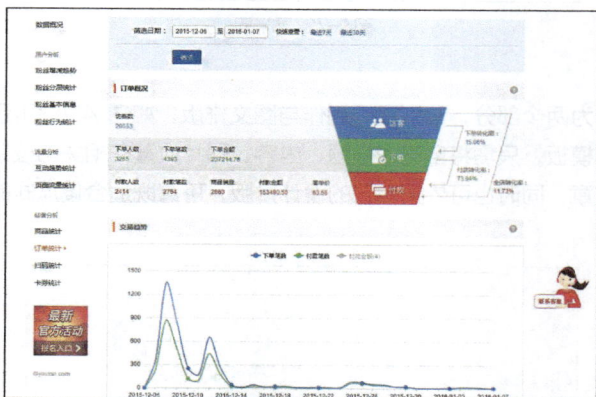

图4-76 后台数据管理

（1）可查看近期新增、跑路、净增的粉丝数。同时显示店铺的总粉丝数。

新增粉丝数：近期新关注的粉丝。取消关注再关注，不算新增粉丝。

跑路粉丝数：近期取消关注的粉丝。

净增粉丝数：近期的新增粉丝及取消关注的粉丝。

（2）发送消息数：非群发的消息条数。例如，客服发给粉丝的聊天消息条数。

接收消息数：粉丝回给我们的消息条数。

互动人数：非群发的消息人数。

互动次数：发送消息数+接收消息数。

理解1：例如，你昨日给1000粉丝群发了，虽然有1000条消息数，但是不算在上述的所有数据。

理解2：图 4-76的数据说明，昨天此公众号给20个粉丝发送过消息，总计发送了22条，而这20个粉丝总计回复了41条消息。

理解3：粉丝点击菜单，系统回复了1条图文，也算1条消息。

（3）浏览UV/PV：指的是浏览这个店铺所有页面的pv/uv，包括店铺主页、单品页、会员主页等。

理解：UV为访客数，即来了几个人；PV为页面点击量，即这几个人点击页面多少次。

（4）内部访问：粉丝通过微信公众号聊天窗口进入的访问流量。

外部分享：粉丝通过他人分享链接访问产生的流量。

（5）导出UV：粉丝访问你的商城跳出到站外产生的访客数。

导出PV：粉丝访问商城跳出到站外产生的页面数。

理解1：进入公众号，点击微杂志，此时的流量算内部访问。若点击右上角分享，把这个微杂志分享到朋友圈，你朋友点击进来，此时的流量算外部分享。

理解2：如果商家在店铺里放了一个第三方插件的链接，顾客点击后跳出了有赞网页，则这个流量算导出UV/PV。

（6）下单笔数：点击付款按钮的订单数量，包括付款未成功的。

付款笔数：已经完成付款的订单，仅是付款成功的。

发货订单：点击发货的订单。

第 5 章

消息素材的编辑

发送微信文章是公众号与微信粉丝交流的最重要的方式，所发送的文章的内容与画面排版也是粉丝判断该微信公众号优劣的一个重要标准。因此，学会制作一篇高质量、高水平的微信推文至关重要。

如何使用秀米网？
— 文章编辑 —

5.1 使用编辑器

微信公众平台的排版编辑比较简单，因此要想制作出富有个性、排版优秀的微信文章，还需要借助第三方编辑器。下面就以秀米网为例来展示如何借助第三方来制作出富有自己特色的文章。

秀米图文排版是专门为公众号文章提供文本内容美化的在线工具。秀米是一个网页应用，不能下载，请在电脑端上使用；为了避免页面不兼容而出现错版、图片丢失等问题，建议使用谷歌浏览器。

5.1.1 第一步：注册登录秀米网

首先，如果在电脑上尚未安装谷歌浏览器，应该先下载谷歌浏览器。在百度网页中输入"谷歌浏览器"单击搜索，就会出现搜索结果，如图 5-1所示，可以直接单击"立即下载"。如果不想下载其他软件，就不需要勾选"安装百度杀毒确保软件安全"。

图5-1 下载谷歌浏览器

安装谷歌浏览器之后，打开谷歌浏览器，不要在地址栏里面输入"秀米"，而是直接输入秀米的网址，如图 5-2所示。

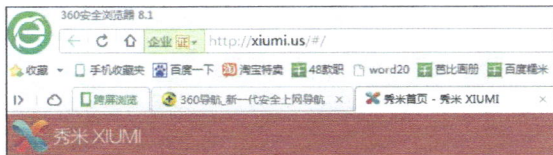

图5-2 输入秀米网址

打开网址之后，网页右上方会有"登录"字样，如图 5-3所示。使用前先单击页面右上方的"登录"若注册成为新的用户，需要通过QQ或者新浪微博注册登录。

图5-3 单击"登录"

单击"登录"之后就会出现选择登录方式的界面。如图 5-4所示，可在"微博""微信"中选择登录方式，也可以选择"使用邮箱登录"，单击相应的图标或文字即可。

如果选择微博登录，就会出现输入账号、密码的页面，如图 5-5所示。输入账号密码之后，便可单击"登录"。还可单击"二维码登录"，然后使用手机微博扫描该二维码授权登录。

图5-4 选择登录方式

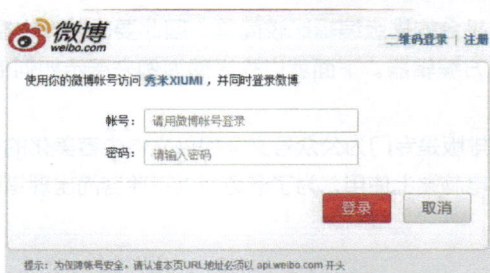

图5-5 输入账号、密码

单击"登录"之后，会出现授权页面，如图 5-6所示，单击"连接"，即可完成授权登录。如果使用QQ登录，单击"授权并登录"之后即可完成授权与注册。

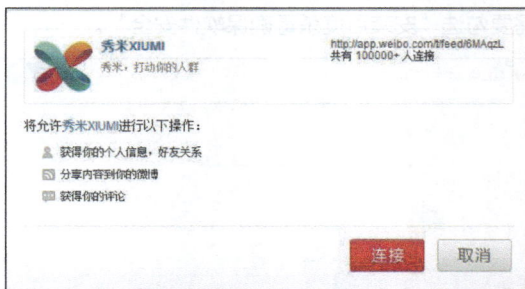

图5-6 授权

注册成功后，可以在"账号设置"里设置邮箱登录，邮箱登录的好处是可以避免微博、QQ第三方登录故障问题。登录秀米网之后，将光标移动到秀米页面右上角的头像处就会出现隐藏菜单，单击进入"账号设置"，如图 5-7所示。

图5-7 单击"账号设置"

"账号设置"界面出现后，如图 5-8所示，将邮箱输入"我的邮箱"一栏，注意不要出现填写错误的情况。

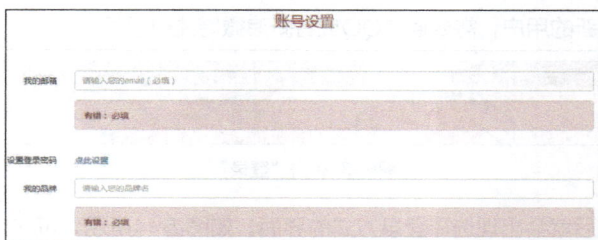

图5-8 设置邮箱与登录密码

之后单击"设置登录密码"右侧蓝字"点此设置"，就会在页面上方出现登录密码输入框，如图5-9所示，输入登录密码，然后单击"确定"即可。

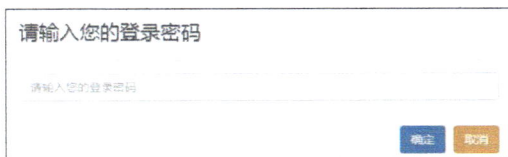

图5-9　输入登录密码

填好邮箱账号与密码之后，将页面下拉到底部，单击"保存修改"即可。之后便可以用邮箱与密码登录秀米网。

5.1.2　第二步：选择模板调背景

登录秀米网之后，页面中会出现两项制作方式，"秀制作"与"图文排版"，如图5-10所示。

图5-10 选择制作方式

在秀米网首页单击"图文排版"，就会出现图文选择界面。在"我的图文"有4项选择，分别是"添加新的1.0图文""添加新的2.0图文""同步图文到公众号"以及"点此观看图文排版新手引导"，如图5-11所示。

图5-11 图文排版

单击"添加新的2.0图文"，就会出现图文编辑界面，如图5-12所示。图文编辑界面由左边的素材区、右边的编辑区以及顶部的菜单区3个区域组成。

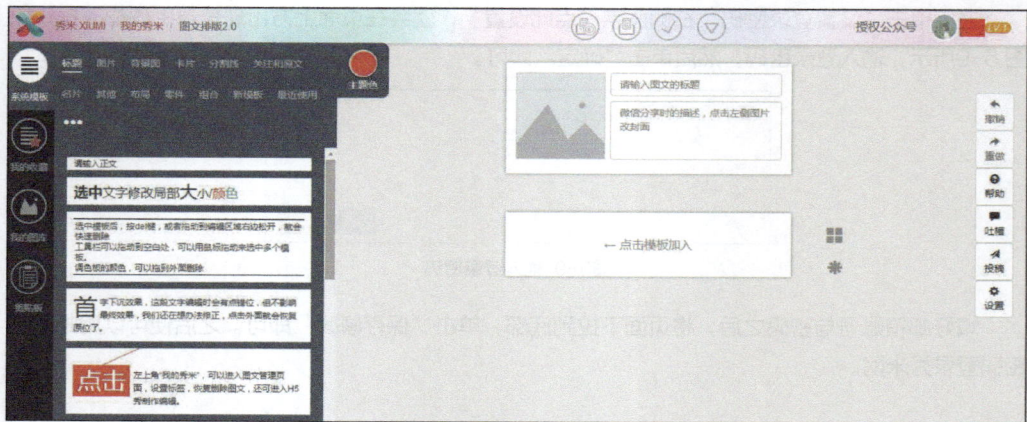

图5-12 图文排版2.0

秀米网会为用户提供系统模板，模板可分为"标题""图片""背景图""卡片""分割线""名片"等，如图5-13所示。可以单击这些标签，调出标签下的模板使用。

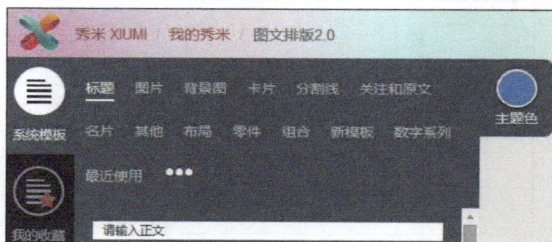

图5-13 系统模板

同时，还可以单击图5-13中的菜单图标，就会出现更多的标签，如图5-14所示。标签分为两种，一种是"已添加标签"，用蓝色背景标识，如果想删除某些标签，可直接单击该标签的名称，单击之后该标签会即刻从"已添加标签"转移到"可选标签"。另一种是"可选标签"，就是被隐藏的标签，如果添加新的标签可单击右侧橙色背景的任何标签，单击之后会即刻出现在已添加标签列表中，最后单击"确定"即可。

要想真正体验秀米网系统模板的功能，可单击素材区中的某个类别，如"背景图"，图文编辑界面右侧就会出现背景图片的模板，如图5-15所示。同时还可以通过上下拉动界面右侧的滑块，来显现更多的背景图模板。

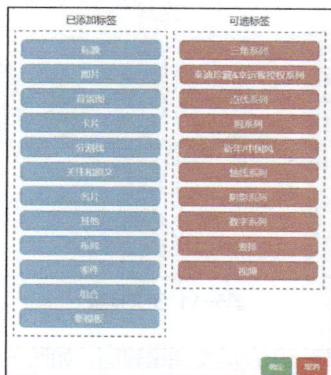

图5-14 系统模板

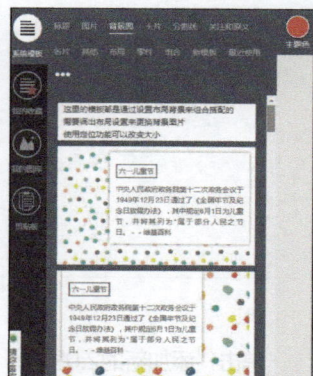

图5-15 背景图模式

选好模板之后，可单击该模板，立马该模板就会出现在编辑区内，如图 5-16所示。图中的模板是自带标题与文字的，在编辑使用时可用自己的标题文字代替。

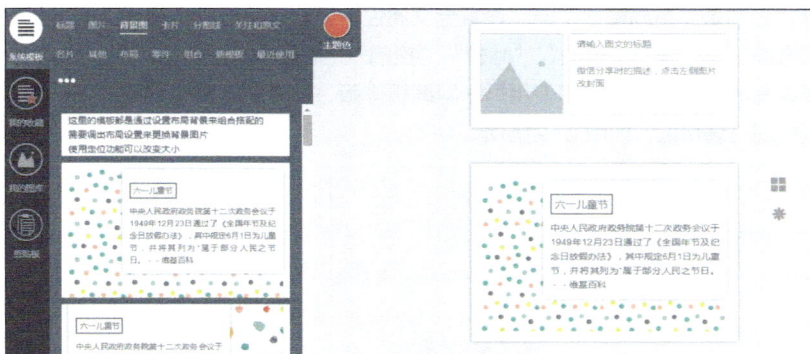

图5-16　编辑模板

如果编辑的公众号文章对主题色有要求，可单击系统模板中右侧突出的标识"主题色"，就会出现多种颜色可供选择，如图 5-17所示，既可以直接单击列出的颜色，也可单击加号图标，自己在调色板上进行调色。

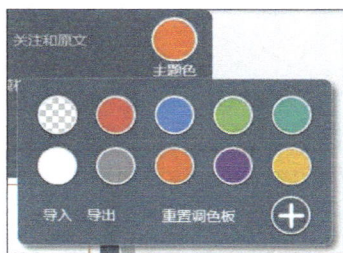

图5-17　选择主题色

确定主题色后，其他标签下的颜色都会有所变化，如图 5-18和图 5-19所示，分别是主题色为黄色情况下的分割线和主题色为蓝色情况下的分割线。

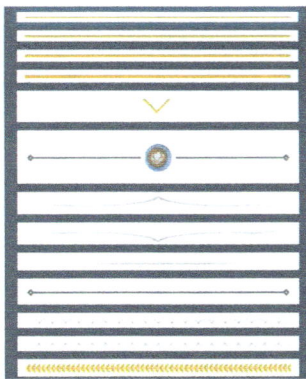

图5-18　黄色主题下的分割线　　图5-19　蓝色主题下的分割线

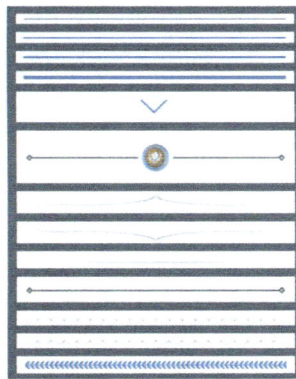

5.1.3　第三步：编辑文字插图片

选好模板之后，就可将文章的标题与正文放入相应的位置，可以在将模板全部选好之后再编辑文字，也可边选模板边编辑内容，但是一定要在模板中输入文字。

编辑区有几个不同功能的区域，如图 5-20所示，左上角是自定义区域，如果要插入自定义的图片可在该区域进行；左下角是模板区，之后添加的模板会出现在这里，同时模板区右侧还有两个小图标，分别是"布局模式"与"设置全文属性"；在编辑区右侧有一竖排的标签，从上到下分别是"撤销""重做""帮助""吐槽""投稿""设置"。

假如要编写的内容是关于如何使用秀米网编辑排版，那么在编辑界面中的第一步就是选择模板，使模板出现在编辑区，如图 5-21所示。

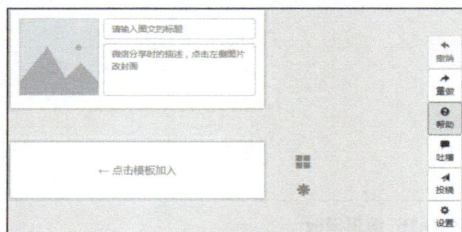

图5-20 编辑区

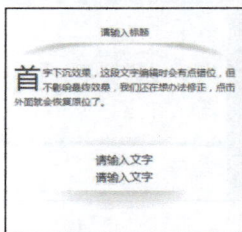

图5-21 模板

1. 文字编辑

开始编辑文字时，将光标移动到模板中，就可以看到模板上会出现一些虚线，这些虚线将模板分成了许多小版块，如图 5-22所示。

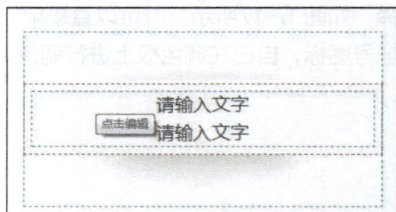

图5-22 虚线

然后可单击一个虚线区，之后便会出现文字编辑设置选项，如图 5-23所示。

图5-23 编辑文字

在模板自带文字被全部选择后，可按"Delete"键或"Backspace"键删除文字，也可直接输入自己需要填写的文字，如图 5-24所示。

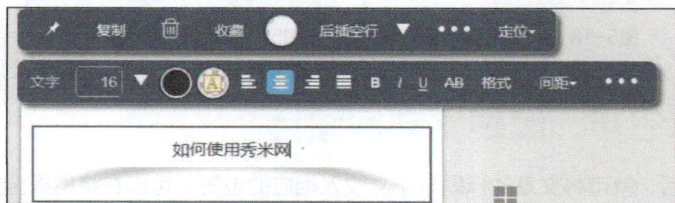

图5-24 输入文字

新输入的文字在模板上可以改变颜色与大小等，直接选择需要调整的文字，然后单击上方的编辑设置键来调整。单击图 5-24 上方的文字字号键，可调整文字的大小；单击第二行的有色圆形键，可设置文字的颜色；单击第二行右侧的按键可设置文字的对齐方式、字体粗细、下划线、格式、文字间距等；单击第一行的圆形图标，可设置该文字的背景色。设置之后的效果如图 5-25 所示。

图5-25 文字编辑效果

同时也可以在文中插入链接，只需单击编辑键中的3个点的图标，如 ，就会出现插入链接的小窗口，如图 5-26 所示。在链接框中输入相关网址即可。

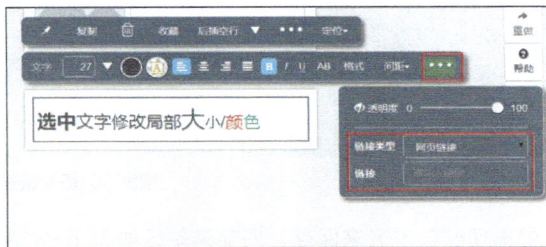

图5-26 插入链接

2. 图片编辑

文章很可能需要插入图片，使文章显得更加生动有趣。可在系统模板区选择"图片"或"背景图"，然后在模板列表中选择需要的模板，也可使用上传的图片。

如果选择使用系统图片，可单击"图片"或"背景图"，选好图片之后会出现在编辑区中，如图 5-27 所示。

在插入图片时要注意光标的位置，如果将光标放在某个文本框中，那么插入的图片就会紧接着该文本框，如将光标放在标题文本框中、再插入图片的效果就如图 5-28 所示。

图5-27 插入模板图片　　　　图5-28 图片位置

如果文章需要使用自己的图片，如介绍景点特色的文章，这种情况应该先行将图片上传到秀米中，具体操作是先单击编辑界面左边素材区中的"我的图库"，如图 5-29 所示。之后即可以单击"上传图片"，从本地图片中选择图片上传，也可单击"添加图片链接"，输入图片的网址链接来添加图片。图片上传好之后，直接单击图片，就会出现在文本编辑中。

图片放置好之后，也可对它进行一些调整。将光标移动到需要调整的图片的位置，就会如图5-30所示，在图片上方出现设置选项，修改图片宽度的百分比可改变图片的大小与宽度，单击"后插空行"会在图片下方出现空行。需要注意的是，文字与图片一样可以加入链接，同样单击…菜单图标在网址框输入链接网址即可。

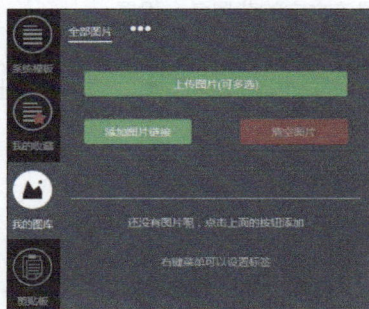

图5-29 我的图库

图5-30 图片设置

编辑好文章之后可单击顶部菜单区来保存。顶部菜单区如图 5-31所示，左一为"预览"键，单击可查看文章在微信上的效果，以便及时修改；左二为"保存"键，单击即可保存编辑的文章；左三为"复制"键，可将文章复制到微信公众号；左四为"更多"功能按钮，单击可进行更多操作。

图5-31 菜单区

5.1.4 第四步：简单H5海报制作

H5海报可在秀米网的"秀制作"中制作，登录秀米网之后，单击"秀制作"就会出现所有秀制作选项，如图 5-32所示。可单击"添加新的1.0秀"，需要注意的是，1.0版的模板和动效都是固定的设计，并不能随意调整；也可单击"添加新的场景秀"，这个模式下的动效、组件、位置、大小、入场方式都可以任意调整。除了系统提供的模板、组件、还可以自备设计，自定义排版。

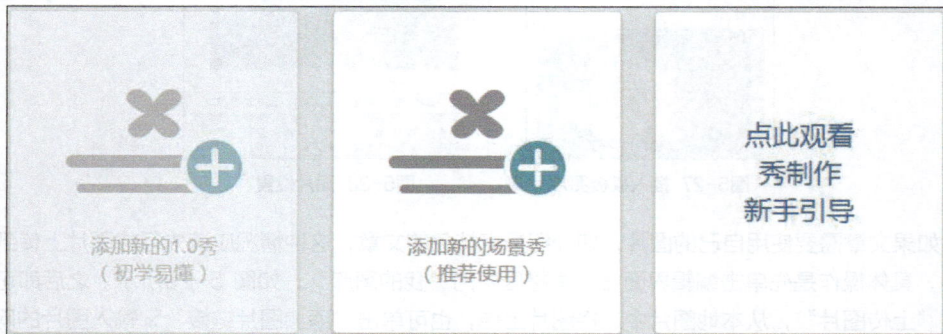

图5-32 秀制作

单击"添加新的场景秀",进入秀制作编辑界面。秀制作其实跟图文排版很相似,有些大同小异。编辑界面主要有3个部分。

■ 左边素材区

在编辑界面左侧是素材区,秀米网提供的模板都可在此找到。左侧都有"页面模板""系统组件""我的收藏""我的图片""我的音乐""剪贴板",如图 5-33所示。需要相关素材时可以单击左侧相应的图标。

图5-33 素材区

■ 中间编辑区

编辑界面中间是编辑区,编辑内容都在此进行。如图 5-34所示,编辑区由自定义编辑区和模板编辑区组成。上方是自定义编辑区,可以自定义图片、文字和音乐,还能选择自动翻页以及设置自动翻页的时间;下方是模板放置区,在素材区选择的模板会出现在这里,然后在此进行编辑。

图5-34 编辑区

■ 顶部菜单区

编辑页面的上方是菜单区,菜单区有3个按键,从左至右依次是"预览"键、"保存"键、"更多操作"键。在编辑完成之后,可单击"预览"键对编辑的内容进行预览,在发布之前检查效果;在编辑效果达到满意之后,单击"保存"键可以将目前所编辑的内容。

图5-35 菜单区

了解编辑页面的组成后,就可以开始制作H5海报了。首先在素材区选择一个模板,单击使用,该模板会出现在编辑区中,如图 5-36所示。

模板上自带的文字可以替换成自己的文字,直接将光标放到文字的位置,然后将文字删除,再输入新的文字即可，如图 5-37所示。同时，输入的文字也可以自助设置文字的大小、颜色、排列方式、动画效果等，这些操作都是在单击文字时自动出现的"设置"按键中进行。

图5-36 模板　　　　　　　　　　　　　　　　　图5-37 文字替换

　　编辑好文字部分之后，我们还可以在海报上添加一些组件，如时间、标题、二维码、图片等。具体操作为，将页面停在需要添加组件的那一页，然后单击素材区的"系统组件"按钮，之后便可在其中选择需要的组件，单击之后，该组件就会出现在海报中，但是位置不一定在合适的地方，所以还需要将光标移动到组件的位置，在虚线出现后按住鼠标左键不动，然后将组件放到合适的位置即可。

　　同时，添加的组件也可以调整大小、动画模式等。单击组件就会出现一个灰色背景设置条，如图 5-38所示。单击其中的"无动画"，就会弹出动画效果设置对话框，在其中可以设置弹出的效果、持续的时间、延迟的时间、重复的次数和重复的速度等；重新设置缩放的百分比，可放大或缩小组件等，在第一次使用时可以逐一尝试各项按键的效果，加深对制作海报设置的了解。

　　在海报的右侧，有竖形排列的6个按钮，从上至下依次是"动态预览""编辑辅助""收藏""复制页面""删除页面"以及最下方的"当前页码"。单击"动态预览"可以看到当前海报的动态画面；单击"收藏"可将当前海报页面收藏到"我的收藏"之中；单击"复制"，可以复制出一张甚至多张海报；单击"删除"，就会将当前的海报页面删除；最下方的页码，是自动填入的，如果之前的页面被删除或在前面插入了新的页面，也会自动变成正确的页码。

　　在这6个按键中，需要注意的是"编辑辅助"键。这个按键可以帮助我们管理使用的所有组件。单击"编辑辅助"，会在右侧弹出一个小界面，如图 5-39所示。编辑辅助的内容包括"显示网格"，即将海报用同样面积的小方格分成无数块，以此来确定组件所占的比例，与查看组件是否对齐等；编辑辅助的内容还有精确地处理每一个组件，如果一张海报页面所使用的组件很多的话，就不好再通过"撤销"来处理之前的组件，这时就可以单击"编辑辅助"，然后隐藏或锁定某些组件。

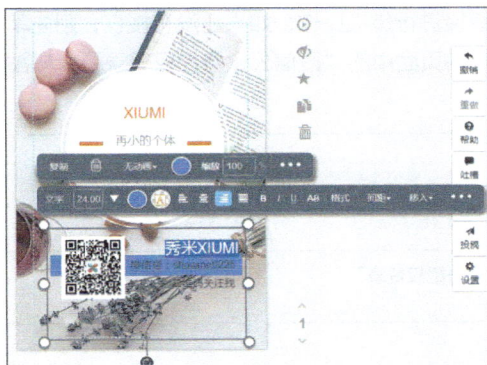

图5-38　设置组件

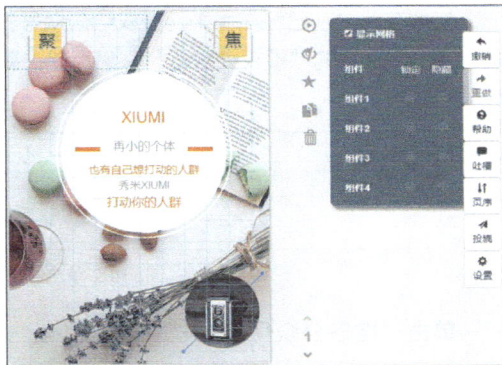

图5-39　编辑辅助

　　制作好一个页面之后，可按照相同的方式制作之后的每一页。页面的总数没有限制，可根据自己的内容自行设定。若是页面需要对调或上下移动，可单击右侧的"页序"按钮，会在页面上弹出页面顺序调整的对话框，然后按住需要调换的页面，并将它移动到正确的位置，最后单击"确定"即可，如图 5-40所示。

　　所有海报制作完成之后，就可单击菜单区的"预览"和"保存"进行相关的操作了。

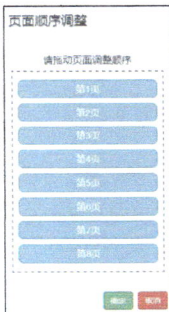

图5-40　调整页序

5.1.5　第五步：导入素材并群发

　　编辑好文章或海报之后如何才能将它发送到公众号上呢？在图文编辑界面上有一个"同步图文到公众号"的选择，之前保存的文章也会出现在界面上，如图 5-41所示。

图5-41　"我的图文"界面

　　首先，单击"同步图文到公众号"会跳到新的页面，如图 5-42所示。该页面由左侧"我的图文"和"我的图库"及右侧将要上传的文章展示页面组成。

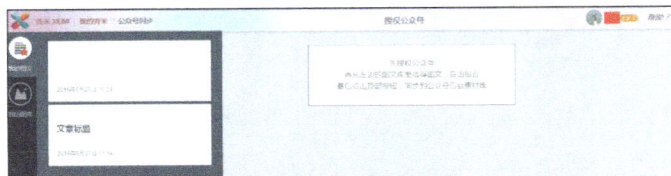

图5-42　公众号同步页面

如果在此之前已经在秀米网授权给公众号，可直接进行传送操作；如果还没有授权，则先单击图 5-42 上方的"授权公众号"，然后单击新出现的页面中的"微信公众号授权登录"，如图 5-43 所示。

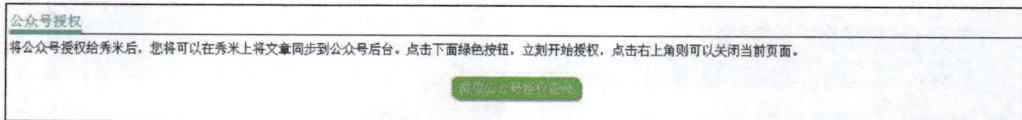

图5-43 单击"微信公众号授权登录"

单击"微信公众号授权登录"之后就会出现二维码扫面登录界面，如图 5-44 所示。需要使用公众号绑定的个人微信号扫描登录。扫描成功之后，单击手机界面上出现的"授权"按钮即可成功授权。

图5-44 扫描二维码登录

授权成功后，公众号同步页面上的"授权公众号"会变成"同步到公众号"，如图 5-45 所示。

图5-45 同步到公众号

公众号授权之后单击页面的左侧"我的图文"，在"我的图文"中选择要同步到公众号的文章。选择之后，还需要设置封面，填好作者与原文链接，如图 5-46 所示。可直接单击更换封面，然后会自动打开"我的图片"，在此选择图片即可。原文链接可以单击打开"我的图文秀"界面的原文，然后复制链接即可。

设计好封面之后，单击页面上方"同步到公众号"，如图 5-47 所示。之后会在页面中出现一个进度条，这个进度条填满消失就意味着已经成功发送到公众号。

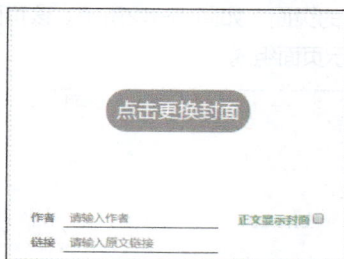

图5-46 封面

图5-47 单击"开始同步"

发送到公众号的文章可在"管理"项中的"素材管理"中找到，如图 5-48所示。要将文章群发出去，可参照本书第4章第一节"管理类功能"。

图5-48　素材管理

5.2　写文章的技巧

在微信营销运营过程中，平台本身的内容是一切营销的开始和基础。一篇高质量的文章，能够让读者持续不断地分享出去；反之，如果内容不好，就算发布的数量再多，那也只是徒劳无功而已。总之，如何写出一篇优秀高质量的微信文章，是微信公众号运营中的重点。

5.2.1　技巧一：标题瞩目吸眼球

一篇好的微信文章，标题是关键，如果没有一个好的开始，又怎么能有完美的结局呢？所以说要写出一篇可以引起他人关注的微信文章，首先文章的标题就要激起别人的兴趣，才会让人有阅读的欲望。那么如何使标题更具有吸引力呢？

（1）将粉丝最关心的"痛点信息"放在标题。任何文章都具备一定的信息价值，所以，一篇好文章会传递很多有价值的信息。编辑的责任就是提炼要点，然后选择用户最关心的那个痛点呈现在标题上。关于这一点上最应该注意的就是一定要有针对性，因为一篇文章发布出来，第一受众就是关注了公众号的粉丝，粉丝只有对文章感到满意，才会将文章分享到自己的朋友圈中，才会引起更多的人关注。

如果是经济类的公众号，关注的粉丝最在乎的不外乎效益与价值，所以应该在标题中直接表明该文章能为读者带来的效益和借鉴意义，直接说明利益点，以"利"诱人。例如，类似"小站长年收入10万不是梦——我的奋斗历程"这类标题。

如果是情感类的公众号，关注的粉丝大多是比较感性的，那么在标题上就应该重点突出文章中最为动情的部分，使订阅者有关注该消息的兴趣。如《86岁老人节衣缩食 捐资助学40多万，去世前存折仅剩1.36元》《不要总拿繁忙当借口，忽略父母孤独地老去》（见图 5-49）等。

图5-49　标题

（2）在标题中显示出文章内容的新奇、揭秘的部分。人们总是对新鲜的人，新鲜的事物感兴趣，这是人之常理。把握住这个特征，制造出具有新闻价值的软文，往往会引发巨大的轰动，特别是在网络传播，可以获得更多转载。新闻标题常用的词语包括：惊现、首度、首次、领先、创新、终于、风生水起。

揭秘的标题往往更能引发关注，如果大家留意中央电视台春节联欢晚会，会发现每年的魔术只要一结束，网上就会兴起揭秘潮，而相关的主题也被炒得火热。这类标题常用的关键词有：秘密、秘诀、真相、背后、绝招等。

还有曝光类的消息，如《重度曝光："毒跑道"竟是工业废料 黑窝点离北京不到200公里》《曝光：这些食品不合格！天猫、京东、一号店、苏宁易购、沃尔玛有售》《打假：有机产品10年增500倍 超市贴假标签 你常吃的这些根本没有"有机"》等，也能引起人们的极大关注。

（3）在标题里设下悬念。在标题中就埋下伏笔，使读者由于惊讶、猜想而读正文。此类标题应具趣味性、启发性和制造悬念的特点，并能引发正文作答。如《是什么让他的爱车走向了不归路？》《这就是你日日夜夜想要的……》《百年一遇的冲击波将袭击全球市场！两天后谜底揭晓……》等。

（4）提示类标题。以前大多是以恐吓的手法吸引读者对软文的关注，特别是有某种疾病的患者，看到相关软文后更能引发共鸣！到后期，这种恐吓手法也开始转变，转为陈述某一事实，而所提供的事实，能让别人意识到他从前的认识是错误的，或者产生一种危机感。如《警惕：河南多住户遭盗窃损失近百万 嫌犯找作案目标居然看这个！》《女司机穿"人字拖"踩不下刹车致车祸 开车时这些鞋千万不能穿》等。

图5-50 早啊！新闻来了

（5）在标题关怀受众，显示亲近。软文标题如何让读者感觉更亲近，最简单的方法莫过于打招呼，就如中国人见面就会问的一句话："吃了吗？"这一类的文章有"央视新闻"的《早啊！新闻来了》，如图5-50所示。

（6）一个好的软文标题，读者阅读后往往会过目不忘，这得益于软文创作者所使用的语言。生动、幽默、诙谐的语言，可以将标题变得活泼俏皮，恰当的运营修辞手法，谐音的效果，可以令读者读后回味无穷，甚至乐意进行口碑传播。

除了提炼标题的主打内容，善于使用一些吸睛的标题样式也是十分重要的方面。下面列举一些可以引起他人阅读兴趣的标题样式。

（1）提问反问式

标题以提问的方式引起粉丝的共鸣，如果粉丝也对这个问题感兴趣，那么就很有可能点开文章阅读。如《全球限量11台，地球上最快的城市车你猜卖多少钱？》《大巴起火致35死 哪些环节该用放大镜审视？》等。

（2）名人式标题

以受众关注的名人为题，如王石、柳传志、冯仑、马云、史玉柱、马化腾、张小龙，涉及的人物越有名，内容就越吸引人。这种以名人为背景的文章，在微信上的转发率很高，这一方面是从众心理，另一方面是中国人比较迷信成功人士和成功学。微信上的这类标题基本都是这类形式。如，《张小龙谈产品设计的十大要素》《冯仑反思用互联网思维颠覆房地产》《史玉柱的管理心得》《王石：下辈子也不会行贿》等。

（3）干货式标题

总结某个领域的知识、有用户需求、对用户有帮助的内容越有价值，被转发的可能性越高。如《iPhone快速输入技巧》《年度最创意的10大APP案例》《新媒体达人必备9大神器》《30页干货，史上最深度电商行业分析报告》等，如图5-51所示。

（4）强吸引式

在标题中加入"最""必须""史上""必看"等字眼，让人忍不住点开文章看一看到底是什么内容。如《史上最牛的超车！》《我国南方迎来今年最大范围高温天气》等。

（5）数字式

数字概括型，让人首先反应知识含量高，而且想要迫切知道到底是哪几点，这种类型简单明了，也非常有利于手机阅读。

（6）主体标题式

图5-51 "年度"标题示范

在标题上用两个字将文章的效果或意义标出，做点题之笔引人注目，然后再用副标题详细说明主要内容。例如，《惊人 | 男子被钢筋穿身而过 30名医生奇迹将其救活》《解密 | ATM取钱时请小心！小偷技术再升级 偷录密码出新招》《首次 | 把自己的头换到捐献的遗体上是怎样一种体验？明年这个小伙就要亲身感受……》等。

5.2.2 技巧二：内容简要诚意足

吸睛的重点在于标题，但支撑微信文章的还是文章的主体的内容。如果标题吸引人但内容糟糕，那也留不住粉丝，甚至会让人感觉受到了欺骗，之后就不会再点开该公众号的文章，甚至还会取消关注。因此，学习如何写出高质量的文章是经营微信公众号的重点。

1. 事前准备

"知己知彼，百战不殆。"微信运营同样如此。微信公众号不仅要明确自己的定位，更要对粉丝用户的属性和兴趣全面掌握。了解用户关注公众号的目的，需要将哪些有价值的信息分享给用户。根据用户属性，寻找他们感兴趣的话题，有共识才能有阅读，有共鸣才能有分享。总而言之，通过提供有营养价值、阅读性强的内容，让关注用户对微信文章的内容保持新鲜感和好奇心，进而"如饥似渴"般地阅读、分享微信公众号的文章。

所以在写作文章之前，首先，要了解粉丝需要什么样的内容，喜欢什么内容，什么样的文章才会引起他们的兴趣。在大数据时代，我们可以通过数据判断粉丝到底喜欢什么内容，阅读习惯是怎样的，在什么样的情况下推送的文章阅读效果最好。各种数据统计对微信运营者后期的工作和规划，都有指导性的作用。所以，要学会利用数据，分析数据来提高工作效率。当然，这一切的前提都是建立在数据的真实性和准确性基础之上的。

其次，要关注粉丝的各种需求，然后针对这些需求来写作。

■ 基本需求

公众号文章的内容因各个公众账号的属性而异，但微信用户都是有基本需求的，如游戏行业，订阅用户需要知道最新信息外，还需要知道一切干货和职业技能提升，这是常态化的需求。

常态化的需求要做到日常覆盖的同时加以差异化，制定相应的选题时间表。

■ 爆炸性需求

爆炸性需求指的是在突发大事件之后，订阅用户对于事件或人物的深层次了解的需求，这就需要作者要有满足这种能力的需求。如最近联通和电信获得了FDD牌照，但订阅用户里很多人对于FDD是什么一头雾水，所以很多科技媒体账号马上推出FDD解读的相关文章，如图5-52所示。这就是在迎合用户短期内迅速膨胀的时效性需求，并且这也是涨粉的很好途径。

图5-52 "FDD"文章
示例

■ 连锁反应需求

连锁反应需求是指在一系列连环经济效益下，受其他方面因素影响而产生或变异的需求。如在央行降息这一大背景下，会对国民经济、资本市场、创业行为、股市乃至个人生活造成什么样的影响？央行降息会衍生出一系列的细致需求，这就是各个领域公众号从自己的领域出发，完成用户连锁反应需求的机会。

■ 猎奇和八卦需求

满足用户的八卦心理，根据现有线报和资料，撰写相应领域不为人知的调查报告、实地走访、一线体验的文章是很受用户欢迎的。如科技账号果壳网的文章大多数是猎奇性质的，如精子能活多久，屁的主要化学物质是什么。

■ 反主流需求

现在的微信用户尤其是"85后"和"90后"用户，有极其强烈的反主流观念的需求，并且这项需求越来越广泛。如柴静的雾霾视频，持反对观点的媒体不在少数，并且其受众也不在少数。这些作者本身其实并没有倾向于哪种观点，他们中有一些人完全是为反主流而反主流。同一个事件和观点，他们需要标新立异、与众不同，那么在写文章的时候，是否可以满足这部分用户的需求呢？反主流需求具体分为：审丑需求、反权威需求、自我否定需求、排他需求等。需要注意的是，反主流需求并不是非主流需求。

基本上大部分用户的需求都如此，在不同时间节点、不同情况下写什么，就要具体问题具体分析了。最难做到的往往是满足用户的日常需求，这是最简单的，也是最难的。

2. 内容选材

微信内容的选材要根据个人特长和营销主体来确定，主要把握以下两点。

（1）注重内容的实用性和趣味性。具有这两种特点的内容是为很多用户所青睐的。尤其是在生活压力越来越大的今天，闲暇之余读一些有趣、实用的知识，不但能够增长见闻，还能给自己带来快乐。所以，微信内容一定要考虑其实用性和趣味性。

（2）注重内容的多元性。微信营销主题过于单一，会显得有些干涩，广告痕迹太明显，容易引起用户的反感，所以，微信内容应该适当多元化。但如果内容太冗杂，就会淹没主题，所以，内容的多元化也要适度。

无论微信内容如何变化，都不能脱离主体，否则就失去了微信营销的意义。如果你是一名汽车销售顾问，想利用微信营销推广自己所销售的品牌，提升自己销售业绩，那么，就不能为了吸引用户而每天去发布一些笑话。如果你这样做了，那么用户根本不知道你是汽车销售顾问，即使想买车也不会想起你。正确的做法是：除了介绍汽车参数、性能、价格之外，你还可以介绍一些汽车历史、保养技巧、开车注意事项、汽车设计知识等内容，如图 5-53所示。

图5-53　汽车公众号文章

3.内容编辑原则

■ 精简原则

现在人们都非常忙，时间非常宝贵，虽然很多人都喜欢玩微信，但随着信息量的剧增，通常情况下一个人不会有耐心看完一条上千字的微信内容。所以，微信内容要精简，字数最好在300字左右。设置自动回复时，字数最好也控制在这个范围。如果推送的信息内容确实很长，那么，可以将正文以链接的方式推送。如果用户需要全文阅读，可以自行点击阅读。

■ 时效性原则

内容最好有时效性，特别是在公众微信号每天只能推送1条信息的情况下，更要珍惜这个机会。最好不要推送与营销主题无关、对用户没有太大用处的信息，这会影响微信公众号自身的形象。

■ 个性原则

要想让微信上发布的信息赢得更多关注，就必须有个性。微信内容一定要让用户觉得新奇有趣更实用，让用户觉得你的微信公众号与众不同。否则，用户会觉得看不看这条微信都没什么关系，很可能会离你而去。

■ 精确原则

所谓精确原则就是把每条信息都发送到有需求的用户。微信公众号可以将用户分类，在推送信息的时候可以有针对性地进行。

■ 回复原则

回复用户问题时要及时，语气要亲切，最好使用生活化的语言，让用户感受到你的微信是活生生的人在操作，而不是机器。这样用户才愿意和你沟通、互动，放下戒备心理。

5.2.3　技巧三：结尾推广不能少

微信文章结尾可加入推广，即在文章后可加入公众号的关注键，如图 5-54所示，但是这项功能首先得申请成为流量主或广告主。

什么是流量主？

该功能是微信平台推出的唯一的广告平台。公众账号运营者自愿将公众号内指定位置分享给广告主做广告展示，按月获得收入。公测期间关注用户数超过10万的微信公众账号均可提供广告展示服务，成为流量主。公众号开通原创声明且关注用户数超过1万或未开通原创声明但关注用户数超过2万。

什么是广告主？

公众账号运营者通过广告主功能可向不同性别、年龄、地区的微信用户精准推广自己的服务，获得潜在用户。微信认证的公众号可申请开通投放服务，成为广告主。总的来说，成为广告主的可行度更大一些。

申请成为广告主，先登录微信公众平台，单击"推广"项中的"广告主"，再单击"申请开通"，如图 5-55 所示。

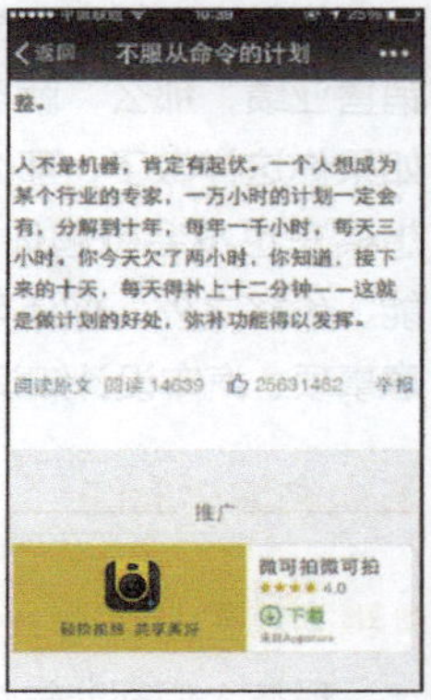

图5-54 推广

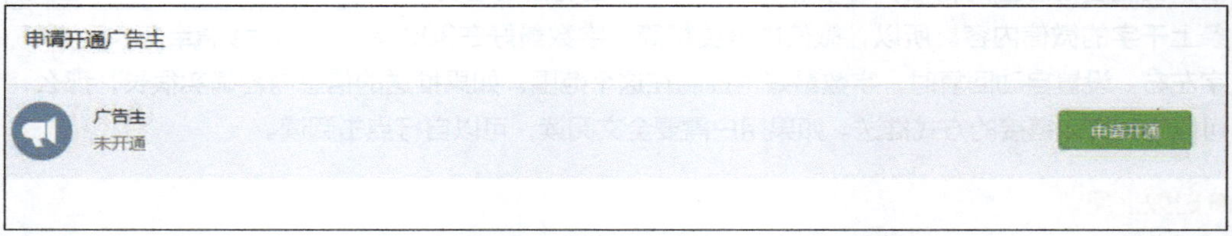

图5-55 申请开通广告主

如果公众号已经通过微信认证，那么单击"申请认证"之后，就会出现签订协议的窗口，如图 5-56 所示。勾选"我同意并遵守以上条款"，才能继续下一步。

图5-56 同意协议

然后填写行业，首先填写你的身份信息，这个也是为了能够提供更好、更优质的流量，然后填写一些申请条件，如图 5-57所示。请注意，申请有一定的申请周期。申请之后，请耐心等待。

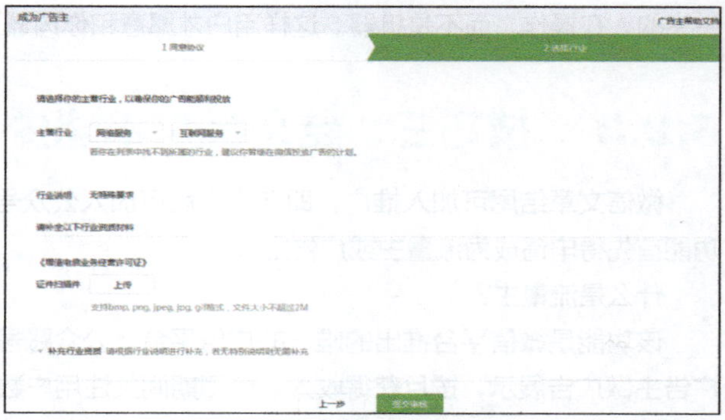

图5-57 选择行业

成为广告主后，就可以在微信文章后添加广告推广了。微信文章后可添加的推广有4种，分别是公众号推广、移动应用推广、品牌活动推广以及卡券推广。它们的样式分别如图 5-58、图 5-59、图 5-60、图 5-61所示。

图5-58 公众号推广

图5-59 移动应用推广

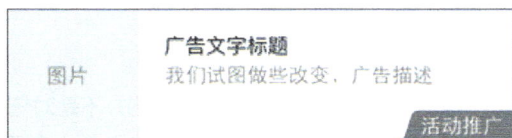
图5-60 品牌活动推广

图5-61 卡券推广

那么，如何在微信文章后添加推广呢？以添加公众号推广为例。

首先在"广告主"界面单击进入"公众号广告"模块，单击"新建广告"，即可进入"新建广告"页面，选择推广目标为"公众号"，填写广告名称，如图 5-62所示。填完信息之后单击"下一步"。

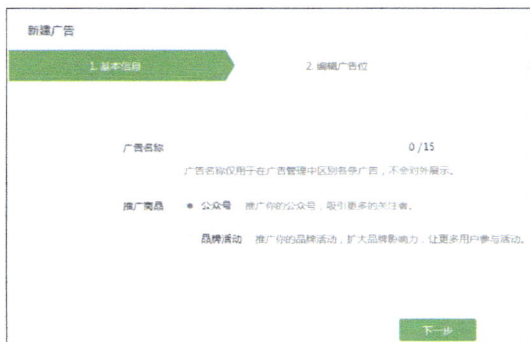
图5-62 填写信息

进入"投放设置"页面，设置投放人群基本信息定向，可设置投放目标用户的基本属性，可限定投放目标用户接收广告的设备情况，限定广告展示时间、出价及限额等信息。所有广告信息填写完毕后，可预览所投放广告的展示样式，支持对广告基本信息和投放设置进行确认和修改，如图 5-63所示。单击"预览"可发送广告图文消息至手机端体验（仅限发送给"已关注了投放公众号"的微信号）确认广告内容设置无误后，单击"提交"，平台将在24小时内对广告完成审核。审核完成后，广告将自动投放外网，无须另行操作。

图5-63 单击"预览"或"提交"

5.3 图片PS技巧

图片也是微信文章的一大要点，如何找到与内容相符的图片？如何对图片进行进一步的美化？甚至如何防止自己的图被他人盗取？这些都是在微信文章编辑中值得关注的问题。

现在网上有很多图片处理软件，但是最为好用的还是Adobe Photoshop，也就是人们常说的"PS"。PS主要处理以像素所构成的数字图像。使用其众多的编修与绘图工具，可以有效地进行图片编辑工作。PS有很多功能，在图像、图形、文字、视频、出版等各方面都有涉及。

5.3.1　技巧一：用魔法棒抠图片

我们使用PS中的魔法棒抠图时，必须先了解魔法棒抠图的原理。因为魔法棒抠图并不是对任何图片都适用的，能够使用魔法棒抠图的图片必须有相应的特征，对于部分图片，使用魔法棒抠图是一种快捷的方式。

在使用魔法棒抠图的图片中，我们需要的元素必须和它周围的元素有较大的颜色差异，即颜色能够很容易被分辨出来，如图 5-64所示，且所含颜色的数量不能过多。颜色种类越少，且差异越大，越符合魔法棒的抠图原理。

下面以图 5-64的小黄鸭为例，演示如何抠出小鸭子。首先用PS打开图片。在PS左侧的工具栏中选择魔棒工具，如图 5-65所示。如果在列表中没有看到魔棒工具的图标，可右击快速选择工具，出现更多选项，然后单击"魔棒工具"即可。

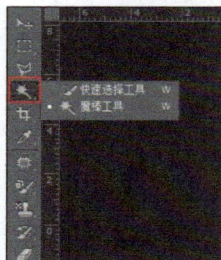

图5-64 小黄鸭　　　　　　　图5-65 魔棒工具

选择魔棒工具之后，在小鸭子之外的白色区域单击一下，这时PS会在图片中选中一块区域，如图 5-66所示。这时单击Delete 键，即可成功地抠出鸭子，如图 5-67所示。

图5-66 单击空白处，选择小黄鸭的形状　　　　图5-67 成功抠出小黄鸭

需要注意的地方是，在按 Delete 键之前必须保证图片插入的图层不是锁定的。插入的图片默认是锁定的，如图 5-68所示，需要我们手动解除锁定。双击图中的任意位置，就会出现"新建图层"对话框，单击"确定"就能解锁图层，解锁之后背景层右侧的小锁图标就会消失。

图5-68 解除图层锁定

5.3.2 技巧二：修整边缘调亮度

1. 修正边缘

PS中有一个"调整边缘"按钮，如图 5-69所示，可以用来处理由于无法完全准确建立选择区在抠完后的图像所残留的背景中的杂色。

图5-69 "调整边缘"功能

抠完图后，单击菜单条中的"调整边缘"，就会出现调整边缘窗口，如图 5-70所示。调整边缘设置由4个部分组成，"视图模式"下有7种观图模式，可以随意选择效果明显的视图模式，还可以勾选"显示半径"与"显示原图"；在"边缘检测"中还可以设置半径；在"调整边缘"中可选择边缘的线条柔和度和对比度等；在"输出"中可净化颜色、选择数量、输出位置等。

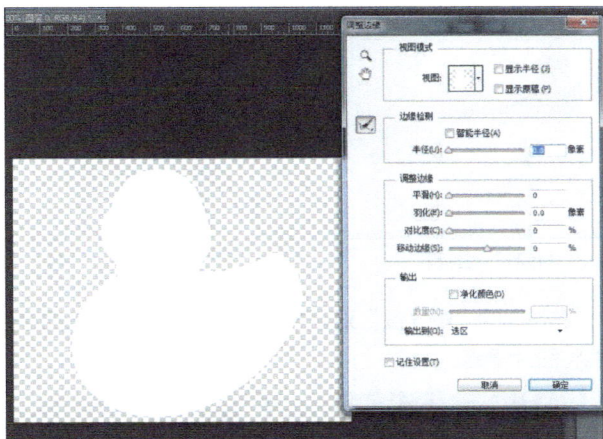

图5-70 调整边缘设置

2. 调亮度

如果图片比较昏暗、亮度不够，或者色彩不够亮丽，通过PS可以对图片的亮度、对比度、色彩进行相应的调整，使图片更加亮丽、鲜艳。

先用PS打开图片，然后单击"图像"，就会出现许多选项，如图 5-71所示，然后将光标放在"调整（J）"选项上，再单击新出现的右侧菜单的"亮度/对比度""色阶""曲线""曝光度"都可开始调整图片亮度。

单击"亮度/对比度"就会出现"亮度/对比度"的对话框，在一开始两项数据都处在"0"的位置。如果要调高亮度，就可将亮度与对比度的长条上的小三角往右移动，如图 5-72 所示，图片的显示效果就会增亮。

图5-71 调整项

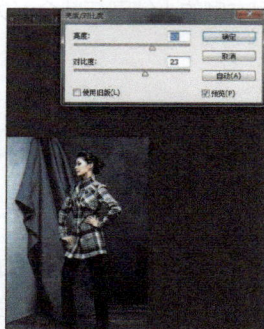

图5-72 "亮度/对比度"对话框

单击"色阶"，然后将"色阶"对话框中的条形图下方正中的小三角图标向左移动，即可调亮图片，如图 5-73 所示。

单击"曲线"，然后按住弹出的"曲线"对话框中的线条，往左上方移动，如图 5-74 所示，就能将图片调亮。

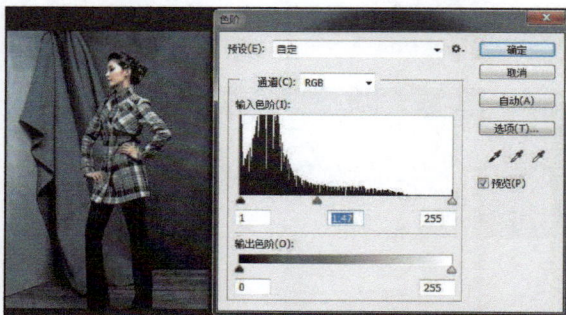

图5-73 "色阶"对话框

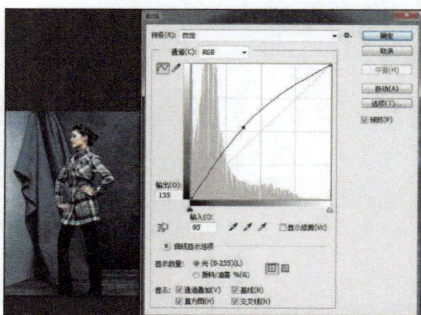

图5-74 "曲线"对话框

单击"曝光度"，在弹出的"曝光度"对话框中，将曝光度长条上的小三角图标向右移动，如图 5-75 所示，就能将图片调亮。

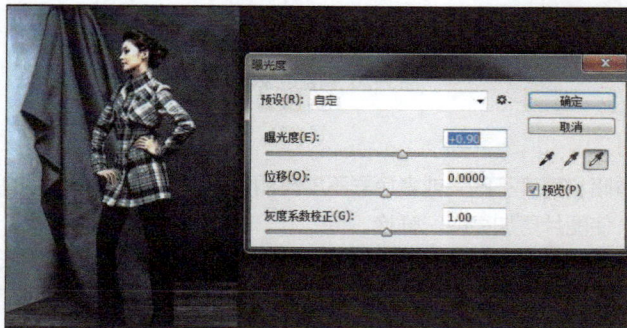

图5-75 "曝光度"对话框

5.3.3　技巧三：插入箭头和边框

在微信文章的编辑中图文结合是十分重要的原则，有时一些操作性的文章往往需要在图片上做一些标记，而为了使读者更直观地了解重点，也时常会在图片中做些标记。这些标记都可以在PS软件中标出。

下面以微信公众平台的登录截图为例。

首先，用PS软件将图片打开，如图 5-76所示。打开PS软件之后，就可在页面的左侧找到插入边框和箭头的图标，如图 5-77所示。图中的矩形工具、圆角矩形工具、椭圆工具、多边形工具都可以在图片中插入相应形状的边框；直线工具和自定形状工具可在图片中加入箭头等多种图案。

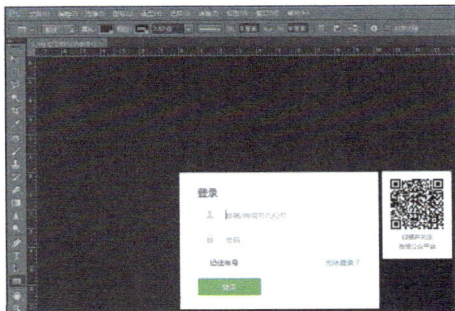

图5-76 用PS打开图片

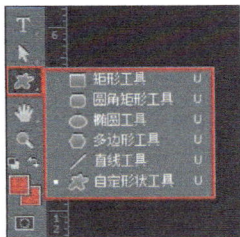

图5-77 添加图案工具

添加方框的步骤是，打开PS之后，将光标放在图形工具的位置，然后单击鼠标右键，页面上方就会出现许多选项，如图 5-78所示。在众多图案中选择"矩形工具"，然后在页面上方的设置栏调整边框的颜色与大小等。

图5-78 设置颜色与大小

"填充"旁边的颜色是指将方框填满的颜色，单击颜色小方格即可设置填充颜色，在需要框处图片内容时应该将其设置为没有填充效果，可单击选择白底红线图案，如图 5-79所示。

方框的边框大小、颜色以及形态都可在"描边"旁的3个选项中选择，描边颜色一般是选择醒目的红色，也可以根据文章的需要自行选择；边框大小可单击设置栏的"0.3"，然后会出现一个长条，在长条上调大、调小；边框的形状有实线、虚线等，可单击设置栏中的线条位置，就会出现 "描边选项"对话框，然后在其中单击选择即可，如图 5-80所示。

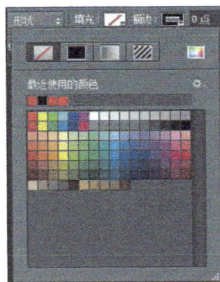

图5-79 选择填充颜色

图5-80 描边选项

以在微信平台登录界面截图中添加方框为例，在认识了边框设置之后，将填充颜色选为"无"，将描边颜色选为红色，描边大小为"1.5"，描边形状为实线，然后将光标放在需要添加边框的地方，长按左键不动，然后移动鼠标，观察是否能将需要边框的位置全部包含在内，之后松开鼠标左键，就能顺利地加上边框了，效果如图 5-81 所示。

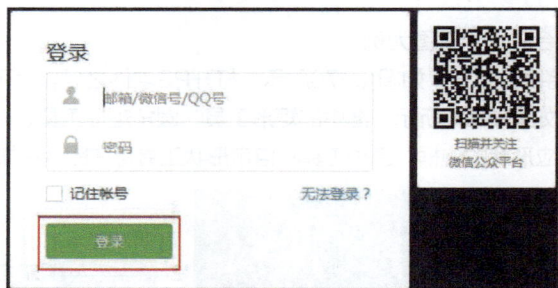

图5-81 边框效果

添加箭头的步骤是，打开PS，将光标放在图形工具的位置，然后单击鼠标右键，在出现的多种图形工具中用左键单击"直线工具"，之后，在页面上方的设置栏进行设置。如图 5-82 所示，在设置栏中可以设置箭头颜色、方向与大小。

图5-82 设置颜色与大小

单击"填充"旁边的颜色框，在弹出的色彩栏中选择需要的颜色；在"粗细"后的方框中，可以输入箭头大小；单击设置按钮，会弹出"起点""终点"的选择。"起点"的意思是，开始的位置就是箭头的起点，所以在勾选"起点"的情况下，箭头指右就需要往左拉，往左就需要往右拉；选择"终点"情况相反；如果两者都选了，那么会在两端都出现箭头。

将数据设置好后，就可以添加箭头了。仍以微信平台登录界面截图中添加箭头为例，先在设置中选择"红色""终点"，大小设置为"0.05"，在图中点击一处，然后摁住鼠标左键不松开，将鼠标往右移动，到一定距离时松开，最终就会出现一个比较细长的箭头指向"登录"按钮，如图 5-83 所示。

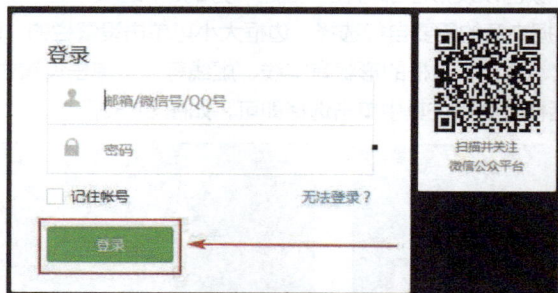

图5-83 箭头效果

5.3.4　技巧四：设置文字Logo

独特的文字Logo可成为一个标记、一个符号，既能让读者认识到公众号的个性、文化特征，从而记住该公众号的独特意味，同时又能防止别人盗用自己的图片，一举两得。同样地，在PS中可以设置文字Logo。

打开PS软件，选择"文件"单击"新建"，新建一个PS图像文件。在这里我们可以选择Logo图标的大小，在示范中将这里设置为宽度199像素、高度60像素、分辨率为72像素／英寸，然后选择RGB颜色选择"8位"、背景内容选择"白色"，如图 5-84所示，设置好之后单击"确定"。

建好之后可以看到一个白色的区域，那就是新建立的图层背景。之后选择"矩形选框工具"，选择想要输入文字的区域，选好之后有虚线标记，用鼠标拉开就可以了，如图 5-85所示。

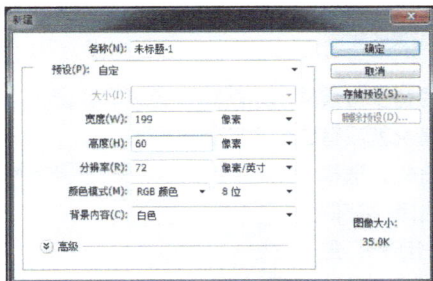

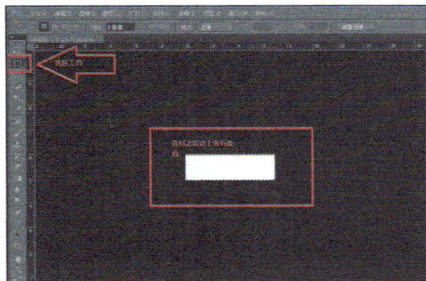

图5-84 "新建"设置　　　　　　　　图5-85 选择文字区域

选好区域后，单击鼠标右键，选择"填充"。填充就是在背景上添加颜色，这样才能让后面的文字看得见，方便编辑。出现"填充"对话框之后可以选择颜色，如图 5-86所示。

在选好颜色单击"确定"之后，所选中的区域的背景颜色就会发生变化。填充好背景颜色之后，在页面左侧找到并选择"文字工具"，然后选择文字输入位置，如图 5-87所示。

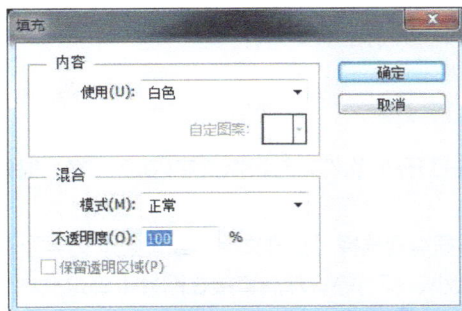

图5-86 "填充"对话框　　　　　　　图5-87 选择"文字工具"

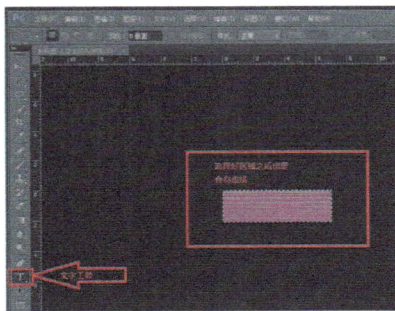

如图 5-88所示，先调节文字大小和颜色，单击修改字体样式，在所有字体中选择满意的字体，还可以修改字体的大小与颜色；之后还可调节文字的位置，即单击那个功能后用鼠标单击文字拖动，也可以用键盘的上下左右键；然后再单击"文字"选择"消除锯齿"，再单击"无"，这样会更加美观。

图5-88 具体操作

调节出自己想要的效果后，在页面右下方找到所在图层，然后单击邮件，再选择"背景图层"，如图 5-89所示。

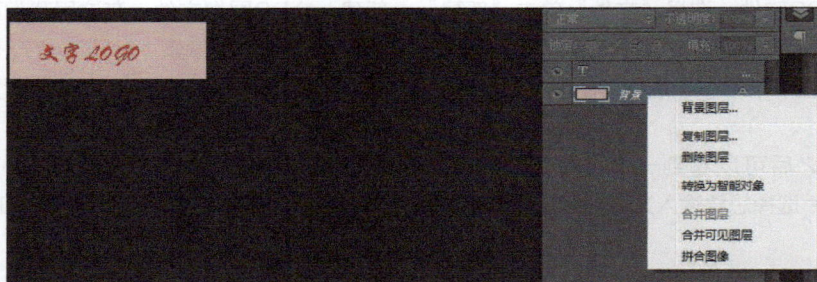

图5-89 单击"背景图层"

如果文字Logo要放在导航栏的，而导航栏已经有了背景颜色，就需要把透明度调成"0"，如图 5-90所示，然后选择"确定"，如果是其他情况就没有这个必要。

最重要的一步是，用右键单击页面右下方的背景，选择合并可见图层。操作完成之后，单击"文件"，选择"存储为"，然后选择存储的地址与文件格式，如图 5-91所示。最后单击"确定"即可。之后需要添加文字Logo就可以使用该图片。

图5-90 调整透明度

图5-91 文件格式与存储位置

5.3.5　技巧五：添加水印防盗图

添加水印也是防止他人盗图的有效手段，先打开PS软件，与设置文字Logo一样，需要新建一个图片来制作水印模板。

新建好图层后，单击工具栏的文字工具，根据需要选择"横排文字"或"竖排文字"，通过页面上方的相关窗口设置文字格式，包括字体、大小、颜色等，然后直接在图片中确定文字位置再将水印输入。当然也可先输入文字再进行格式设置，如图 5-92所示。

输入文字后，将可以将文字放斜，按"Ctrl+T"键，进入"自由变换"模式，在文字的周围"按住鼠标左键就可以旋转文字"，按回车键退出自由变换模式。之后就该给文字描边，描边就是沿着字体的周围涂一层颜色，我们最后看到的水印其实就是这一层边，一般的水印都是灰色的，所以就给文字描一层灰色的边。

在页面右下方的图层位置，用右键单击所在图层，然后在出现的选项中单击最上方的"混合选项"，然后在新出现的菜单左侧勾选"描边"，将颜色设置成灰色，不透明度为100%，最后单击"确定"。接下来要把红色的字清除，把图层的"填充"调为0就可以了，效果如图 5-93所示。

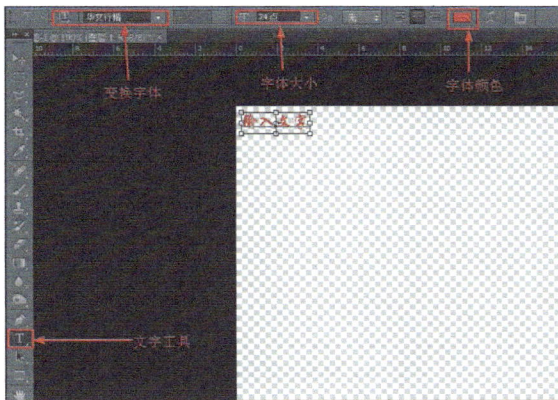

图5-92　具体功能键

图5-93　水印效果

设置好水印模板之后先要保存好模板，即单击"编辑"，然后在出现的选项中找到并单击"定义图案"，将该模板自定义命名，单击"确定"。

设置好水印图片模板之后，用PS软件打开需要添加水印的图片，然后单击"编辑"菜单中的"填充"就会出现"填充"对话框，将"使用"选择为图案，然后单击自定义图案后的小三角，将出现的图片下拉，就可以看到我们自己保存的水印模板，单击选择该模板，然后单击"确定"即可完成，如图 5-94 所示。

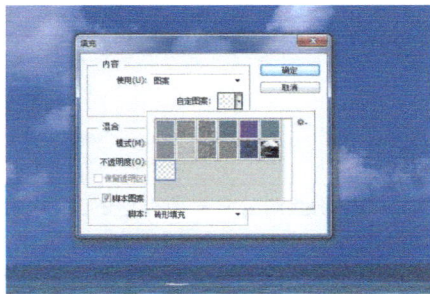

图5-94　选择水印模板

5.4　群发须注意

一篇文章编辑好之后，真正验证它是否为一篇优秀的、粉丝喜欢的文章，就在于群发出去后的反馈了。所谓的"反馈"并不仅仅是指粉丝对它的评价，还在于它的阅读量、转发量等。而这些数据，就是现在公众号所格外重视的。

5.4.1　注意一：群发范围要选择

根据公众号的经营范围和定位，关注公众号的粉丝的性别、年龄、学历、工作等信息都会有很大的差别。而一篇文章有时也会有其针对的对象，如一篇关于美容的文章，在女性中也许会格外吃香，但在男性群体中则更有可能遭到冷落。所以在群发消息时，也应该注意消息的投放群体范围。

这个范围的选择，就需要依靠一些网络指数来确认什么样的人对文章的内容会更加感兴趣，这种数据网可直接在浏览器中搜索到，如"百度指数""阿里指数"等。在相关的数据网中登录账号，然后将文章的关键词输入搜索栏，如一篇推荐新面膜的文章，就可以搜索"面膜""品牌名称"以及其他面膜的名称，得出具体数据后，就可以选择具体的投放人群。

了解投放范围之后，登录微信公众平台，单击"群发功能"，就可看到 "群发对象""性别""群发地区"的选择，如图 5-95所示。如果是360浏览器，在极速模式下有可能会点击不了这3项，需要转换到兼

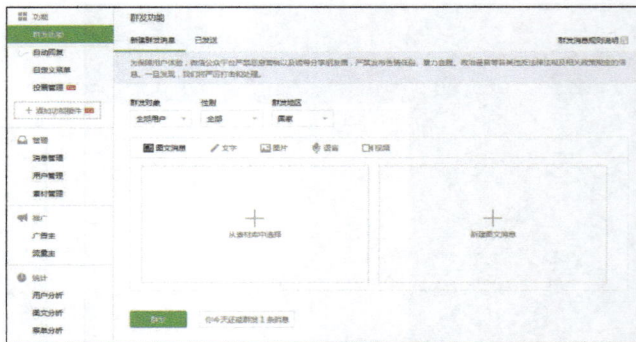

图5-95 群发范围选择

容模式，然后单击"刷新"。然后依次单击选择从数据网中得到的答案，如图 5-96所示。

图5-96 具体群发范围

5.4.2 注意二：文章抬头指关注

如果粉丝对公众号所推送的文章感到满意，就会将文章转发到自己的朋友圈中，这能让更多微信用户注意到你的公众号，所以为了让其他用户有意识地关注微信公众号，可以在文章的开头设置一个关注提醒，如图 5-97所示。

在微信文章上方设置关注提醒，需要一张提醒关注的图片，这种提示图片可依据自己的偏好和风格进行设计，如图 5-98所示。

图5-97 关注提示

进入微信公众号后，单击左侧"管理"菜单里的"素材管理"，最后单击"图片"，然后在页面上单击"本地上传"，然后将图片上传到图片库中。

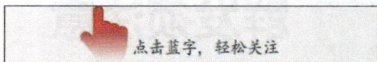

图5-98 提醒图片

在编辑微信文章时，将图片上传到正文上方，记得要先把"封面图片显示在正文中"的选项取消，否则即使上传，这张图片也很靠后，起不到提醒的作用。

5.4.3 注意三：尾部投放二维码

在文章末尾添加的二维码图片，还提示"长按指纹识别二维码"即可关注公众号，如图 5-99所示。这是手机微信6.0之后新增的一个功能，也是现在常用的提醒读者关注的方式。

首先需要准备好指纹素材，可直接在浏览器中搜索，"指纹"图片就可以找到很多了。将图片先保存到电脑上，

图5-99 二维码

之后就会用到。当然，如果用PS做，可以找一些PSD格式的素材，这样更可以方便自定义。

接下来调出公众号最新的二维码图片，以前保存的就不用了，以免识别不出。下载自己公众号的二维码图片方法如下：先单击进入"公众号设置"页面，在二维码这里单击"下载跟多尺寸"，如图 5-100所示。弹出下载页面之后，建议下载"8cm"的尺寸。

图5-100 下载新的二维码

准备好需要的素材以后，打开我们电脑下载安装的美图秀秀软件，也可以直接使用美图秀秀网页版来制作。打开美图秀秀以后，单击拼图中的"自由拼图"，如图 5-101所示，然后开始对准备的素材进行操作。

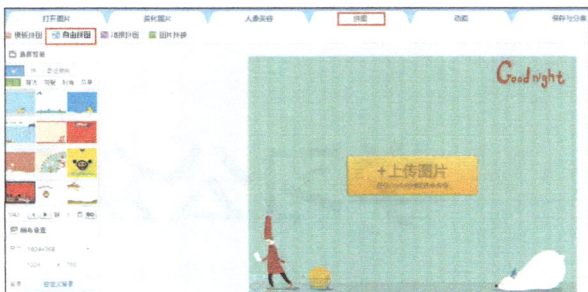

图5-101 自由拼图

设置好拼图背景颜色及图片大小，这里编者用640像素×300像素。因为最终的结果是为了让读者在手机查看，这里的图片尺寸不要太大，影响效果。

接下来单击"添加"公众号的二维码图片、指纹图片。然后将它们移动、调整到合适的位置和大小，没有固定的要求，只要看着舒适即可，完成后单击"确定"按钮，如图 5-102所示。

接下来进入添加文字部分，在导航栏单击"文字"，选择"输入文字"，然后在右边的文字编辑框里输入你想要的文字，选择颜色，调整位置和大小。之后，将图片保存在电脑中，或者上传到微信公众平台的图片库中。下次在公众平台编辑文章时，和平常添加图片一样，将制作好的图片插入正文底部就可以了。在发送文章之前，最好先预览一下，看看效果如何，长按之后能不能识别二维码，如图 5-103所示。

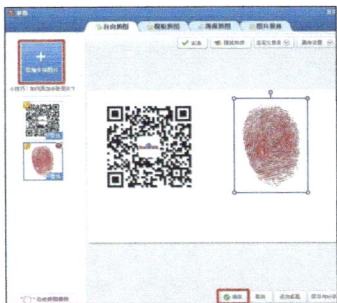

图5-102 单击"确定"

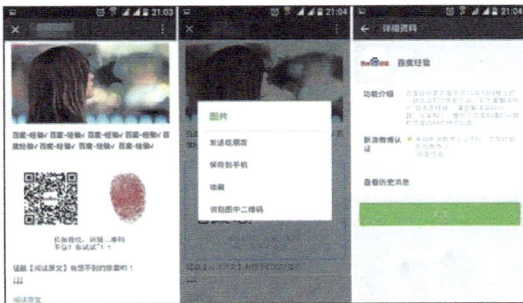

图5-103 操作演示

第 **6** 章

学习公众号运营

现在的微信公众号如雨后春笋般冒出，越来越多的个人、企业在微信公众号上落户。许多人怀着满心的欢喜与抱负，想在微信公众号中打出一片天。然而，即使微信平台的粉丝基数大，若不用心经营，也不会有用户愿意关注。

学习公众号运营主要是为了保持与粉丝之间的交流互动，把握粉丝的活跃规律，分析公众号的状态，调整运营方向。只有做好以上几点，才能使微信公众号最大限度地发挥其作用。

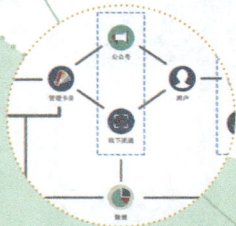

6.1 消息界面设置

同微信粉丝的交流互动是公众号运营中不可忽视的一环，毕竟我们吸引粉丝与留住粉丝是公众号运营的首要目标。

6.1.1 第一步：设置自定义菜单

公众号可以在会话界面底部设置自定义菜单，菜单项可按照公众号的需求自行设定，并可为其设置好响应的动作。微信用户可以通过点击设置好的菜单项进行操作，就可以收到设定的响应，如收取消息、跳转链接，如图 6-1 所示。

图6-1 自定义菜单

设置自定义菜单的步骤比较简单，先登录微信公众平台，在"功能"项中单击"自定义菜单"，如果还没有开通自定义菜单，可单击页面上的"开启"，开通自定义菜单后就可以开始设置。注意，如果已经将此项功能授权给第三方，就可能暂时无法进行设置，如图 6-2 所示。遇到这种的情况，可在"添加插件功能"的"授权管理"中取消授权。

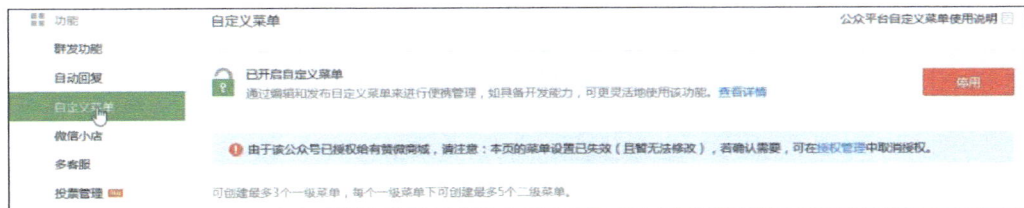

图6-2 已授权的自定义菜单

进入"自定义菜单"界面后，单击右侧的"添加菜单"，就可以开始设置自定义菜单，如图 6-3所示。首先单击左下方红框中的添加符号"+"，添加新的子菜单；然后在右侧的"子菜单名称"中输入这一级菜单的名称，名称的字数不能超过8个汉字或16个字母；接着选择"子菜单内容"，所提供的选择有"发送消息"和"跳转网页"。

图6-3 自定义菜单

如果选择"发送消息"，可在素材库中添加已经编辑好的图文消息，或者新建图文消息。需要注意的是，一个子菜单只能添加一个图文消息。可发送信息类型包括文字、图片、语音、视频和图文消息等，但未通过微信认证的订阅号暂时不支持文字类型。

如果选择"跳转网址"，"子菜单内容"的下方会出现链接地址栏，如图 6-4所示。可在"页面地址"后输入网址，在通过微信认证后还可以手动输入地址；还可单击"从公众号图文消息中选择"，在弹出的历史图文消息、素材库中进行选择。设置好跳转的网址后，订阅者点击该子菜单就会自动跳转到设置好的网页。

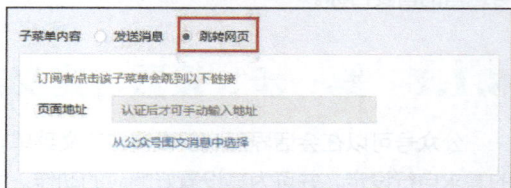

图6-4 跳转网页

自定义菜单的一级菜单共可设置3个，1个一级菜单下可以设置5个子菜单，如图 6-5所示。

在设置菜单之后，如果想删除某个菜单，可选定该菜单，然后单击自定义菜单界面右上角的"删除菜单"。如果想要调整菜单顺序，可单击页面左下方的"菜单排序"，然后用鼠标移动菜单即可。整个菜单设置好之后，可单击"预览"，查看菜单效果。最后，单击"保存并发布"，就算完成了一次设置自定义菜单的操作。当还有未设置内容的菜单时，页面会跳转当前空菜单，提示"请设置当前菜单内容"，如图 6-6所示。

图6-5 设置菜单

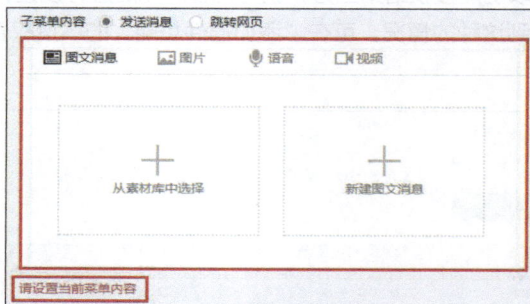

图6-6 填写未完成的设置

正在编辑的菜单不会马上被用户看到，单击发布后，会在15个小时后在手机端同步显示，粉丝不会收到更新提示。若多次编辑，以最后一次保存为准。发布成功后，菜单状态由"菜单编辑中"变为"菜单已发布"，如图 6-7所示。

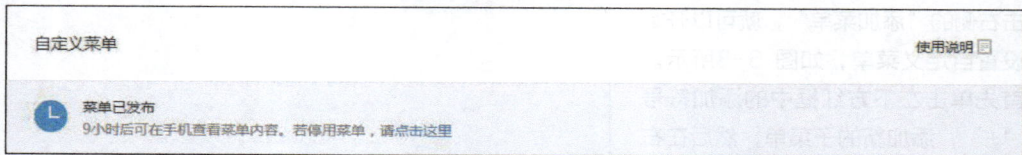

图6-7 菜单已发布

6.1.2　第二步：设置关注自动回复

公众号运营者都可以通过简单的编辑，设置"按关键字回复""被添加回复""消息自动回复"等功能。可以设定常用的文字、语言、图片、录音作为回复消息，并制定自动回复的规则。

当订阅用户的行为符合自动回复规则时，就会收到自动回复的消息。"关注自动回复"就是当有新粉丝关注公众号时，系统可自动给新粉丝发送消息。

登录微信公众平台后，在"功能"项中单击"自动回复"，然后可看到在"自动回复"界面有3项自动回复，如图6-8所示，单击选择"被添加自动回复"。"被添加自动回复"就是在被添加之后发送消息给添加之人，也就是所说的"关注自动回复"。

图6-8 单击"被添加自动回复"

"被添加自动回复"下有4项回复内容类型，即文字、图片、语音、视频。单击"文字"，可在文本框中输入文字信息，如图 6-9所示，一个文本框共可输入600个字，在完成之后单击"保存"即可。单击"图片""语音""视频"几类，可在素材库中选择上传，也可以当时新建相关信息，最后单击"保存"按钮即可。

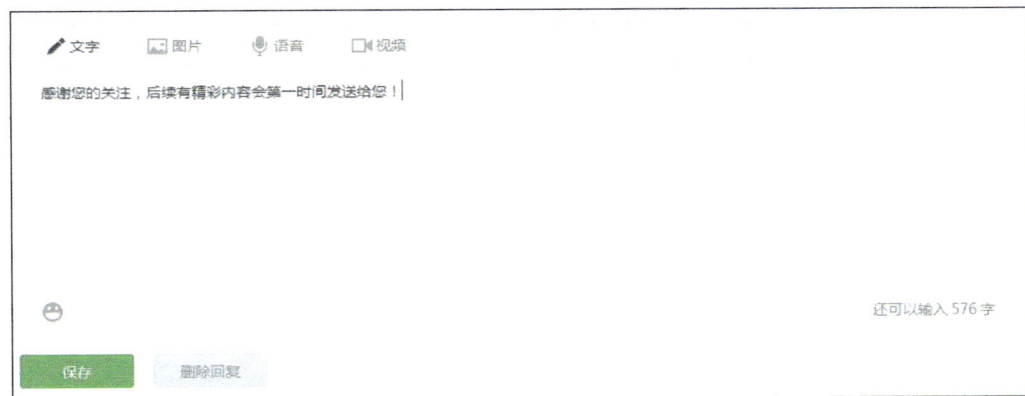

图6-9 输入回复文字

设置好之后，当有人关注公众号时，就会收到信息，如图 6-10所示。

在新建好"被添加自动回复"之后，图 6-9下方不可点击的"删除回复"会变成白色，如图6-11所示。单击按钮"删除回复"就可将设置的自动回复删除。

图6-10 自动回复　　　　**图6-11 删除回复**

6.1.3　第三步：关键词自动回复

在微信公众平台设置关键词自动回复，订阅用户发送的消息中如果含有设置好的关键字，就可以把设置在此规则名中回复的内容自动发送给订阅用户。这样既省去了客服的工作，也可快速准确地告知用户所需要了解的信息。

设置"关键词自动回复"需要在"自动回复"界面单击"关键词自动回复"。单击之后就会在下方出现一个绿色的"+添加规则"按钮，如图 6-12所示。

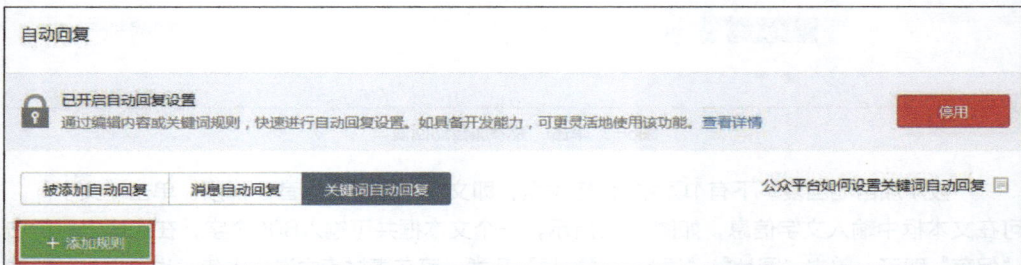

图6-12 关键词自动回复

新建规则的界面，如图 6-13所示。首先在"规则名"一栏输入名称，这一项是为了区分关键词回复名称与内容，可以自行设定，不过输入的文字不能超过60个字。

图6-13 新规则

添加关键字需单击 "添加关键字"，在弹出的"添加关键字"对话框中输入文字，如图6-14所示，最后单击"确定"即可。每条规则里可设置10个关键字，若设置了相同的关键字，但回复内容不同，系统会随机回复；每个"添加关键字"中可输入30个字。

图6-14 添加关键字

144

添加了关键字后会在关键字右侧出现"未全匹配",如图 6-15所示,意思是只要对方所发送内容中包含设置的完整关键字,就会触发关键字回复给对方。如设置"123",回复"1234"会触发,但回复不完整的关键字"12"则不会触发关键词回复。

音乐	未全匹配 🖉 🗑

图6-15 是否需要完全匹配

单击"未全匹配",这4个字就会变成"全部匹配",意思是对方发送的内容与设置的关键字须完全一样,才会触发关键词回复,不能多一个字符也不能少一个字符。如设置"123",仅回复"123"才会触发关键词回复。

同一规则中可设置5条回复内容,可点击新建规则界面下方的"文字""图片""语音""视频""图文"来添加回复的内容。若设置了"回复全部",粉丝发送信息中含有设置的关键字,会将设置的多条回复全部发送;若未设置"回复全部",则会随机回复。全部设置好之后,单击"保存"即可完成设置。

6.2 用户信息管理

用户信息就是关注公众号的粉丝的信息,被关注的公众号可获取他们的一些基本信息,如名称、头像等。这些用户就是公众号服务的主要对象,因此,加强对他们的了解与管理也是微信公众号运营的重点。

6.2.1 操作一:消息查询和回复

现在微信公众号与粉丝交流十分方便,很多粉丝会给公众号发送消息或留言。在上一节介绍了如何设置消息自动回复,现在介绍如何查看与回复粉丝发送的消息。

登录微信公众平台,单击"管理"项中的"消息管理",就能看到发送消息的粉丝列表、发送时间等,如图 6-16所示。单击图中的"最近五天"还能将调整时间限制,需要注意的是,文字信息只能保存5天,其他类型的消息只能保存3天。系统默认隐藏关键词信息,如果需要查看,只需"隐藏关键词消息"前的勾选去掉即可。

图6-16 消息管理

在"消息管理"中还可以对关注用户发送的消息进行"标记星标"收藏，便于查看和永久保存该信息。将光标移动到想要收藏的消息，单击"☆"就可以收藏了，如图 6-17 所示。收藏成功后，单击上面的"星标消息"即可查看收藏过的消息，这里的消息将永久保存。需要注意的是，与单个粉丝的实时聊天消息记录最多保留20条，而且图片需在有效期内标记为"收藏消息"才有效，如果图片出现损坏将无法保存。若取消收藏过的消息，在已收藏消息内单击"★"取消收藏即可。

图6-17 收藏消息

在消息列表中，已经回复的消息会在右侧显示红色字体"已回复"，还没有回复的消息则会标为"未回复状态"。如果回复信息，可直接单击发送消息人的头像，页面上就会出现聊天框，如图 6-18 所示。将信息输入，单击"发送"即可，回复消息没有上限。如果在粉丝发送给公众账号消息的48小时

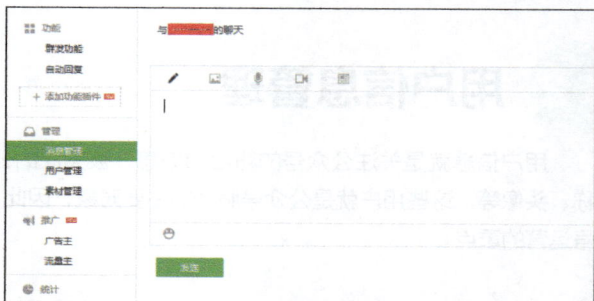

图6-18 回复消息

内未回复粉丝的消息，48小时后则无法再主动发送消息给该粉丝，但下次该粉丝主动发送消息，才能再次进行回复。

6.2.2　操作二：设置用户分组标签

公众号逐渐发展，积累的粉丝也会变得庞大起来，如果将他们分门别类，就会变得很难管理。登录微信公众平台，在"管理"项中找到"用户管理"，就可以看到所有关注了该公众号的用户，如图 6-19所示。

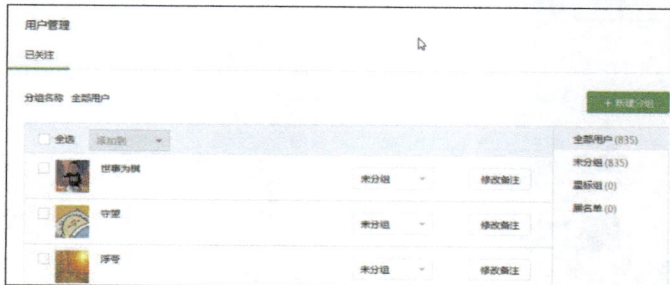

图6-19 用户管理

公众号可以获得已经关注了该公众号的用户一些基本信息的，如头像、名称、地址等，如图6-20所示。将光标移动到该用户的头像上就能看到他的资料。

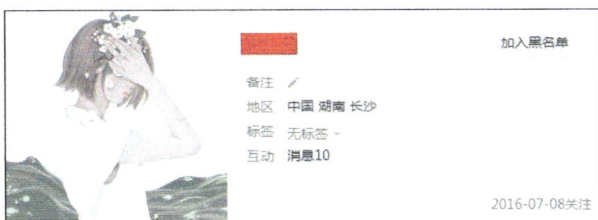

图6-20　用户信息

在没有进行用户分类时，所有的用户都处在"未分类"之中，这样的分组方式是不利于用户管理的。按照一定的标准将用户分成各种类别，才更加便于查找粉丝、了解粉丝的构成等。

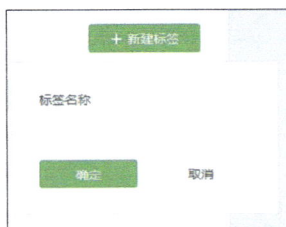

图6-21　输入分组名称

要将用户分组，可单击用户管理界面右上角的"+新建标签"，然后在弹出的"标签名称"中输入不超过6个汉字或12个字符的名称，单击"确定"即可，如图 6-21所示。目前微信公众平台粉丝分组最多可以设置100个分组，一个用户只能被放入一个分组中。

新建分组后，可将用户分别移动到各自的分组里，在用户列表单击用户头像，然后单击出现的信息框上的"未分组"，在弹出的各个分组名称中单击相应的分组即可将用户移到该分组中。

当微信公众号粉丝越来越多时，总有一些粉丝会发布一些不良的消息或者影响阅读的消息，但是公众号运营者又没有一个可以删除粉丝的功能，该怎么办呢？我们可以将这些人加入黑名单，在加入黑名单分组后，黑名单中的用户将无法收到该公众账号的群发消息及自动回复消息，但可以通过"查看历史消息"查阅10条历史消息。

粉丝被拉入黑名单分组后，如果粉丝取消了关注，然后重新关注您的公众号，该粉丝仍然无法接收到群发消息及自动回复消息。粉丝被拉入黑名单分组后，给公众号发的消息不会在消息管理显示，就算后续移除黑名单，该消息也不会显示。

在用户列表勾选用户，然后单击"加入黑名单"，在弹出的询问对话框中单击"确定"即可，如图 6-22所示。

图6-22　黑名单

6.2.3 操作三：开通多客服系统

微信公众平台的多客服功能，是微信公众平台团队为了满足公众号客服需求而推出的网页版客服聊天工具。使用微信扫码登录方式，在登录后支持实时回复粉丝咨询，满足多个客服人员同时为一个公众号提供服务的运营需求。

多客服功能向所有通过微信认证的服务号和订阅号开放，认证的微信公众号可以在微信公众平台的"功能"项中的"+添加功能插件"中选择"客服功能"插件，进入后单击"开通"即可，如图6-23所示。

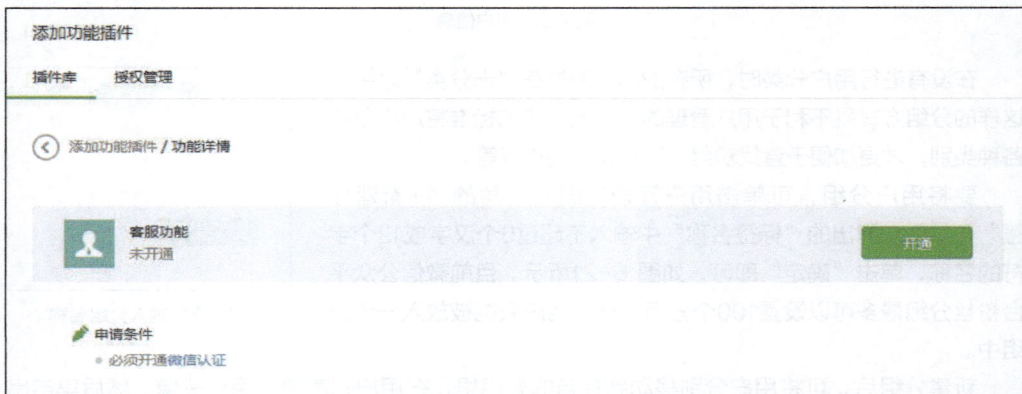

图6-23 开通多客服功能

申请成功后，在微信公众平台的"插件库"项中找到"客服功能"，打开"客服功能"之后，单击"添加客服"设置微信号，如图 6-24所示。公众平台需要设置微信号之后才可以使用客服功能，新申请账号在未设置微信号的情况下无法正常使用。输入客服昵称及上传头像后单击"下一步"按钮，再输入客服微信号即可完成绑定。

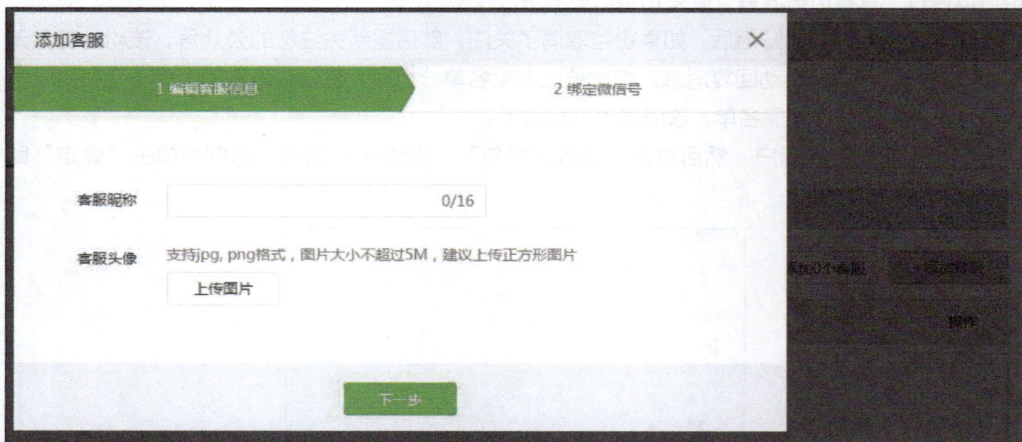

图6-24 绑定微信号

设置好微信号之后，可以扩大微信客服的队伍，也就是添加客服工号。在客服功能界面单击"+添加客服"，如图 6-25所示。

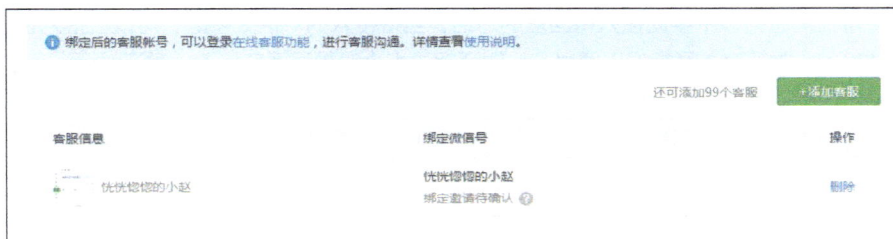

图6-25 单击"+添加客服"

点击添加之后，会出现"添加客服工号"界面，如图 6-26所示，在界面中可以开始设置客服账号的昵称和头像，之后单击"下一步"。

然后在对话框中输入客服人员的微信号，该微信号应该支持微信号或QQ号或手机号搜索，发送绑定操作的邀请信息。验证消息会发送到手机微信上，客服人员在手机微信客户端中接受邀请之后，客服账号绑定成功。

目前一个公众号最多可设置添加100个客服工号，成功开通多客服及添加对应客服工号后，公众账号页面会显示"客服人员"，公众号详细页面会显示最近一次服务过的客服人员，如图6-27所示。

图6-26 填写客服工号信息

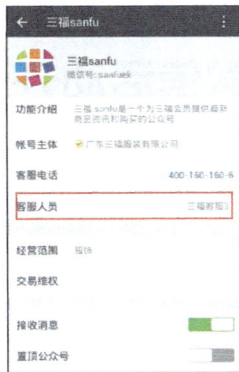

图6-27 客服人员

已绑定的账号可打开客服功能网页版，已绑定的客服人员可以通过手机微信客户端进入"扫一扫"，扫描二维码登录客服账号。登录后即可看到与公众号对话的用户，可选择接入对话，如图 6-28所示。

图6-28 接入对话

接收消息可手动接入、自动接入及重新接入。手动接入需要客服人员上线后单击"待接入"，即可在消息列表中手动接入待回复的对话。当待接入的对话太多时，可以在接入设置中，开启自动接入。重新接入是指退出登录，或对话超过半小时时需要重新接入，激活对话。

已经接入的对话，客服人员可以在48小时内和粉丝进行聊天；同时客服人员可以在对话框中发送文字、表情、图片、截图、文件等类型的消息回复，而且可以使用"快捷回复"中事先编辑好的文本内容进行回复，提高客服的回复效率。

在客服界面还可进行多种设置，包括账号设置、接入设置、离开设置、快捷回复。单击客服界面的设置按钮，如图6-29所示，就会出现各项设置的名称，按照需求单击进行设置即可。

图6-29 设置

在"账号设置"中可以查看公众号信息、数据统计等；在"接入设置"中可以设置自动接入、自动问候语设置等；在"离开设置"中可以设置离开状态时的自动回复内容；在"快捷回复"中可以设置文字类型的快捷回复。

6.3 微信活动开通

微信运营中的活动策划是很重要的一环。一是可以刺激沉睡用户；二是可以借机实现销售转化；三是可以搜集到很多用户的信息得以进一步提供针对性服务和营销；四是可通过活动与用户高频次互动，加深用户对品牌的认知和了解，强化品牌忠诚度。

要做好微信活动，就要学会善于运用微信公众平台的各项活动功能，包括微信小店、微信投票、发放优惠卡等。

6.3.1 活动一：微信小店的开通

在微信公众平台"管理"项中的"+添加功能插件"中有一个"微信小店"的功能，如图6-30所示。企业商家可以基于自己的微信公众号，通过微信小店来售卖商品。通过微信小店提供的接口能力，企业商家可以更方便地管理后台的商品系统，以自定义菜单、公众号消息下发等多途径、多入口的运营形式来经营和宣传自己的公众号。同时，通过微信小店的后台系统也能更加便于联系和维护企业的客户关系，微信小店再次提升了微信"连接一切"的能力。

开通微信小店的条件是通过微信认证及开通微信支付。同时微信小店也只可出售所选的微信支付经营范围之内的商品。

单击添加功能插件界面中的"微信小店"查看功能详情，然后在该界面单击"开通"，填写微信支付的商户号、商户密钥

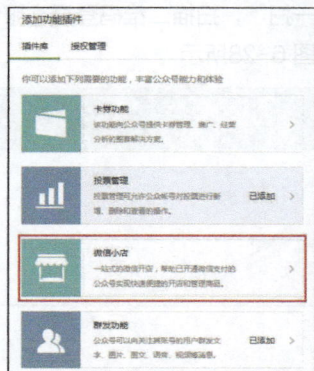

图6-30 微信小店

等，然后再单击"提交审核"，即可完成申请步骤。成功在页面提交申请后1~3工作日内即可查看审核结果。微信小店申请完全免费，只要满足条件即可申请运营。

需要注意的是，微信小店目前暂不支持关闭或注销，只需把商品下架。若已经把微信小店链接放在自定义菜单中，可在自定义菜单中删除链接即可。

微信小店开通之后，会在"功能"项中显示"微信小店"的图标，单击进入微信小店的界面，微信小店的界面如图 6-31所示。微信小店的功能包括小店概况、添加商品、商品管理、货架管理、订单管理、运费模板管理、图片库。

图6-31　小店界面

■ 小店概况

从"小店概况"中可以查看当前的代发货订单及待处理维权/仲裁单数。单击"待发货订单"会直接进入订单管理里"待发货"功能，查看目前未还处理发货的订单信息；单击"待处理维权/仲裁单数"会直接进入"订单管理"的"维权中"功能，购买产品的用户可以在交易消息里对已经购买的商品进行维权，商家可以在微信公众平台上查看客户的维权信息并进行处理，保证双方利益的平衡。

单击微信小店界面中的"数据推送"，会看到前一天的各项数据指标，包括订单数、成交商品数、成交额、商品浏览量、货架浏览量、小店访问人数等。还能查看关键指标趋势图和关键指标的明细。

■ 添加商品

添加微信小店中的商品需单击"添加商品"，然后在众多商品类目中选择商品类型，注意，商品的类目上架后是不可以修改的，请谨慎选择。

设置好商品类目之后，再按照指引填写商品的基本信息，包括商品名称、商品图片、运费、库存、详情描述等。注意，需要填写的"微信价"就是销售价格，应低于原价。填完之后，单击"确定"即可。

■ 商品管理

"商品管理"可以对小店中的商品进行分类、排序、上下架等操作。单击"商品管理"，在"商品分组管理"选择排序方式。排序方式可选最新上架排最前、按销售热度排序、按价格从低到高、按价格从高到低。商品排序方式将影响商品在分组货架上的排序方式，可以通过预览分组货架查看最终效果。

在"商品管理"的"商品上下架"（见图 6-32）可以对商品进行分组管理，让买家可以通过商品价格、商品销售快速搜索到商品。还可以将已上架商品下架，只要单击勾选已上架的商品，之后单击"下架"即可。下架商品也可以选择删除、编辑、再次上架。

图6-32 商品管理

■ **货架管理**

在"货架管理"中可以选择不同的货架模板，使小店变得更具特色。所谓"货架"就是指商家用于承载商品的模板，每一个货架由不同的控件组成。微信小店的货架模板共有4个，分别是普通模板、品牌图模板、分组展示模板、混搭模板，可在"模板库"中找到。

图6-33 商品详情

选择货架之后，商家可以将分组管理中的商品添加到货架中；发布货架，将编辑好的货架单击"发布"，然后复制链接，链接可以填入自定义菜单、图文消息群发来推广，或者下载货架二维码发布后，粉丝扫码即可进入货架查看商品信息。粉丝在手机上看到的货架，如图6-33所示。

■ **订单管理**

买家的订单信息在微信支付后会被列在订单管理中，商家可以在订单管理中管理和处理各种订单，如发货、用户维权等。

■ **运费模板管理**

运费模板就是为一批商品设置同一个运费，如果需要针对不同地区或者件数来调整运费，就可以通过运费模板来实现，修改运费时，这些关联商品的运费将一起被修改。需要新建运费模板时，单击界面上的"新建运费模板"，然后就可以填写新出现的模板，如图6-34所示，填好相关信息之后单击"保存"即可。

图6-34 新建模板

■ 图片库

在图片库中，商家可以对商品图片进行管理操作，如上传，删除等。

6.3.2　活动二：设置卡券等类目

卡券功能是公众平台向有投放卡券需求的公众号提供的推广、经营分析的整套解决方案，是"微信卡包"的重要组成部分，是连接商户与消费者的新渠道。目前支持的卡券类型有代金券、折扣券、礼品券、团购券、优惠券。

通过"卡券功能"给用户发送有一定优惠的卡券，用户就有可能将卡券分享或转赠给他的朋友，扩大品牌活动的范围，如图 6-35所示。某些线下的商户可将自己的门店在卡券、公众号、摇周边、微信WiFi等业务中使用，从而更好地为用户服务。

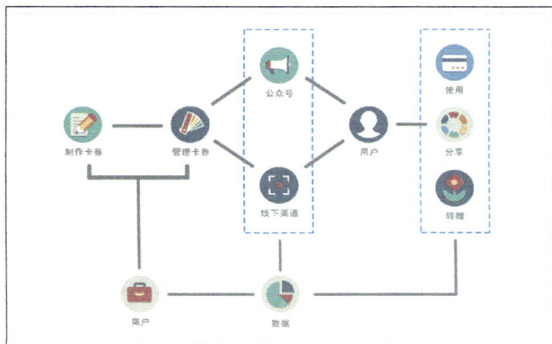

图6-35 卡券

商户登录微信公众平台后，可在"添加功能插件"中申请开通卡券功能权限，单击"卡券功能"，然后在功能详情界面单击"开通"，然后按照操作申请即可，如图 6-36所示。有开发能力的商户，还可以开通特殊开发权限，申请使用更多接口所提供的功能。

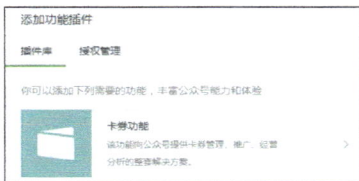

图6-36 卡券功能

公众平台卡券功能申请条件为，公众账号处于认证成功状态，不区分账号类型；有公众号无认证的商户可找具备"第三方开发者代制（有公众号）"权限的第三方开发者代制；无公众号的商户可找具备"第三方开发者代制（无公众号）"权限的第三方开发者代制。

■ 制作卡券

商户可以根据自己的运营策略选择相应的卡券类型，通过可视化的制作形式制作卡券。在"卡券功能"界面单击"添加卡券"，然后可设置卡券颜色、商家名称、商家Logo、见面金额、代金券标题、扣抵条件等信息来制作卡券，如图 6-37所示。

图6-37 制作卡券

■ **卡券的投放与流通**

　　商户可将审核通过的卡券投放给消费者。卡券商户后台可提供群发、导出二维码两种投放方式。如图 6-38所示，商户可以允许用户分享领取链接和转赠卡券，使卡券在微信用户之间流通，从而获得更好的推广效果。

■ **卡券核销**

　　微信提供手机核销和网页核销两种核销方式。商户为核销员赋予核销权限后，核销员就可以通过服务号"卡券核销助手"提供的功能，在手机端扫描条码、二维码或者输入序列号，完成卡券核销，如图 6-39所示。

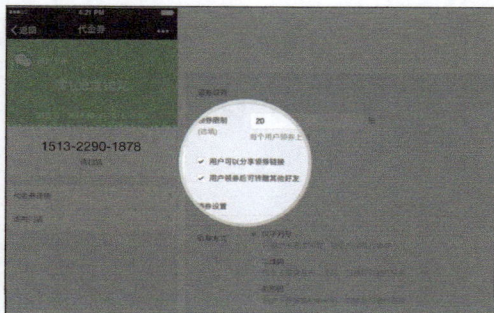

图6-38 卡券分享

图6-39 卡券号核销

6.3.3　活动三：发起用户的投票

　　投票功能是可提供使用公众平台的用户有关于比赛、活动、选举等，进行收集粉丝意见。一般而言，人们对于排名投票的活动比较感兴趣，会吸引更多的人参与互动，在一来一往中可加深与用户的联系。

　　微信公众平台的"功能"项有一个"投票管理"的功能，如图 6-40所示。要进行投票活动时可先在此设置好投票内容。

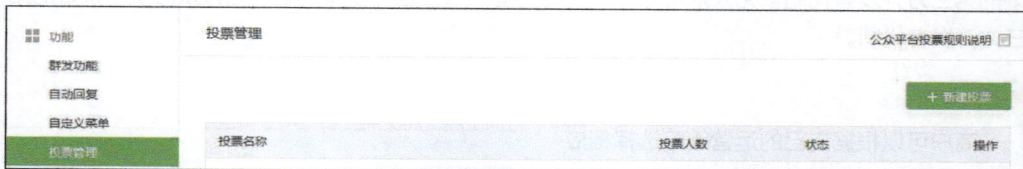

图6-40 投票管理

　　新建投票单击"投票管理"界面中的"+新建投票"，然后在"投票管理—新建投票"中填写相关内容，如图 6-41所示。

　　其中投票主题、问题项、选项都不能为空且长度不能超过35个字；投票名称只用于管理，不会显示在下发的投票内容中；投票截止时间只能在当前时间之后的半年之内任意时段，时间会精确到分钟。一个问题最多设置30个选项，而且可以上传图片，最好上传300×300的图片，其他尺寸会影响页面效果，上传的图片支持PNG、JPEG、JPG、GIF格式，图片大小不超过1M。设置好一个问题之后，单击"收起"就会将其选项收起来，需要修改可单击右侧的"编辑"。

设置问题之后，需要添加新的问题可单击"+添加问题"。注意，只有前面的问题设置完毕才能设置下一个问题。新问题的要求与前面的无异，一个投票最多可以设置10个。设置完毕之后就单击"完成"，该投票的名称会显示在"投票管理"中。

投票设置后，必须插入图文消息中才可生效。新建投票后，可在编写图文消息时，在右侧的"多媒体"中单击"投票"，然后在弹出的菜单中选择"已有投票"，再选择相应的投票名称，最后单击"确定"。

投票将统计各个渠道的综合结果总和，包括群发消息、自动回复、自定义菜单等，所以会出现投票功能投票数与阅读数不一致的情况，这是由于阅读人数和点赞只对群发图文消息进行统计，自定义菜单和自动回复不包括在内。

图6-41 新建投票

粉丝投票可设置非关注或关注后才能操作，对于投票项目可设置单选或者多选，多选无法限制数量。同一个微信号只可以参与相同投票一次，且不支持查看其他参与人微信号或昵称。

如果在使用投票功能过程中出现异常，例如，"投票"图标不显示等，可以选择更换其他浏览器，或者清除浏览器缓存后按"Ctrl+F5"键刷新页面重新操作。

6.4 平台数据分析

微信公众平台提供部分数据显示和统计功能，例如,关注人数的增加或减少，图文阅读量等信息。这些数据可在微信平台左侧的"统计"项中查看，统计项共有5项，如图 6-42所示。

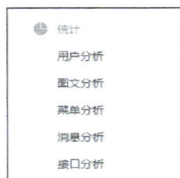

图6-42 统计功能分类

6.4.1 操作一：用户统计与分析

"用户分析"分为"用户增长""用户属性"两项。"用户增长"用于统计昨日公众号粉丝动态，主要记录新增人数、取消关注人数、净增人数、累计人数等，会在界面上分别列出相关数据，如图 6-43所示，还会以数据趋势图的方式表现。每日数据统计截至24点，在第二天12点前显示昨天的最新数据。

图6-43 用户增长

"用户属性"是指按照各种分类标准，对现有的粉丝的属性进行分析，具体都有性别、语言、省份、城市、终端、机型，这些数据都会通过图表显示出来，如图 6-44所示。

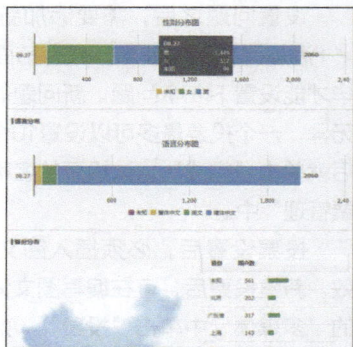

图6-44 数据分析图

6.4.2　操作二：图文消息浏览量

图文消息的浏览量、转发量、收藏量等数据，是判断一篇文章是否成功的标准，也是判断公众号活跃度与受欢迎程度的依据。单击"图文分析"，在"图文分析"界面会将其分成"单篇图文"与"全部图文"。

单篇图文的分析数据是指在图文消息发出7天之内，在微信手机客户端展示的阅读次数、分享人数与转发操作等，如图 6-45所示。

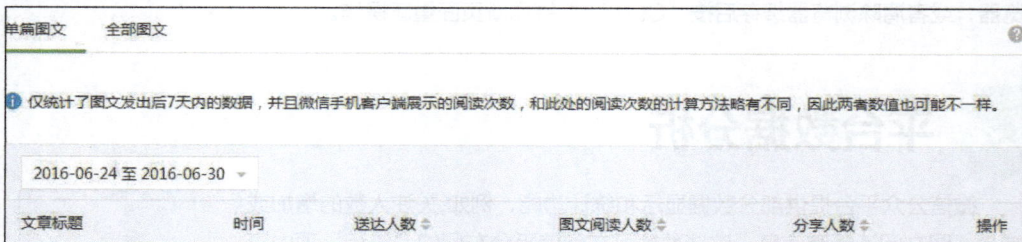

图6-45 单篇图文分析

值得重视的是"送达人数"与"图文阅读人数"之间的关系。"送达人数"其实就是群发消息目标的人数，如果"送达人数"小于"图文阅读人数"，这就意味着这篇文章被许多非粉丝的用户看到了，粉丝愿意将它转给朋友或直接转到朋友圈，其他陌生用户也被文章所吸引，这就是一篇打动老粉丝、吸引新粉丝的优秀文章。

全部图文分析所分隔的板块更加详细，从中可以找到更多有用的信息。全部图文消息涉及的数据有：图文页阅读人数、图文页阅读次数、原文页阅读人数、原文页阅读次数、分享转发人数、分享转发次数、微信收藏数、从公众号会话打开的次数、从朋友圈打开的次数等。

全部图文消息分析又可以按照时间分为"日报"与"小时报"。

"日报"是指以一天为单位，将一段时间内的数据放在一起进行分析，日报中有4个图表，分别是"昨日关键指标""阅读来源分析""趋势图"以及Excel形式的表格。

小时报是指以一小时为单位，将一天之内的各项数据进行对比。日报可以用来分析在一段时间内哪一篇文章最为成功，今后的微信文章编辑便可更加准确地把握用户的兴趣范围；而小时报可以看出大多数用户的阅读时间习惯，如图 6-46所示，在图中可以明显地看出阅读时间的峰值，也有利于更好地把握微信群发的时间。微信文章的推送时间并不是随意而定，一篇好的文章在最合适的时间推送出去，收到的效果必然比随便选个时间发布要好。公众号运营人员都应该具备一套文章推送的黄金时间表。

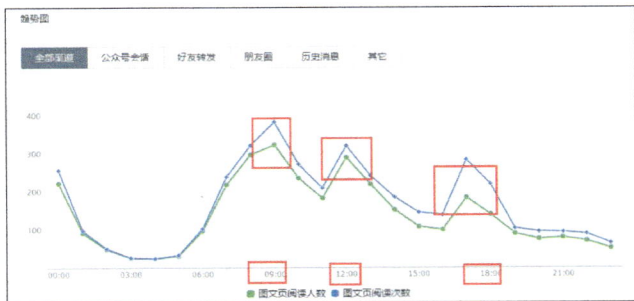

图6-46　小时报趋势图

6.4.3　操作三：接口使用的分析

　　接口使用分析是统计公众号使用频率、失败率、平均耗时、最大耗时的数据，目前接口分析仅统计了基础消息接口，暂时还未统计其他高级接口。数据从2013年7月1日开始统计，可以选择日期查询自2013年7月1日起某一个日期跨度的数据。该模块只对成为开发者的用户可见，且无须开启开发模式即可显示。

　　接口分析所统计的数据主要有：调用次数，即接口被调用总次数；失败率也就是调用失败的次数占接口被调用总次数的比率；平均耗时，即接口调用的总时长/接口被调用成功总次数；最大耗时，即接口调用耗时的最大值。

　　接口分析分为"日报"与"小时报"，单击"小时报"，即可看见某一天调用接口的频率、失败率、平均耗时、最大耗时等，这些数据会呈现在"昨日关键指标""趋势图""详细数据表"中，如图 6-47和图 6-48所示。

图6-47　趋势图

图6-48　详细数据表

　　"小时报"与"日报"的形式差不多，只是并没有"昨日关键指标"，因为它统计的是一天之内的数据变动，所以存在的是"趋势图"与"详细数据表"。

第 7 章

公众号商用设置

商户平台

生态激活
创造行业机遇 加速梦想脚步
微信支付 不止…

¥ 250.00

用卡

微信的商业价值逐渐显示在世人眼中，越来越多的人注意到其潜藏的巨大利益。微信公众平台中也有商用设置，主要是微信支付、微信推广等。

7.1 申请微信支付

微信支付是开通其他微信功能的条件，如卡券功能、微信小店等。而要开通微信支付的前提条件就是通过微信认证，所以个人订阅号不可能申请微信支付。

7.1.1　第一步：填写申请信息

登录微信公众平台后，单击左侧菜单栏的"微信支付"，然后在出现的微信支付界面单击"开通"，如图 7-1所示。

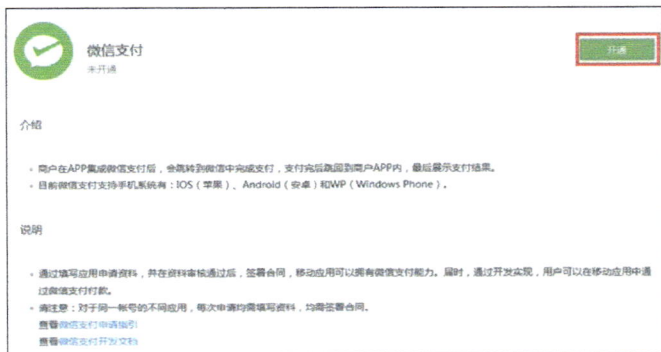

图7-1　单击"开通"

单击"开通"之后，然后在填写资料的界面填写相关信息，需要填写的申请信息有"联系信息""经营信息""商户信息""结算账户"。

"联系信息"如图 7-2所示，主要填写的信息包括联系人姓名（微信支付业务联系人）、手机号码（该号码将接收与微信支付管理相关的重要信息）、手机收到的短信验证码、常用邮箱（将接收如商户平台登录账号密码等重要信息）。除了验证码，其他3项资料后续可通过商户平台修改。

如果收不到验证码，可能存在的原因是非中国大陆手机号码，需要更换手机号码；也有可能被手机安全软件拦截，打开手机安全软件，暂时关闭拦截功能，然后再次尝试获取验证码；或者是短信网关拥堵，或出现异常时导致已发送的短信出现延时或丢失，建议过段时间再尝试获取；也可能是手机本身的原因，建议将手机卡换到别人的手机上再次尝试。

图7-2　联系信息

7.1.2　第二步：选择经营类目

第二步需要的信息就是公众号的经营类目。所要填写的"经营信息"包括公司简称——该名称将在支付完成页面向消费者进行展示，如图 7-3所示。

填好公司简称后，需要选择公众号的经营类目，如图 7-4所示。根据工商政策、需要前置审批的其他政策规定来选择经营行业与类目；建议根据特殊资质表提前准备齐全后再申请；如果想了解各商户类型的资质文件、费率、结算周期，可在腾讯客服中心搜索"经营类目"，查看官方所列出的表格，并以此表格作为选择依据。

图7-3 公司简称展示   图7-4 选择经营类目

选好经营类目之后，将营业执照上传；填写售卖商品简述，简要描述售卖的商品或提供的服务；售卖的商品或提供的服务必须在营业执照经营范围内，且必须与所选类目对应一致，注意不要照抄营业执照中的经营范围，否则将会导致申请资料被驳回。

除商品简述之外，还需填写客服电话，审核人员会对客服电话进行回拨确认，若无法接通将会导致资料驳回，请填写有效手机号或座机，座机需填写区号，如有分机也请一并填写；同时如果公司有自己的网站，也可将网站网址填入"公司网站"栏，公司网址域名须以http或https开头，且域名ICP备案应该超过24小时。填写网址之后，需要将"网站授权函"在补充材料中上传。

在"经营信息"最后，可将某些额外的补充材料上传，如图 7-5所示。单击"上传文件"，然后选择文件扫描件或照片，单击"确定"即可。最多可上传5份文件，单份文件的大小不能超过2M，文件格式可为BMP、PNG、JPEG、JPG或GIF。

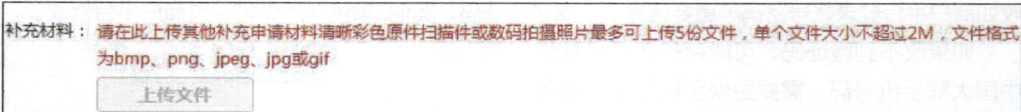

图7-5 补充材料

7.1.3 第三步：填写结算账户

将"经营信息"填写完毕后，单击"下一步"，填写"商户信息"，这一步需要的"基本信息""营业执照""组织机构代码信息""企业法人/经办人"都是系统自动拉取的，如果需要修改相关信息，可单击右侧的"修改"。需要注意的是，如果企业办理了三证合一，则需要重新上传营业执照。

填好商户信息后，单击"下一步"，然后开始填写结算账户。结算账户共要求填写账户类型、开户名称、开户银行、开户银行城市、开户支行及银行账号，如图 7-6所示。

需要注意的是，企业所填写的结算账户必须填写对公账号，而不能填写私人账号；若为个体工商户，没有对公账户，请选择法人账户。如没有法人的选项，请返回第一步"经营信息"，类目选择"个体工商户";如拉取的法人姓名不正确,请返回上一步"商户信息",将法人姓名修改正确即可。填写开户银行城市时,如果找不到所在城市,可选择所在地区或者上级城市。

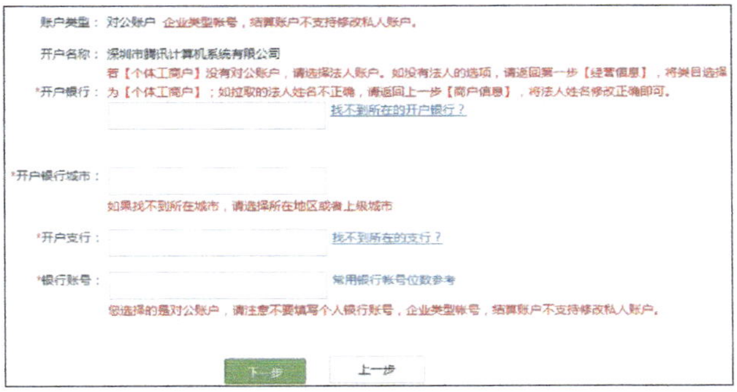

图7-6　结算账户

7.1.4　第四步:确认等待审核

填写结算账户信息后,单击"下一步",就会出现"确认提交"界面,如图7-7所示,单击"完成"即可。在提交资料之后,将会在3~7个工作日之内审核完成,用户可在微信公众平台查看申请进度,在几日之内,微信支付将会向用户的银行账户中打一笔金额随机的验证款,需要用户及时查收确认。

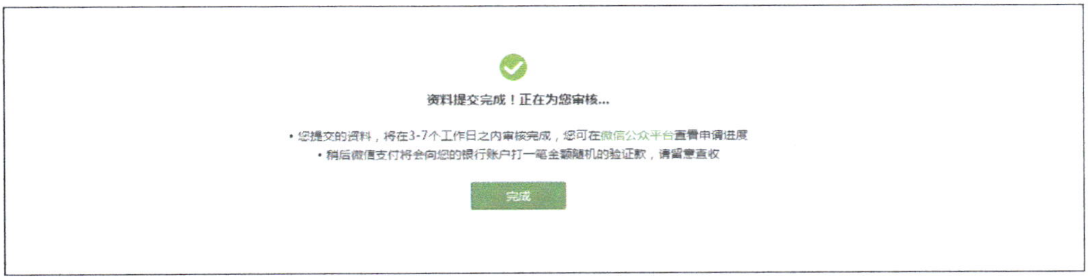

图7-7　提交资料界面

审核通过后,在微信公众平台单击"微信支付",然后在微信支付界面单击"验证",如图 7-8 所示。之后页面就会跳转到商户平台登录界面,使用商户号登录商户平台,填入结算账户收到的金额数目,以完成账户验证。

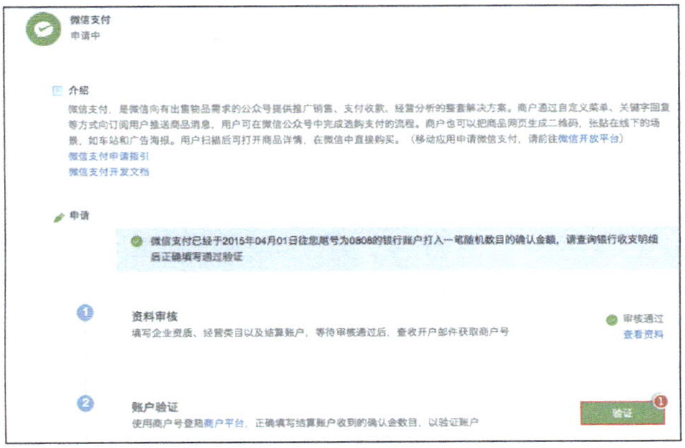

图7-8　单击"验证"

至于商户号的账号与密码,腾讯官方已发送至填写认证资料时的重要邮箱中,可登录邮箱查看账号信息,如图 7-9所示。

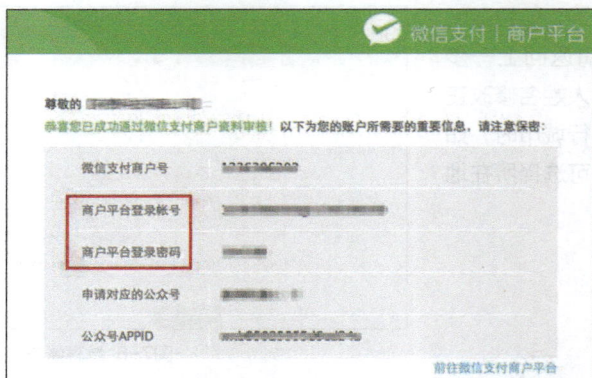

图7-9 商户号信息

使用商户号登录商户平台之后，单击界面左侧的"账户信息"，然后单击"验证账户"右侧的"验证"按钮，就会出现验证银行账号界面。如图 7-10所示，在其中输入微信支付给公司对公账户打的款项金额，注意，若金额输错3次，输入验证码入口将被关闭。

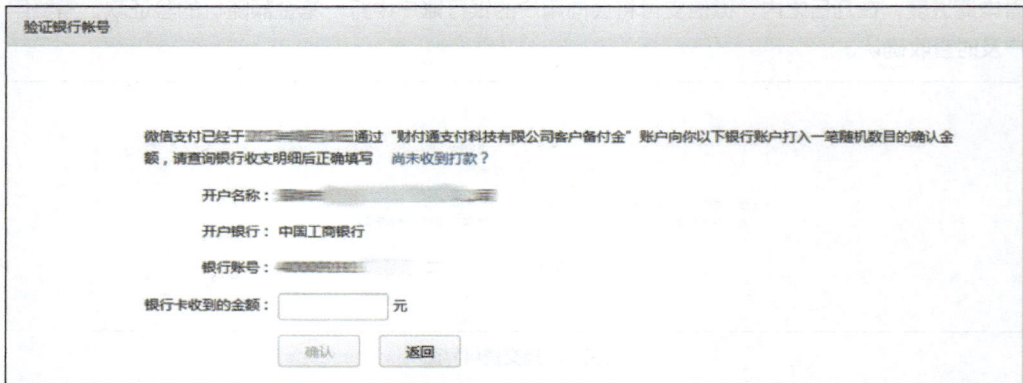

图7-10 填写金额

验证账户之后，回到账户信息界面，单击"签署协议"右侧的"签署"按钮，这一步完成之后，就会出现开通微信支付的对话框，如图 7-11所示。单击对话框中的"完成"，即可完成微信支付的申请。

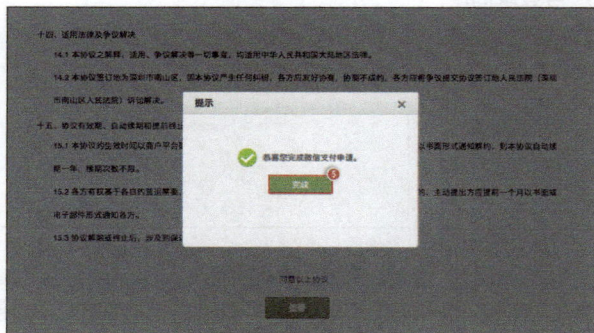

图7-11 成功开通微信支付

7.2 使用微信支付

在微信支付的申请通过之后，就可以开始使用微信支付了。只是在使用时，应该首先了解微信支付的收费提成、体现周期等事项。

7.2.1 注意一：收费提成标准

商户使用微信支付来经营微信小店，需要缴纳一定的费用。微信费用结算的起点，统一为500元，即未结算金额超过500元后进行结算。根据各公众号的经营类目不同，所收取的费率也是有所区别的。要查看各类目所收取的费率，可在浏览器网址栏输入该网址并单击进入经营类目界面，或者直接在腾讯客服中心搜索“经营类目”亦可。下面截取部分类目表进行参照，如图7-12所示。

网络虚拟服务	门户/资讯/论坛		2.00%	T+7
	在线图书/视频/音乐	《互联网出版许可证》或《网络文化经营许可证》	2.00%	T+7
	软件/建站/技术开发		2.00%	T+7
	网络推广/网络广告		2.00%	T+7
	游戏	《网络文化经营许可证》	2.00%	T+7
教育/培训	教育/培训/考试缴费/学费		0.60%	T+1
	公立院校		0.00%	T+1
	私立院校	民办非公立院校需提供《办学许可证》	0.00%	T+1
娱乐/健身服务	美容/健身类会所		0.60%	T+1
	俱乐部/休闲会所		0.60%	T+1
	游艺厅/KTV/网吧	《娱乐经营许可证》	0.60%	T+1
医疗	保健器械/医疗器械/非处方药品	互联网售药提供《互联网药品交易服务证》，线下门店卖药提供《药品经营许可证》 医疗器械：《医疗器械经营企业许可证》	0.60%	T+1
	保健信息咨询平台	《营业执照》	0.60%	T+1
	私立/民营医院/诊所	《医疗机构执业许可证》	0.60%	T+1
	公立医院	《医疗机构执业许可证》	0.00%	T+1
	挂号平台	卫生局的批文或者和医院的合作协议	0.00%	T+1
房地产	房地产	《建设用地规划许可证》《建设工程规划许可证》《建筑工程开工许可证》《国有土地使用证》《商品房预售许可证》	0.60%	T+1

图7-12 经营类目费率、周期

据经营类目表格显示，大多数经营类目所收取的费率为0.60%，即从所进行的金钱交易中收取0.60%作为微信收费。

其中也有不需要缴纳费用的经营类目，即所收取的费率为0.00%，这主要是给公众教育、公益项目以及医院的优惠。除了这些，物流快递、加油站、水电煤缴费、交通罚款等生活缴费平台的费率也会低于平均水平。

同时，微信官方除了会给予某些行业一些优惠外，对一些行业也提高了收费的费率。如“金融”中的“众筹”费率为1.00%，“生活/家居”中的“黄金珠宝/钻石/玉石”的费率为1.25%，“网络虚拟”各项均为2.00%。

费率计算规则为单笔订单四舍五入，保留小数点后2位；若微信支付商户费率为0.6%，计算方式如图 7-13所示。

交易金额（元）	费率	应扣金额（元）	实际扣除（元）
1312	0.60%	7.872	7.87
1318	0.60%	7.908	7.91

图7-13 计算示例

结算款项自动提现到商户的结算账户，一般从结算日起3个工作日内到账。商户结算所产生的费用，腾讯公司可正常提供开票服务，发票类型分为增值税发票（需拥有一般纳税人资质）、非增值税一般纳税人发票两种。

发票所需要的信息可在微信商户平台填写。单击"账户中心"，打开"账户设置"，单击"发票信息"，选择发票类型，然后提交发票验证材料，即上传资格证书，填写纳税人识别号和上传营业执照扫描件；再填写发票票面信息、发票寄送地址等。

注意提供的税务登记证一定要增值税一般纳税人公章，若一般纳税人公章与税务登记证不在同一个页面，上传两面资质时请都加盖公司主体公章，若无法提供盖有一般纳税人的税务证件，可提供相关税务局证明并加盖公司主体公章。同时发票审核时间为3~5个工作日（若审核未通过页面会提示原因）；微信支付将根据提交的信息在次月开具，月中寄送发票，发票一旦开具不再修改或重开。增值税专用发票样本如图 7-14 所示。

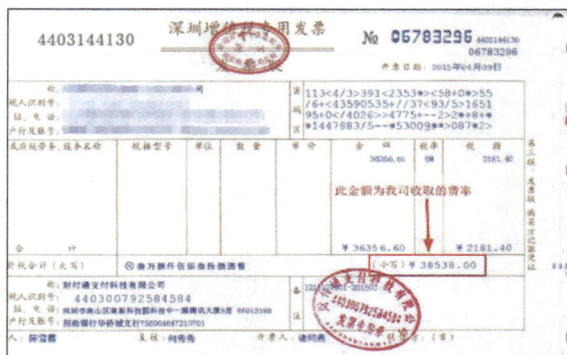

图7-14 发票样本

7.2.2 注意二：提现周期要求

1. 结算周期

结算周期以T+N形式展现，在满足结算条件及结算起点后，在本日+N天结算前N-1天的所有交易总和；T+N结算规则所包含的交易日期为：以未结算的最小日期开始计算，超过N-1天与直到当前的前一天为止。常见结算周期有：T+1、T+7，计算方式如下所示。

T+1：当日满足500元+结算条件，则在本日+1（即第二天）结算第一天资金。

T+7：前6日满足500元+结算条件，则在本日+7（即第八天）结算前6天资金，因账单生成在第七天，是以结算前6天交易资金。

注意，在账单生成当日及周期内交易最后一日，请尽量避免操作超过当日交易额的退款，以便正常结算。

举例：

"T+1"的结算方式：

（1）1号的交易额为950元，则2号可结算出1号交易的950元；

（2）1号交易50元，2号交易595元，则3号结算（1+2号交易）：50+595=645元。

"T+7"的结算方式如图 7-15 所示。

交易日期	1号	2号	3号	4号	5号	6号	结算日期	结算额（元）		
交易额（元）	30	50	80	520	320	1000	8日（1-6日交易）	2000		
交易日期	1号	2号	3号	4号	5号	6号	7号	8号	结算日期	结算额（元）
交易额（元）	30	50	80	20	40	80	50	1550	10日（1-8日交易）	1900

图7-15　结算示例

在微信商户平台单击"账户中心"找到"结算管理"，单击"结算查询"，在"已结算查询"中，可以查询到已结算信息；同样可在"未结算查询"中查询到未结算信息。同时还可将交易账单下载，如图 7-16所示，单击"打包下载"即可。

图7-16　交易账单

2. 资金提现

需要将账户中的资金提现可结算银行卡，可通过在微信支付商户平台单击"账户中心"，找到"资金管理"，再单击"提现"，如图 7-17所示，验证登录密码后即可提交成功，到账时间与结算银行有关，一般为1~3个工作日。

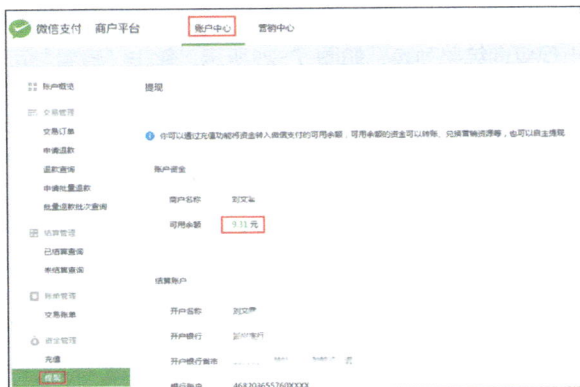

图7-17　提现

提现记录同样可在商户平台查询，在"资金管理"中单击"资金流水"，找到"账务类型"，再单击"可用余额提现"，设置需要查询的周期，单击"查询"，即可以查询到提现的记录，如图7-18所示。

如果需要提交"提现授权证明书"如图 7-19所示，可在腾讯客服搜索"提现授权证明书"，下载授权证明书。填写相关信息，除签名以外其他信息均不支持手写。如个体户无公章可法人签字及注册公司名称。

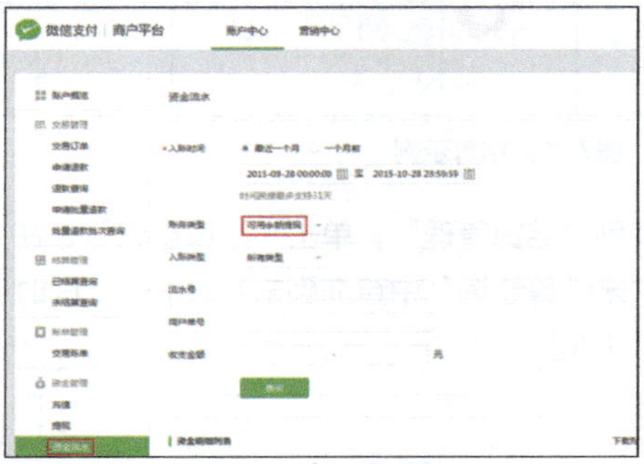

图7-18 提现记录

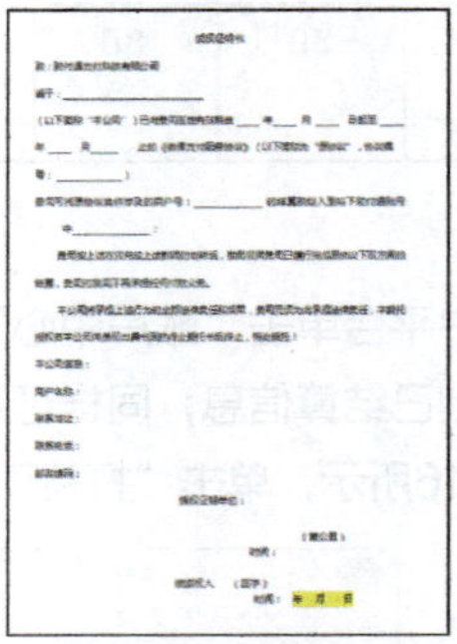

图7-19 授权证明书

7.2.3 操作一：交易订单管理

交易订单的状态有5种：一是待买家支付——买家还未完成支付；二是订单已关闭——订单已作废（买家还未完成支付）；三是买家已支付——买家已完成支付；四是交易结束——交易已完成；五是全额退款——已将订单的全额退还给用户。

查询订单交易状态可在微信支付商户平台的"账户中心"单击"交易订单"，然后选择要查询的交易时间、支付场景、交易状态、交易金额范围，单击"查询"开始查询，如图 7-20所示。

图7-20 查询订单

单击"查询"后出现查询结果列表，如图 7-21所示；单击"查看"可以查看此笔交易的详细信息，如图 7-22所示。

图7-21 查询结果

图7-22 详细信息

输入订单的微信支付订单号或者商户订单号，再单击"查询"，也可以查询到某笔订单，如图7-23所示。

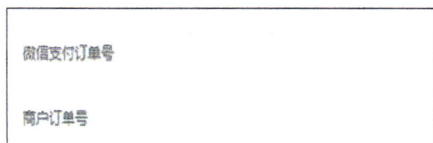

图7-23　订单号查询

7.2.4　操作二：退款信息处理

在交易中如需退款，必须由商家登录商户平台进行退款操作才可完成，买家不能直接退款。在微信支付商户平台可以通过查询交易订单发起退款申请，即在需要退款的订单右侧单击"退款"，或者按订单号申请退款，输入微信支付订单号或商户订单号任意一个，然后单击"申请退

款"，确认信息无误后，填写退款金额及原因后可单击"提交申请"，如图 7-24所示。退款进入"审核通过，待处理"状态后，如无异常，退款会于2~5个工作日内执行完成。商家退款完成后，原路退回到用户支付账户。退回"零钱"则可即时到账；退回银行卡（储蓄卡及信用卡）则需1~3个工作日。

图7-24　退款方式与信息

退款方式分为两种情况：一是未结算资金退款，即当未结算资金大于或等于退款资金时，可直接使用未结算资金退款；二是可用余额退款，这种方式适用于未结算资金不足以退款的情况，其退款状态为"交易资金不足"。在微信支付商户平台进入"账户中心"在"交易管理"中单击"退款查询"中，查找退款状

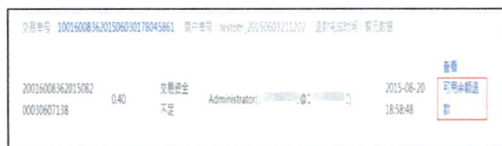

图7-25　单击"可用余额退款"

态为"交易资金不足"的退款单，单击筛选结果列表操作区的"可用余额退款"，进入可用余额退款流程，如图 7-25所示。

提交申请之后，需保证可用余额充足，系统会自动从可用余额中扣除退款金额；可用余额退款的流程发起后，系统若发现可用余额不满足退款，退款单状态会流转到"可用余额资金不足"。如需要充值，可单击可用余额右侧的"余额不够？充值"按钮进入充值；或直接单击商户平台的"账户中心"，在"资金管理"单击"充值"，根据指引充值即可。

当退款因为用户银行卡错误或状态不正常而导致无法退款时，其退款状态会变更为"退款异常"。先进入"账户中心"的"交易管理"中的"退款查询"，查找退款状态为"退款异常"的退款单；筛选结果出来之后，单击结果列表的操作区的"其他方式退款"，如图 7-26所示。

图7-26　其他方式退款

单击“其他方式退款”后，商户有两种选择：退到用户的其他银行卡；退款到商户的结算银行账户。

如果商户选1的话，只需要选择对应的银行（14家直联银行：招商银行、交通银行、农业银行、建设银行、工商银行、中国银行、平安银行、浦发银行、中信银行、光大银行、民生银行、兴业银行、广发银行、邮政储蓄银行），输入卡号和用户姓名，这里免去了商户输入省、市和支行信息。如图 7-27所示。

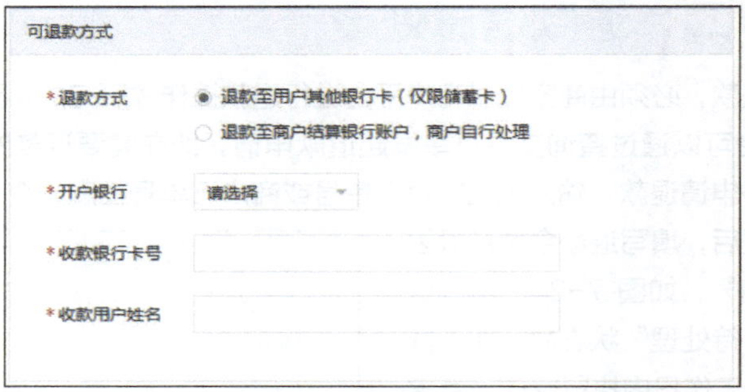

图7-27 填写银行信息

如果商户选2的话，系统会自动拉出商户的结算银行账户信息，商户确认后，退款资金将会退回商户的结算银行账户，商户可以自行线下退款。

批量退款为同时操作多笔订单的退款，通过上传txt文档的形式实现，一次最多支持3000条订单信息。登录商户平台，单击“账户中心”中的“交易管理”，再找到“申请批量退款”，选择批量退款文件，输入登录密码，再单击“确定”，如图 7-28所示。

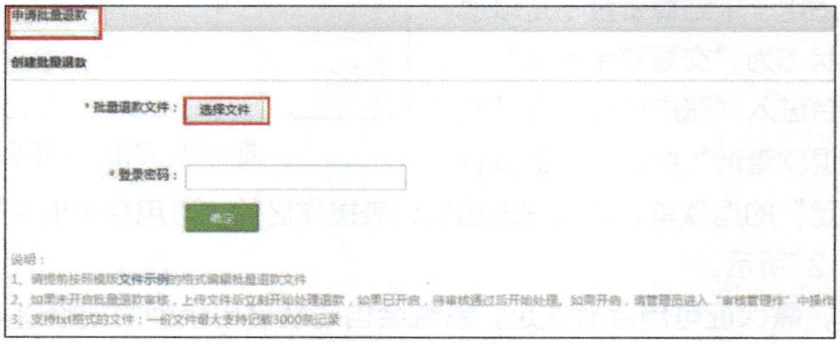

图7-28 申请批量退款

所上交的批量退款文件的要求为：仅支持通过商户订单号标示交易订单；退款说明必填；以空格为分割符，如图 7-29所示。

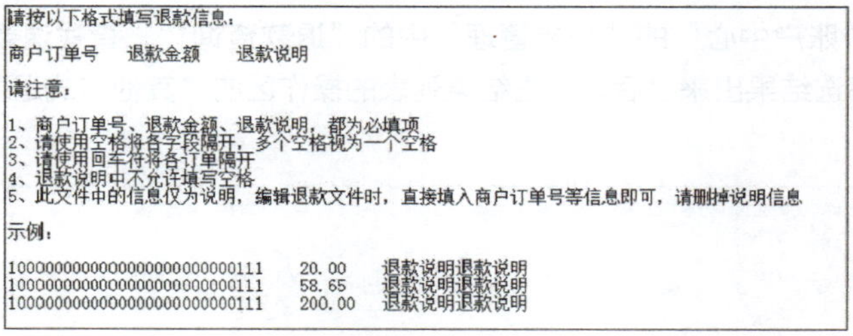
请按以下格式填写退款信息：

商户订单号　退款金额　退款说明

请注意：

1、商户订单号、退款金额、退款说明，都为必填项
2、请使用空格将各字段隔开，多个空格视为一个空格
3、请使用回车符将各订单隔开
4、退款说明中不允许填写空格
5、此文件中的信息仅为说明，编辑退款文件时，直接填入商户订单号等信息即可，请删掉说明信息

示例：

1000000000000000000000000111　20.00　退款说明退款说明
1000000000000000000000000111　58.65　退款说明退款说明
1000000000000000000000000111　200.00　退款说明退款说明

图7-29 文件示例

单击"确定"后，页面将跳转至"批量退款批次查询"，若商户已经开启"批量退款"审核，那么文件上传成功后，此批次会停留在"待审核"状态，商户在"审核管理"中将此批次审核通过后，才会进行下一步处理；若商户没有开启"批量退款"审核，那么文件上传成功后，会直接进行受理退款处理，后台开始解析文件中的退款信息，生成退款单。

如果有未成功退款的，可单击"批量退款批次查询"页面的"详情"，然后在批次信息详情界面单击下载"[未受理信息详情]批量退款测试数据-1.TXT"，可以显示所有不被受理的退款信息及退款不被受理原因，如图7-30所示。

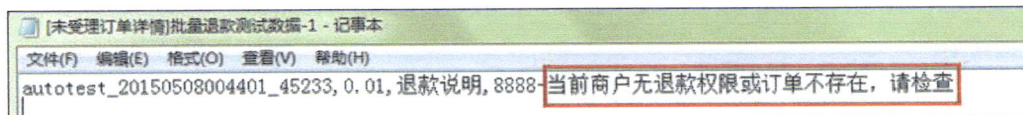

图7-30 退款原因

退款所交的手续费收费标准为：

（1）未结算资金退款，即退款通过轧差的方式从未结算交易款扣除后再计算商户应缴手续费，所以退款部分并不会收取手续费。

例如，1号交易资金是1000元，产生200元的退款，那么2号结算时只收取800元对应的费率，用于退款的200元部分此处不再计算费率。

（2）可用余额退款：退款总金额是指本次退款的退款金额。由两部分组成：可用余额扣减金额及手续费返还金额。

例如，交易金额为1000元，若商户的费率为3%，那么手续费为3元。退款时商户需要出资997元，微信支付返还3元。

7.3 开通微信推广

开通微信推广可单击微信公众平台的"推广"项中的"广告主"或"流量主"，在单击"开通"，按照步骤操作即可。

7.3.1 第一步：查看推广详情

流量主与广告主皆用于推广的功能，但两者之间也存在许多差异。"流量主"是公众账号运营者自愿将公众号内指定位置分享给广告主做广告展示，按月获得广告收入；"广告主"则是公众账号运营者通过广告主功能可向不同性别、年龄、地区的微信用户精准推广自己的服务，获得潜在用户。

微信公众号广告是基于微信公众平台的效果广告，微信覆盖超过6亿的活跃用户，每天公众平台图文消息阅览次数超过30亿次，公众号广告通过公众平台图文消息进行传播，依托微信专业的数据处理算法，不同的广告将根据多维度的定向设定，精准展示在目标用户阅读的图文消息文章内容底部或视频内容中。

广告主的主要功能有以下几个。

■ 报表统计

特点：实时精准、简单易懂。

功能：按时间查询统计数据，对比分析效果。

■ 广告主报表统计

特点：简单易用、精准投放。

功能：创建、修改广告，设置精准定向及出价。

■ 广告管理

特点：方便快捷、集中管理。

功能：查看、编辑、删除、新增广告推广页。

■ 财务管理

特点：核算准确、数据详细。

功能：按时间快速查询充值支出明细，发票申请管理。

微信广告可分为公众号广告与朋友圈广告，如图 7-31 所示。

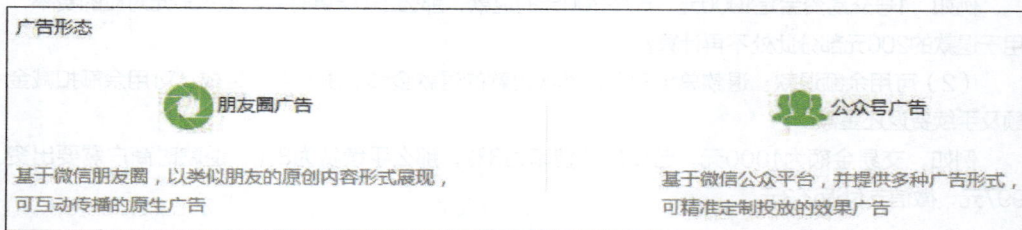

图7-31 广告形态

根据广告主不同的投放目的，微信广告提供丰富的广告形态。目前，公众号广告支持5种投放目的，分别是推广公众号、品牌活动、推广商品、推广移动应用、推广卡券，并提供6种不同的广告形态，如图 7-32所示。

图7-32 公众号广告形态

微信朋友圈广告是基于微信公众号生态体系，以类似朋友的原创内容形式，在用户朋友圈进行展示的原生广告。通过整合亿级优质用户流量，朋友圈广告为广告主提供了一个国内独一无二的互联网社交推广营销平台。朋友圈广告当前已开放26个一级行业类目，只需要符合朋友圈广告准入行业要求（具体可查看《微信广告开放政策》），即可投放朋友圈广告。

微信朋友圈广告可分为图文广告与视频广告，如图 7-33和图 7-34所示。

图7-33 图文广告

图7-34 视频广告

微信朋友圈广告与微信公众号广告的效果不尽相同，微信公众号广告的体验效果如图 7-35所示，在文章底部点击"关注"按钮，就会出现询问是否关注该公众号的对话框，点击"关注"之后才会出现公众号的关注界面。

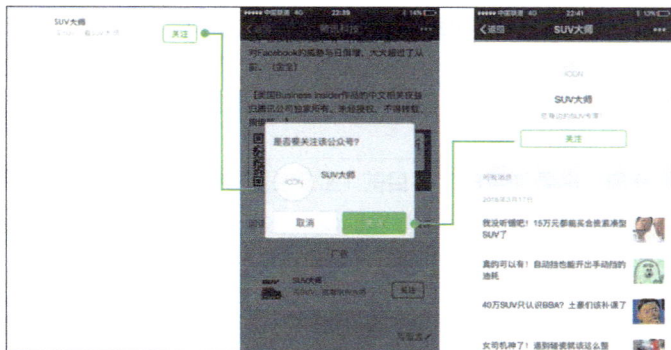

图7-35 公众号广告效果

微信公众号广告的体验效果如图 7-36所示，点击"了解详情"会直接进入公众号关注界面，然后再选择是否关注。

图7-36 朋友圈广告效果

7.3.2 第二步：投入广告经费

1. 充值经费

广告主功能开通后，在"广告主"页面的"财务管理"中的"财务数据"单击"充值"按钮，选择充值的方式，如图 7-37所示。

图7-37 单击"充值"

充值支持微信支付、在线充值与银行转账3种充值方式。其中微信支付，即通过扫描二维码支付，可实时到账；在线充值，即通过财付通在线充值，可实时到账；银行转账，即通过银行直接转账，预计3个工作日左右到账。充值金额最少为1000元，上限为999999元。若选择其他金额，必须输入1000~999999的整数。

如果选择在线充值，需要注意的是，目前企业网银仅支持浦发银行、中国工商银行、招商银行、中国建设银行、中国农业银行、中国光大银行。

2. 微信朋友圈广告收费

朋友圈广告支持排期购买和竞价购买两种购买方式，按曝光次数收费。两种购买方式所对应的曝光单价与服务标准如下。

■ 排期购买

通过排期购买的朋友圈广告曝光单价由广告投放地域决定，单次投放最低预算为5万元。排期购买的特点是提前锁定曝光量，同时提前冻结账户里所预定排期的账户金额，是一种保价、保量的合约购买方式。

投放地域目前主要分成3档：核心城市、重点城市和普通城市，各档所包含的具体城市及对应的曝光单价如下所示。

（1）核心城市：每千次曝光收费图文广告为150元，视频广告为180元。核心城市即北京和上海。

例如，某广告主定向北京地区投放朋友圈图文广告，预算30万元，则该广告主的广告至少可获得200万次曝光。

（2）重点城市：每千次曝光收费图文广告为100元，视频广告为120元。包含广州、成都、深圳、杭州、武汉、苏州、重庆、南京、天津、西安、沈阳、长沙、青岛、宁波、郑州、大连、厦门、济南、哈尔滨、福州等20个高活跃城市。

例如，某广告主定向广州、深圳两个地区投放朋友圈图文广告，预算30万元，则该广告主的广告至少在两个地区总共可获得300万次曝光。

（3）普通城市：每千次曝光收费图文广告为50元，视频广告为60元。包含除以上22个城市之外的其他城市。

例如：某广告主定向东莞、漳州两个地区投放朋友圈图文广告，预算30万元，则该广告主的广告至少在两个地区总共可获得600万次曝光。

基于不同的预算，官方将提供不同标准的服务支持，如下所示。

（1）普通客户：单次投放预算小于100万；广告支持配置1张外层图片；详情页支持使用公众号图文消息或者固定模板样式H5页面；"查看详情"文字链支持更多选择，如查看详情、下载应用、了解公众号或者预约活动。

（2）高级客户：单次投放预算100万至500万；广告支持配置1张、3张或者4张外层图片；支持投放视频广告；详情页支持使用公众号图文消息、固定模板样式H5页面或者自定义H5页面（自定义H5页面最多支持2页内容）；"查看详情"文字链支持更多选择：查看详情、下载应用、了解公众号或者预约活动等。

（3）VIP客户：单次投放预算超过500万；广告支持配置1张、3张、4张或者6张外层图片；支持投放视频广告；详情页支持使用公众号图文消息、固定模板样式H5页面或者自定义H5页面（自定义H5页面最多支持6页内容）；"查看详情"文字链支持更多选择，如查看详情、下载应用、了解公众号或者预约活动等。

■ 竞价购买

竞价购买方式适合需要灵活设置投放时间，并预留空间不断优化广告投放内容的广告主。确定投放人群及日预算后，支持自由设置出价，通过实时竞价的方式与其他广告主竞争广告曝光。

核心城市及重点城市：暂不支持竞价购买，核心城市及重点城市名单如上所述。

普通城市：最低出价为30元/千次曝光，普通城市名单如上所述。

竞价购买目前所支持的服务标准如下：

广告支持配置1张外层图片；详情页支持使用公众号图文消息或者固定模板样式H5页面；"查看详情"文字链支持更多选择：查看详情、下载应用、了解公众号或者预约活动等。

3. 公众号广告收费

当微信用户点击广告时，广告主才需要支付费用，广告展现完全免费。费用从广告主账户余额中扣除。最低广告单次点击出价为0.5元，广告实际扣费一般小于广告单次点击出价，提高广告质量可有效降低实际扣费。

"投放设置"中的最后一项，就是输入投放广告费用，如图7-38所示。

广告出价	1	元 / 次
	有效范围为0.50-20.00元。实际扣费通常比你的出价低。	
广告限额	1000	元 / 天
	有效范围为50.00-4,000,000.00元	

图7-38　投入广告费用

广告点击扣费时，会综合考虑广告系统内部排序中后一位广告的出价和质量。广告的实际扣费会综合广告质量得分、后一位的出价和质量计算得出。因此，无须担心因出价过高而频繁调整出价，因为广告的实际扣费通常会低于出价。

大致的计费公式为：每次点击费用=[（下一名的出价×下一名的质量度）/本条广告质量度]+0.01元

任何广告都有生命周期，一般维持在3~5天，之后其效果会随时间下滑，所以建议每三天优化一次。

7.3.3　第三步：选择经营行业

因为微信官方要求申请开通时所选行业必须与后面投放的广告内容一致，否则广告无法通过审核。所以在申请开通广告主时，需要仔细选择主营行业，如图 7-39所示，且只能选择一个行业类型，提交后无法修改。选择之后，会根据所选的行业类型来投放广告。

图7-39 选择经营行业

公众号及朋友圈共同开放26个行业，一级及二级类目如下。

（1）房地产类：房地产、房产中介、房产平台类企业主体。如保利地产、远洋地产、雅居乐地产等品牌。

（2）服饰鞋包类：男装、女装、服饰配件、家居服饰、鞋包类企业主体（朋友圈支持品牌客户准入）。如红豆服装、海澜之家等品牌。

（3）护肤彩妆化妆类：护肤彩妆、美容工具类企业主体（朋友圈支持品牌客户准入）。如欧莱雅、雅诗兰黛等品牌。

（4）家具家装类：家装建材、住宅家具、家居饰品、家纺、装修设计类企业主体。如红星美凯龙、齐家网、喜盈门等品牌。

（5）交通运输类：航空运输、铁路运输、公路运输、水路运输类企业主体。如春秋航空、南方航空等品牌。

（6）教育培训类：公众号支持的是基础教育、语言培训、学历培训、留学出国、职业教育类企业主体。朋友圈支持的是基础教育、语言培训、学历培训、留学出国类企业主体。如华尔街英语、新东方等品牌。

（7）金融类：银行、信用卡、记账工具、信托、股票、基金、证券、保险类企业主体。如浦发银行、中国民生银行、中国银联、中国平安等品牌。

（8）旅游类：公众号支持的是酒店、商务代订、旅游景点、旅行社、旅游OTA平台、旅游局类企业主体。朋友圈支持的是酒店、旅游景点、旅行社、旅游OTA平台、旅游局类企业主体。如Airbnb、途牛、携程等品牌。

（9）母婴儿童类：亲子社区、童装童鞋、母婴用品、宝宝食品、儿童玩具、孕期护理、母婴综合电商类企业主体。如惠氏、妈咪宝贝、贝贝、蜜芽宝贝等品牌。

（10）汽车类：汽车品牌、其他非机动车、汽车用品、汽车服务、二手车经营、出行服务类企业主体。如宝马中国、宾利汽车中国、汽车之家、途虎养车网等品牌。

（11）日用百货类：家居日用、洗护用具、日用百货类企业主体（女性用品、计生用品暂缓准入）。如海飞丝、奥妙、吉列等品牌。

（12）软件应用类：办公软件、系统软件、WiFi、天气日历类软件应用。

（13）商务服务类：IT服务、布展会展、招聘猎头类企业主体。如深港双城双年展、哈尔滨车展等品牌。

（14）生活服务类：生活周边、票务预订、宠物服务、美容美发、运动健身、家政服务、百货商店、物业服务、物流服务类企业主体。如必胜客、王府井、全家等品牌。

（15）食品类：休闲食品、粮油米面调味品、冲调饮品、生鲜、酒水类企业主体。如可口可乐、泸州老窖、伊利、益达等品牌。

（16）数码家电类：电脑、手机、摄影摄像、数码配件、办公设备、办公耗材、电子教育、智能设备、大家电类企业主体（朋友圈支持品牌客户准入）。如戴尔、vivo、三星、佳能等品牌。

（17）网站门户类：新闻门户、资讯社区类网站。如腾讯新闻、豆瓣等品牌。

（18）文化娱乐类：书刊音像、在线试听、影视节目、电视台、配音、动漫、音乐类企业主体。如腾讯影业、微票儿、江苏卫视、芒果TV等品牌。

（19）游戏类：角色扮演、策略、体育、棋牌、音乐、模拟经营、休闲、益智、养成、格斗、冒险、卡牌、竞速类游戏。如天天酷跑、苍穹变、王者荣耀等游戏。

（20）运动户外用品类：运动服饰鞋包、户外装备、健身训练、体育用品类企业主体（朋友圈支持品牌客户准入）。如nike、adidas、new balance、特步等品牌。

（21）政府机关类：政府机关、协会团体、公益等主体。如地方性共青团、地方性旅游局等品牌。

（22）自媒体类：公众号支持的是科教文化、社会、财经、时尚美容、亲子育儿、美食、汽车房产、生活、运动体育、旅游等自媒体。朋友圈支持的是科教文化、社会、时尚美容、亲子育儿、美食、汽车房产、生活、运动体育、旅游等自媒体。如一条、美食台、有车以后等自媒体。

（23）综合电商类：自营电商及第三方电商平台。如京东、唯品会、寺库等品牌。

（24）虚拟类：通信、宽带、邮箱等增值电信运营商，虚拟类服务。如电信、长城宽带、QQ邮箱。

（25）钟表首饰：钟表、珠宝首饰类企业主体。如周生生、蒂芙尼（Tiffany & Co.）等品牌。

（26）婚恋交友：婚庆服务（含婚纱摄影）、在线婚恋平台等主体。如百合网、世纪佳缘等品牌。

公众号增设开放4个行业，朋友圈暂缓开放，一级二级类目如下。

（1）安全安保：防盗报警、保安安保、警用装备、门禁考勤、交通消防等经营主体。如保险柜等。

（2）法律服务：司法鉴定、公证、律师事务所等主体。

（3）工农业：能源材料、工业工程、农林牧渔等经营主体。

（4）节能环保：污染处理、废旧回收、节能设备、环境评测、环保设备等大型商用类设备的环保主体。

7.3.4　第四步：设置投放范围

微信公众号广告支持按照年龄、性别、地域、手机系统、手机联网环境、兴趣标签等属性进行定向。只有设置好投放的范围才能更加精准地将广告推送给潜在用户。在投放人群的基本信息的选择中，可以选择投放对象的性别、年龄、地域、兴趣、学历、婚姻状态，如图 7-40所示。

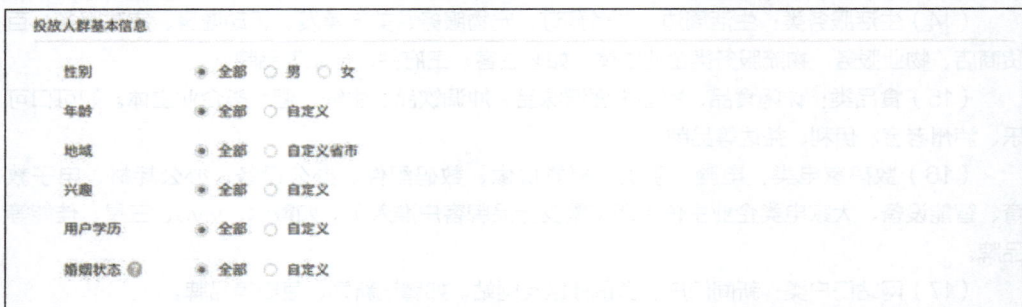

图7-40 投放人群基本信息

■ 年龄、性别

支持自由选择定向给5~60岁中任意年龄段的用户，支持按性别定向。

例如，选择定向给25~40岁的男性用户，则只有在此年龄段的男性用户才能收到广告。

■ 地域

支持自由选择地级市以上城市用户进行定向（数据来源于用户近一个月的常用地点信息），支持按省投放、按城市投放。基于可选的地级市，可以细化到定向给某个行政区的用户。

例如，选择定向给深圳市、东莞市和佛山市3个城市的用户，则只有近一个月常驻在3个城市的用户才有可能收到广告。

■ 兴趣标签

通过整合各腾讯产品用户行为路径的大数据，腾讯为每个用户进行了分析定义，并加上对应的标签。当前提供教育、旅游、金融、汽车、房产、家居、服饰鞋帽箱包、餐饮美食、生活服务、商务服务、美容、互联网/电子产品、体育运动、医疗健康、孕产育儿、游戏、政法共17个一级兴趣标签，183个二级标签。选择兴趣标签有利于精准地找到目标用户，提高广告效果；标签选择得越多，覆盖的用户越广。

例如，地产类广告主，选择"房产""家居"等标签作为定向条件，能精准触到具有购房意向的目标用户。

除投放人群基本信息可以自定义之外，投放对象所使用的手机系统、联网方式、运营商等皆可以自定义，如图 7-41所示。

图7-41 投放人群设备信息

手机系统包含iOS和Android，联网环境包含WiFi、4G、3G、2G，支持自由组合选择，也可以选择不限即"全部"。

但是如果设置好了相关信息，那么只有所设置的人群才能接收到投放的广告。例如，选择定向给使用IOS手机系统在4G环境下的用户，则只有当前在4G环境下的IOS用户才能收到广告。

除了投放人群与设备的设置，对于拖放时间的把握，也是广告成功的重要因素。在新建广告中就需要选择投放时间，如图 7-42所示。有人曾做过实验，同样一条广告，在不同的时段投放，所收到的广告效益不一样。下午投放的广告在阅读量、关注量、下载量都高于上午时段投放的广告，所以对于实验者来说，明显在下午时段投放广告更好。当然，不同的客户群有不同的阅读习惯，因此最佳投放时间也要具体情况具体分析。

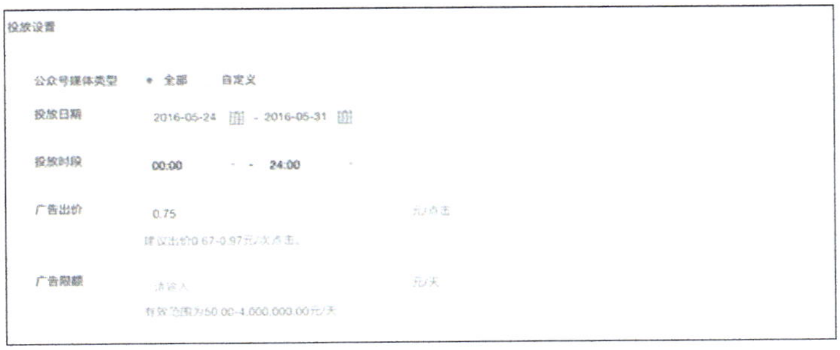

图7-42 投放设置

7.4 操作商户平台

在获得商户平台账号之后，就可以使用账号密码登录微信支付商户平台。进入微信公众平台，在"微信支付"中单击蓝字"登录微信支付商户平台"，然后在跳出的登录平台界面，如图 7-43所示，输入账号、密码与验证码，单击"登录"。

图7-43 登录商户平台

7.4.1 操作一：修改审核账户

    微信支付商户平台针对部分敏感业务，提供审核流程的管理能力。商家可以通过启用流程，对退款、企业红包等敏感操作进行管控。启用了审核流程的业务，相关操作员提交申请后，需经过审核人员审核，当全部审核流程通过后系统才自动执行操作。

    目前在商户平台系统管理员可针对自己实际需求配置退款、批量退款、现金红包、充值退款以及营销功能批次信息修改审核权限，如图7-44所示。

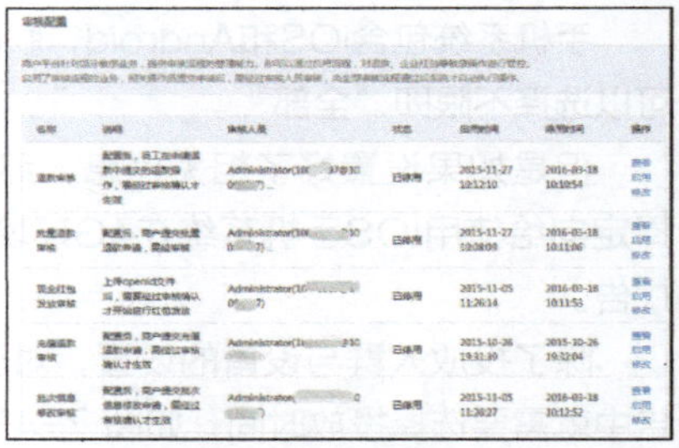

图7-44 审核配置

    审核的配置方法是先选择审核功能点，接着选择审核人员，确认无误即可单击"确定"。设置好的审核必须通过之后才能进行下一个流程，可以同时配置多个审核人员，只有当名单中的人员都审核通过，才算审核通过。

    审核申请提交后，具有审核权限的账号登录商户平台，单击审核管理的待审核任务，会出现审核查询项，如图7-45所示，将审核的申请时间、审核流程、账号、商户号、审核单号、业务单号等填写好，单击"查询"可查询到具体的审核单号。审核人员可以选择单个或批量的审核单号单击右侧的"通过"或"驳回"。审核信息提交后在审核步骤全部通过前可以驳回，若所有审核步骤全部完成则无法撤销。

图7-45 审核信息填写

如果审核被驳回，可能是填写的信息或账号有误，具体可在腾讯客服中搜索"审核不通过原因排查"查看可能出现的问题，并及时修改。如果已经不能在页面上做修改，可进入自助服务专区找到"财务审核不通过问题"界面，如图 7-46 所示，然后在其中输入并上传相关的正确资料，最后单击"提交"，然后等待审核反馈即可。

其中APPID是应用ID，可在微信公众平台的"基本配置"中找到；如账户类型是"对公账户"，无须提供"正确的法人身份证正反面"，上传营业执照代替；如账户类型是"个人账户"，无须提供"银行近期收支明细截图"，上传营业执照代替。

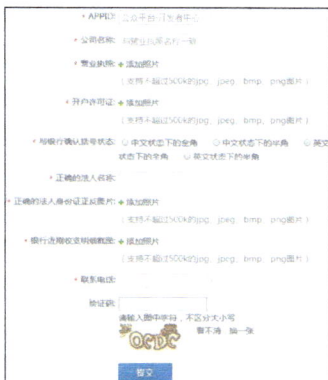

图7-46 "财务审核不通过问题"界面

7.4.2 操作二：账户结算管理

商户结算的金额就是银行账户实际到账金额，也就是说真正到商家账户上的金额应为交易支付净额减去手续费所得到的数目。而交易支付净额=支付总金额-退款总金额，结算手续费=交易支付净额×费率。如图 7-47所示。

图7-47 划账金额算法

账户结算的条件是：接入流程已经完成，即审核通过，银行验证通过，已签约；划账金额达到统一的结算起点500元，未结算金额超过500元后进行结算。

结算的周期与费率计算方法，已经在本章的第二节"使用微信支付"中做了说明，在此不再赘述。在这里主要了解"对账管理"。

在微信支付的各种数据中很可能会出现一些失误，因此要定时核对结算与定账单来避免损失。如何找到结算列表与对账单呢？在商户平台，单击"账户中心"的"已结算查询"，就能查询到已经结算的日期和数额；在商户平台，单击"账户中心"的"交易账单"，即可下载已结算查询中对应交易日期的对账单来进行核对。如果对账单下载失败，可清除缓存后下载，或更换浏览器再下载，也可更换时间段再试。

如果结算金额的银行账户发生改变，可在商户平台单击"账户中心"，在"账户设置"的"账户信息"中找到"结算信息"，然后单击右上角的蓝字"修改"，如图 7-48所示。

图7-48 单击"修改"

然后在"修改结算账户信息"界面中填写新的银行账户信息，信息确认无误后单击"打款验证"，如图 7-49所示。

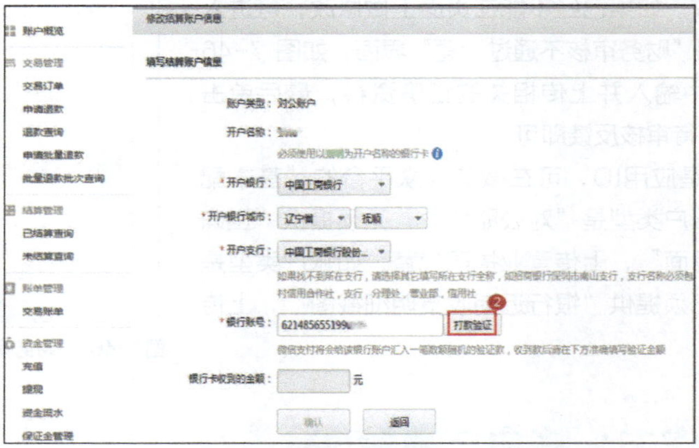

图7-49 单击"打款验证"

之后会跳出验证身份的对话框，在对话框中填写商户平台绑定的手机验证码及商户平台登录密码，然后单击"提交"，如图 7-50所示。

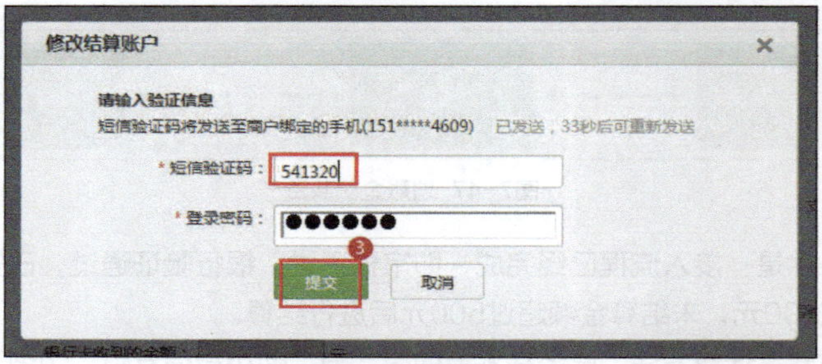

图7-50 单击"提交"

提交成功之后，等候银行打款，打款时间一般为1~3个工作日之间，打款后会开启验证的入口，填写收到的打款金额即可修改成功，共有3次填写机会；已提交修改需求，未打款前是无法修改银行信息的。

如果在页面不能单击"修改"，可在自助服务专区中找到"签约前修改结算信息入口申请（自助提单）"，然后在界面输入相关信息，如图 7-51所示，最后单击"提交"。

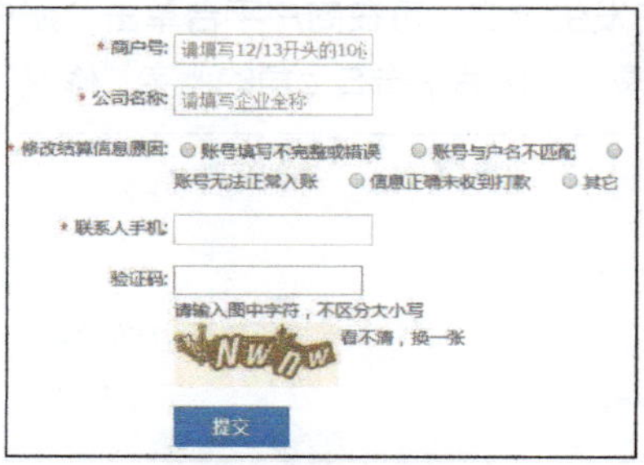

图7-51 填写信息

7.4.3 操作三：商家资金管理

资金管理共包括4项内容：充值、提现、资金流水、保证金管理。在资金管理中可以充值、提现、转移等操作，加以管理商户账号的资金。

▇ 充值

充值的资金将转入账户的可用余额，可用余额的资金可以转账、兑换营销资源、自助提现等，提前充值一笔资金到微信支付商户平台，用户就可以使用微信支付提供的多元化营销工具，如现金红包、代金券等；同时也可以使用企业付款功能，实现企业对个人的付款。

在商户平台账户中心界面的资金管理中单击"充值"，然后在重接界面输入充值金额与备注，充值金额的额度为0.01元至2000万元，支持输入小数点后两位数字。

输入金额后，单击"充值"按钮，如果已经拥有财付通账户，可登录账户充值。登录财付通账户后，可以使用余额、快捷支付，或者进入网上银行（银行卡支付）进行充值；不登录财付通账户时，可以直接进入网上银行完成充值。

▇ 提现

现金账户中的资金需要提现到结算银行卡，可单击"资金管理"中的"提现"，可以看到目前的可用余额，这笔金额是可以提现的。输入提现金额数目，单击"提现"，然后输入登录密码进行验证，验证之后即可提交成功，到账时间与结算银行有关，一般为1~3个工作日。

▇ 资金流水

资金流水是通过微信支付商户账户的出账、入账的流水账，在"资金流水"中可以查询到资金明细，可通过账务类型、入账类型进行筛选，并且可以下载资金明细表。单击"资金流水"，会出现资金流水查询项，如图 7-52所示，然后其中选择入账时间、账户类型、入账类型等，然后单击"查询"即可查到相关的资金明细。

图7-52 搜索资金流水账

▇ 保证金管理

为了给更多的用户提供微信支付电商平台，目前开通微信支付无须缴纳保证金，也无开通费用。保证金管理金提现功能已上线，具有退保资格的商户可在商户平台看到提现入口，如图7-53所示。在保证金管理界面中单击"提现"，然后在弹出的对话框中查看保证金额度、账户余额、可提现余额、提现中的余额，然后单击"提现"。

图7-53 保证金管理，单击"提现"

提现金额会转入结算账户，然后在图 7-54 的对话框中输入金额和登录密码后，再单击"提现"。出现提现成功的提醒后，可在页面单击"查看提出记录"查询相关提现信息。

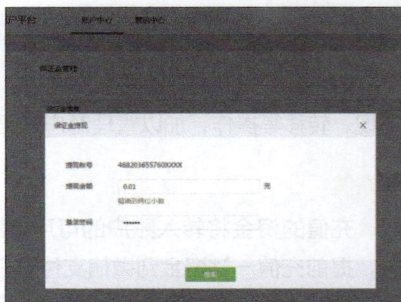

图7-54 输入提现金额、登录密码

7.4.4 操作四：设置优惠活动

在微信支付商户平台中可以设置许多优惠活动，如创建代金券、发送红包、创建折扣与立减等。这些都在商户平台的"营销中心"界面进行。单击"营销中心"，然后在界面左侧单击相关功能。

■ 代金券

代金券是微信支付为商户提供的营销工具，商户可在微信支付商户平台内免费使用。代金券的订单金额需要商户提前充值到商户余额中，并作为商品交易款给卖家。使用代金券或立减优惠，用户可以少支付金额，但并不影响卖家实收，如图 7-55 所示。

创建代金券的步骤为：单击"营销中心"界面左侧的"代金券"中的"创建"，然后在创建界面中填写活动名称、代金券面额、使用说明，选择使用门槛、发送时间，如图 7-56 所示，然后单击"下一步"。

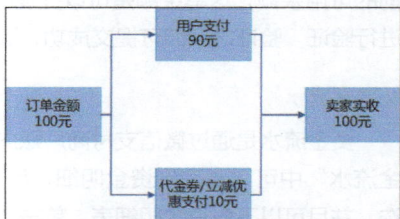

图7-55 代金券的使用

如果设置了使用门槛，则订单定额≥门槛金额，代金券才可使用，并且一次使用完毕；如果没有使用门槛，则任意金额订单均可使用此代金券，该代金券也可分多次使用完毕。多个代金券或立减优惠叠加时，均以订单金额（优惠前金额）与使用门槛相比较，但无论有哪些优惠，用户最少需支付1分钱。

单击"下一步"之后，进入"使用方式"阶段，可以设置用户领用的数量限制和发送的上限，这里还可以增加选填项目，如图 7-57所示。

图7-56 基本信息填写，单击"下一步"

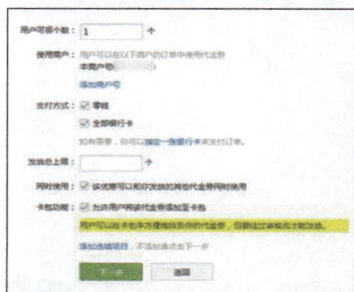

图7-57 填写使用规则，单击"下一步"

设置好使用规则之后，单击"下一步"，确认无误即可选择"确认创建"，创建成功的代金券需要激活才会生效，可在创建成功界面单击"立即激活"，如图 7-58所示。

如果买家使用代金券，最后产生了退款，会仅退买家支付的部分，商家优惠部分已被正常结算。例如，10元的商品=5元现金券+5元用户现金，支付成功之后，商家入账10元；发生退款时：10元的商品=商家支付的5元现金券+用户支出5元，这10元资金先到商家结算的资金里，退款时用户支付的5元退给用户，优惠的5元已经进入结算资金，无须退回。

图7-58 激活代金券

当此优惠尚未使用，如过期，会将资金退至商户现金账户;如优惠券未过期，则退券给用户，可再次使用。

■ 立减优惠与折扣

立减优惠是当买家对某些商品达到消费准线时，可以获得减额优惠。立减优惠无须领取，满额即减；只限在指定商户内使用微信支付优惠；可指定消耗时用零钱或指定类型银行卡；可配置商户内指定商品才能用。用户在支付时可以直接使用此优惠，如图 7-59所示。

单击"创建立减"，然后在界面填入活动名称、折扣比例、折扣门槛金额、单笔优惠上线以及有效期，再单击"下一步"，如图 7-60所示。

图7-59 立减优惠

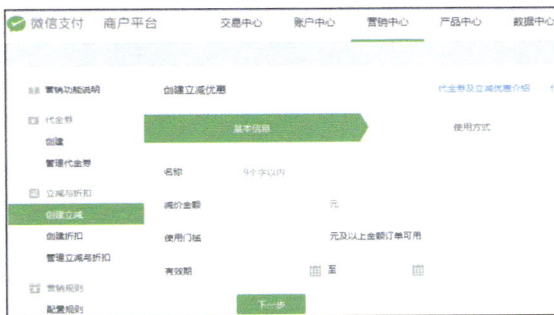

图7-60 填写"创建立减"信息

再填写折扣的使用信息，设置所支持的支付方式、单人使用次数、优惠总上线等，如图 7-61所示，然后单击"下一步"。单击"下一步"之后，在新的界面单击"确认创建"，即可完成。

图7-61 使用方式信息填写

■ 现金红包

微信红包，2014年春节一经推出即受到广大用户好评，引发全民抢红包热潮。现将微信红包打造成"现金红包"，成为一款定向资金发放的营销工具，供商户使用。只要开通了微信支付（开通方法），并使用新支付接口开发（公众号支付、刷卡支付），都可以使用现金红包，无须申请。商户给用户发红包，微信支付按照商户指定红包金额扣除完全对等的充值资金，资金最终进入用户零钱。

商户发放现金红包有以下3种发放方式。

（1）接口发放。商户根据文档"商户平台现金红包API文档V2"进行开发，一次调用可以给一个指定用户发送一个指定金额的红包，满足多元化的运营需求。

（2）通过上传OPENID文件发放。收集要发送红包对象的OPENID，将OPENID编辑成TXT文件，登录微信支付商户平台，使用上传文件功能发放。一份文件对应一个红包模板，便于管理。

（3）配置营销规则"满额送"发放。商户可以在商户平台配置自助规则：用户使用微信支付发生交易满足一定条件，立送现金红包。

使用接口发放红包，需要先下载证书并设置密钥。单击商户平台中账户中心的"账户设置"中的"API安全"，然后单击"下载证书"，验证调用接口的商户号，如图 7-62所示。安装API证书后，单击"设置密钥"，然后按照步骤设置好密钥。

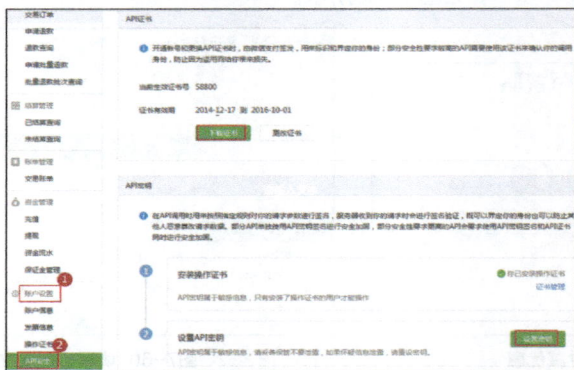

图7-62 下载证书并设置密钥

发放现金红包将扣除商户的可用余额，请注意，可用余额并不是微信支付交易额，需要预先充值，确保可用余额充足。回到"营销中心"单击"创建红包"，然后在界面中选择红包类型，并输入红包的最小金额与最大金额，再单击"下一步"。然后接着设置红包的名称、商户名称、备注、祝福语、红包图案、红包文案、链接等，最后单击"创建完成"即可。

第 **8** 章

实战公众号电商
（以有赞为例）

由于微信公众平台在某些方面存在许多可以补充的地方，因此随着微信公众号的大热，出现了越来越多的第三方平台。他们为用户提供便捷的操作和丰厚的机会，希望在移动互联网的浪潮中抢占先机，这些主流的平台包括京东的拍拍小店、口袋购物的微店以及口袋通的有赞微小店等。

8.1 有赞商城的使用

使用有赞商城首先要找到有赞商城的官网，在浏览器中输入"有赞商城"，然后在搜索结果中找到有赞的官方网站，如图 8-1所示，或者在浏览器的网址栏中输入有赞商城的网址，直接访问该网站。

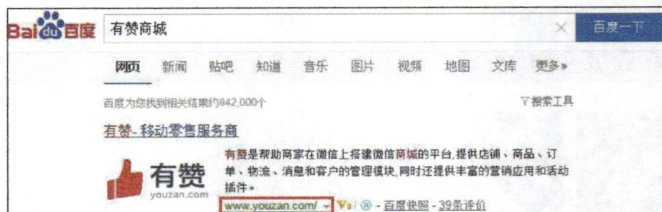

图8-1 搜索"有赞商城"

登录有赞商城的网站之后，单击网页右上方的"注册开店"，然后在跳出的注册界面，如图 8-2所示，填写手机号码、验证码、个人昵称、密码等，之后单击"确认注册"。注册成功之后，可回到有赞商城界面单击右上方的"商家登录"，然后输入账号密码登录有赞商城。

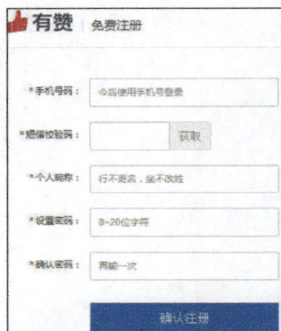

图8-2 注册账号

8.1.1 对接微信公众号

注册账号并登录有赞商城之后，会跳转到"创建店铺"界面，输入店铺名称、选择行业类型与所在位置，然后勾选"我已阅读并同意有赞商家版代理销售服务和结算协议和担保交易服务协议"，最后单击"创建店铺"。

进入下一步之后，单击选择界面出现的店铺模板，然后单击"确定"即可。如图 8-3所示，左侧会出现创建成功的提示，然后单击右侧绿色的"我有微信公众号，立即设置"按钮。

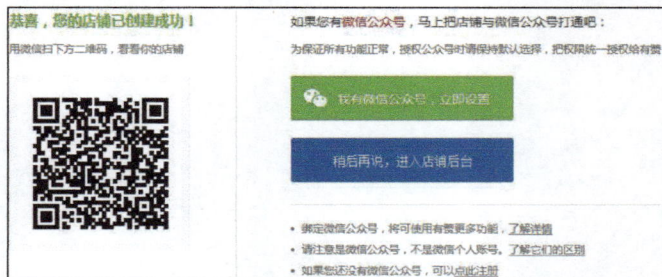

图8-3 创建成功

单击绿色按钮之后，页面会跳转到二维码扫描界面，如图 8-4所示，需要使用具有公众号管理员资格的手机微信扫描二维码。

微信扫描二维码成功后，手机上会出现授权确认界面，如图 8-5所示，在手机页面上单击"授权"按钮，就能对指定公众号进行授权。为保证有赞的正常使用，授权时可保持默认选择，把权限统一授权给有赞。

图8-4 扫描二维码

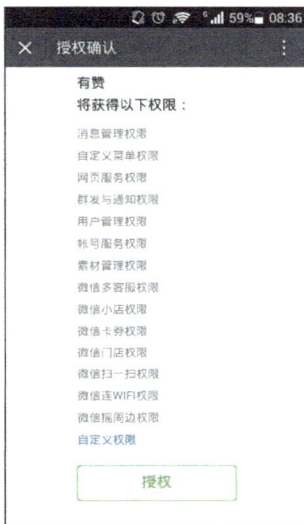

图8-5 单击"授权"

手机端授权成功之后，电脑上的页面状态也随之改变，如图 8-6所示，会显示"授权成功"的界面，该界面会在5秒之后自动关闭，然后跳转到有赞界面。微信公众号绑定店铺后，可自由解除绑定，但解绑前需完结所有订单。

图8-6 授权成功

如果单击了蓝色的"稍后再说，进入店铺后台"按钮，略过了打通微信公众号的步骤，可在店铺后台单击左侧的"营销"键，然后单击页面的营销渠道中的第一项"微信公众号"，如图 8-7所示，同样扫描页面上的二维码，然后在手机页面上单击"授权"按钮。

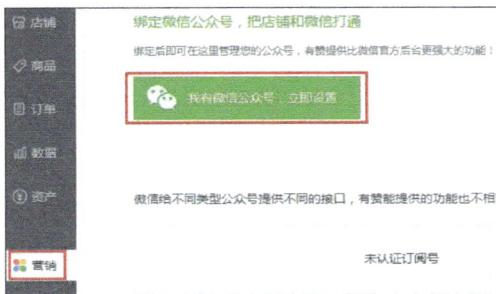

图8-7 单击"微信公众号"

如已绑定过微信，要更换绑定的微信公众号或重新获得授权，可单击"营销"界面上的公众号设置中的公众微信号旁边的"绑定到其他微信号"或下面的"重新授权"，如图 8-8所示。

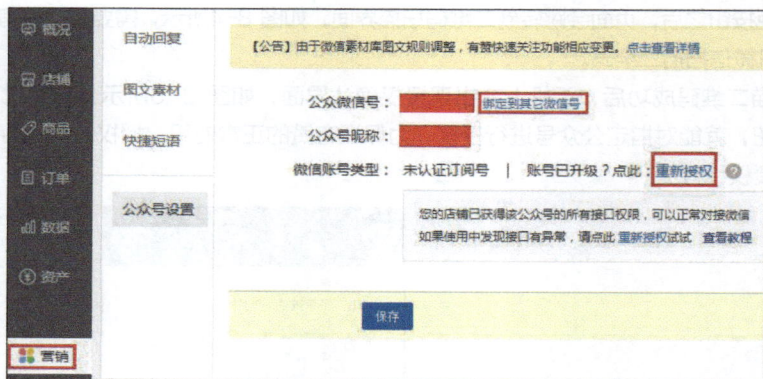

图8-8 重新绑定微信公众号

之后取得授权或重新授权的步骤与之前相同，扫描页面上的二维码，然后在手机上单击"授权"即可。

8.1.2 微页面应用设置

有赞微页面是可以自定义编辑的页面，商家既可以把它当作普通的页面来使用，也可将任一微页面设为店铺主页。店铺主页是店铺的门面，好的店铺主页可以吸引粉丝浏览的兴趣，让粉丝快速地找到自己想要买的商品，给粉丝带来良好的购物体验，最终实现较高的转化率。

设置微页面可在店铺后台依次单击"店铺""微页面"，"微页面"界面如图 8-9所示，在其中可以看到当前的微页面设置，也可重新编辑设置微页面。

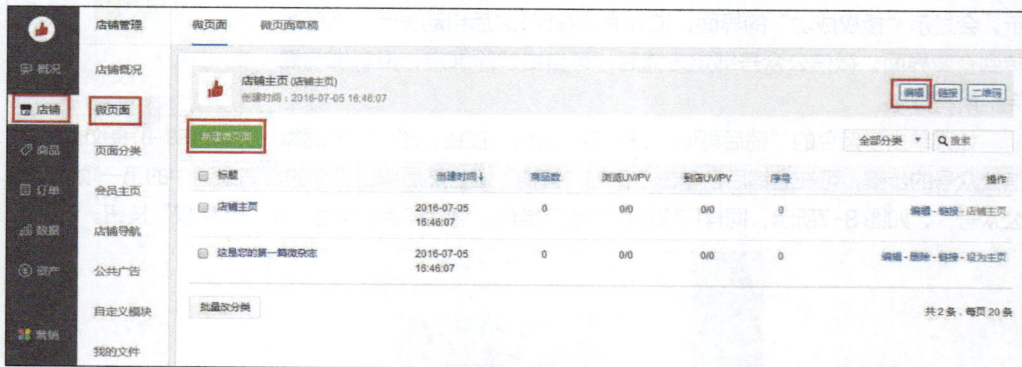

图8-9 微页面

在有赞小店创建之始，需要将店铺页面设置得比较整齐规范，以吸引客流，同时可提升客户对小店的信赖。单击绿色按钮"新建微页面"，就会出现"选择页面模板"的对话框，如图 8-10所示。将光标放在模板上，就会出现绿色按钮"使用模板"，单击该按钮就能使用这个模板。

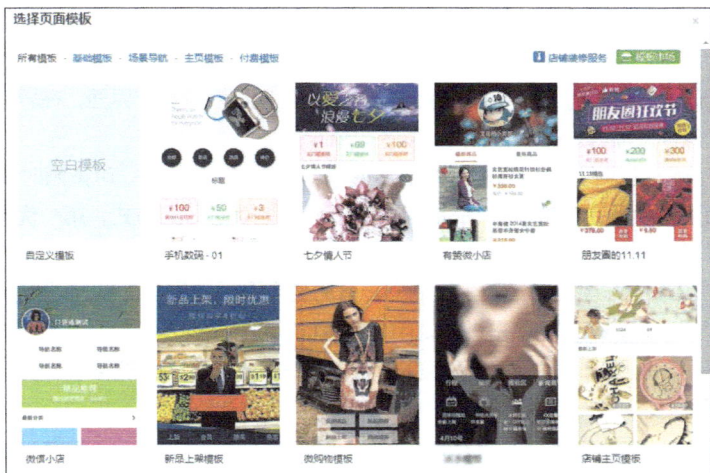

图8-10 选择页面模板

　　微页面目前有3种模板类型：基础模板、场景导航、主页模板。基础模板是完全空白的模板，完全自定义，还可添加新品推荐、新鲜资讯等板块，适合有店铺主页自由搭建基础功底的商家使用；场景导航是用精美图片和音乐来介绍商家的品牌和商品，适合所有商户使用；主页模板是已经搭建了简单的框架，店家只需根据自己的需求，更换海报展示以及商品即可，操作简单，适合所有商户使用。

　　以使用"店铺主页模板"为例，单击"使用模板"，然后页面会跳转到"微页面/新建微页面"，在页面上可以看到店铺主页分为页面标题、店铺介绍、栏目标题、商品展示与自定义组件5个板块。

　　首先，设置微页面的页面标题。微页面标题是页面最上端的黑色部分，如图 8-11所示。用红框标出的部分即标题区域，用鼠标单击该区域，就会出现具体设置内容，即图中右部的一些选项。图中带有红色梅花符号标记的是必填项，如"页面名称"，页面名称是买家看到微页面时获取的第一个信息，可以将它设置为店铺名称，设置好的页面名称会代替"微页面标题"出现在页面上方。

　　页面描述是对该页面的主要商品或活动做一个概述，设置好之后，当用户通过微信将页面分享出去时，会在分享链接显示出页面描述，所以应该写得更加简洁、直观，使人产生点开链接的欲望。

图8-11 微页面标题设置

微页面分类是为了将所有的微页面进行分组，同一类型的微页面设置到一个组内，方便管理；将同一个分类应用到页面上，用户也可以轻松方便地阅读相关的信息。如果还没有创建分类，可单击右侧的"+新建"，页面就会跳转到"微页面分类/新建微页面分类"界面，在界面中设置相关分类信息，单击"保存"即可。

需要设置的分类信息有分类名，分类名是必须填写的，不能为空，可按照时间、活动类型等分类标准将微页面分类，完全自定义。同时还能选择分类的优选排列方式，第一优先级可选择"序号越大越靠前"或"最热的排在前面"，第二优先级可选择"创建时间越晚越靠前""创建时间越早越靠前"或"最热的排在前面"。分类的显示分时也有两种选择，分别是"仅显示杂志列表"和"用期刊方式展示"，可依次单击进行试用，然后选择合适的排列方式。如图 8-12 所示，在右下方有一个文本框，是用来表述微页面分类的简述的，在文本框中输入文字，会显示在分类名称下面。信息设置好之后，单击"保存"即可。

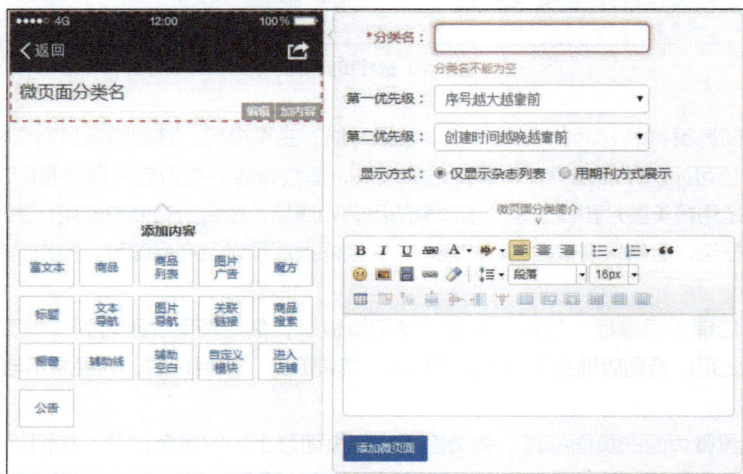

图8-12 新建微页面分类

新建好页面分类后，在新建微页面可直接单击"分类"右侧的空白长条，就会出现已经建好的分类，点击选择对应的分类标签即可。

背景颜色只在手机端显示，如果需要设置特定的颜色，可单击颜色长条，然后在出现的色彩板上选择颜色即可，如果颜色选择不对可单击"重置"重新设定。

当"标题页面"设置好之后，要记得单击页面下方的"保存至草稿"按钮。每完成一步就单击"保存"按钮，将操作结果保存至微页面草稿中，防止出现操作中止记录遗失的情况。保存至微页面草稿之后，可在"微页面"中单击"微页面草稿"，然后在页面后找到保存的草稿，单击"编辑"，就能接着上一次的操作历史继续往下编辑设置。

设置好页面标题之后，按照从上至下的顺序，接着设置店铺介绍项。如图 8-13 所示，这一项中包括背景图片、背景颜色、店铺Logo 3项。

添加背景图片，点击蓝字"选择图片"，就会弹出"我的图片-图标库"的窗口，如果在图标库中没有需要的图片，可单击添加按钮，然后上传图片。既可以选择输入图片网址，也可以选择上传本地图片，上传之后点击添加背景图片即可。选择的图片最好为640像素×200像素，当像素不匹配时，图片将被压缩或拉伸以铺满画面，这样会影响图片的效果。

图8-13　店铺设置

　　背景颜色的设置与页面标题中背景颜色设置的步骤完全相同，点击颜色长条，然后在出现的色彩板上选择颜色即可，如果颜色选择不对可单击"重置"重新设定。

　　店铺Logo的修改，可单击"修改店铺Logo"，然后在弹出的"上传Logo"窗口单击"添加"按钮，接着从本地图库中找到用作Logo的图片单击上传，上传之后点击窗口下方的"生成"按钮即可。注意图片不允许涉及政治敏感与色情，而且图片大小不可大于1M。

　　完成前面两项设置后，到了自定义栏目标题阶段。在选择的"店铺主页模板"中，将自定义栏目标题设置为"新品上架"，如果需要更换，可单击新品上架区域，如图 8-14所示，就会出现设置对话框，然后在"标题名"右侧的文本框中输入标题名即可。同时，标题模板也有两种，传统样式与模仿微信图文样式，可一次单击试用，再确定标题样式。其他的"副标题""显示""背景颜色"等，也可依次试用，以了解各自的特点。

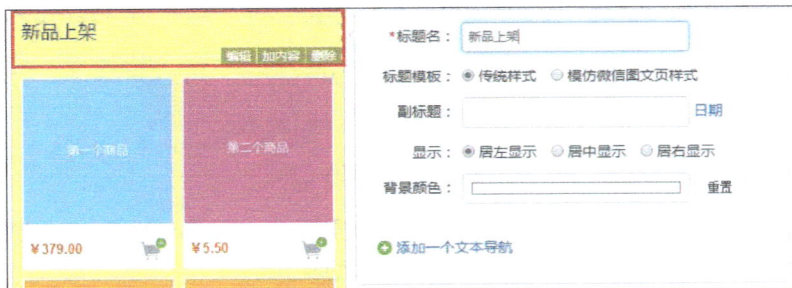

图8-14　自定义栏目标题

　　商品列表，这是微页面的主要内容，也是最为重要的一项设置。我们对微页面进行精心的设置，最终的目的就是为了提高商品的销售额，所以重点是如何将商品最恰当地展示给买家，以提高他们的购买欲望。单击商品展示区域，如图 8-15所示，会出现右侧的设置项。

图8-15　商品列表

首先要选择商品的来源，可以决定将店铺内的哪一些商品放置在微页面中。如该微页面是一个打折活动，那么就将参与该活动的商品添加到页面。

接下来选择显示商品个数，可选择6个、12个、18个，依据添加的商品数量而定；列表的样式也有大图、小图、一大两小、详细列表4种样式，可依次单击预览效果之后再做决定；卡片样式、购买按钮也同样有多种选择，皆可依次单击试用效果。商品的名称与价格可以选择是否显示，点击前面的小方格即可设置。

最后一部分是自定义组件区，自定义组件是为了满足商家对店铺主页个性化的要求，提供了丰富的自定义组件，商家可灵活运用自定义组件去实现各种效果，装修属于自己的店铺主页。组件的内容十分丰富，如图 8-16所示，共有19个组件。需要添加时，可单击相应的方格，然后再开始设置添加的组件内容。

图8-16 添加组件

如果对添加的组件不满意，可单击该模块右下方的小按钮"删除"，将该组件删除，如图8-17所示。

图8-17 删除组件

在微页面全部设置好之后，单击页面下方的"预览效果"，就可将该微页面保存并查看预览画面。如果微页面设置已经完善，可单击"上架"将微页面发布出去。

8.1.3 商品设置与发布

在有赞商城店铺后台界面的左侧单击"商品"，可以对商品进行管理，包括商品分类、上传商品、发布商品等操作。

一件商品的发布要经过选择商品品类、编辑基本信息、编辑商品详情3个步骤。最开始是选择要发布的商品，在"商品管理"界面单击绿色按键"发布商品"，如图 8-18所示。

图8-18 单击"发布商品"

接着在跳出的商品品类选择界面上单击相应的品类，选好之后单击"下一步"即可。如果不了解如何选择商品品类，可单击页面右上角红框中的"请点此查看详情"，如图 8-19所示，页面会跳转到一个新手教程，页面上有两个明细表，可对照表格选择品类。

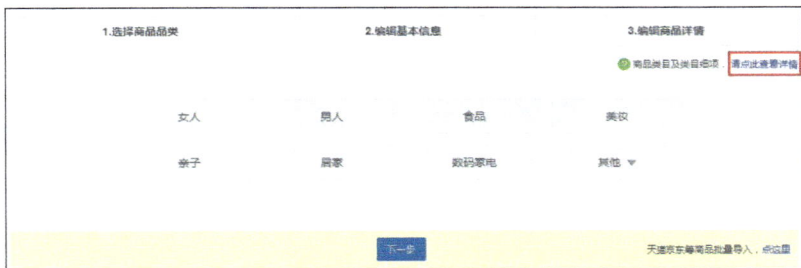

图8-19 选择商品品类

接着编辑基本信息，所要填写的信息有基本信息、库存/规格、商品信息、物流/其他4项。基本信息如图 8-20所示。购买方式有两种，可根据情况选择；商品分组可以更好地管理商品；商品类型关乎后面的物流情况，要根据实际情况选择，一经发布不可更改；如果勾选了预售设置，在下面会出现预售时间、预计发货时间的选择。

图8-20 基本信息

填写基本信息之后，还需填写库存/规格的信息，如图 8-21所示。单击选择商品规格标准，如果以尺码区分，就选择"尺码"，若以颜色区分，就选择"颜色"，若以内存大小区分，就单击"内存"；添加规格图片先要勾选"添加规格图片"前的小方格，然后单击"+添加"，添加规格项目，再单击规格项目下的"+"，最后选择图片上传。目前只支持为第一个规格设置不同的规格图片，设置后，用户选择不同规格会显示不同图片，所使用的图片建议选取的大小为640像素 x 640像素。

图8-21 库存/规格

添加了规格图片的效果如图 8-22所示。

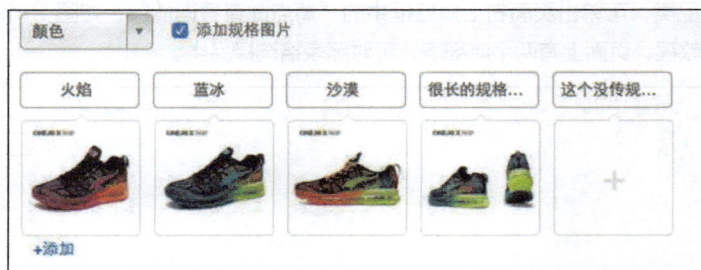

图8-22 规格图片

总库存为该物品中的库存数目，当库存为0时，会上架到"已售罄的商品"列表里。当为商品设置了不同的规格项目时，也会出现不同规格的商品的库存大小，如图 8-23所示。

图8-23 不同规格的库存

商品信息包括商品名、价格、商品图，如图 8-24所示，这些信息都是必须填写的。在"商品名"后的文本框中输入商品名称，还可单击右侧的"快速导入淘宝商品信息"，然后将该商品的淘宝/天猫地址粘贴到新出现的黑色方框中。

图8-24 商品信息

商品价格分为现价与原价，在左侧的文本框输入现价，在右侧的文本框输入原价。商品图可以添加多幅，单击"+加图"，然后选择图片上传即可。图片的排列顺序可以通过拖曳图片进行调整，商品图至少有一张。

最后一个板块就是"物流/其它"，如图 8-25所示。运费可设置为统一运费，或套入运费模板，如果没有可用的运费模板可单击"新建"，跳转到运费模板设置界面新建模板。若设置每人限购数目，可在"每人限购"右侧的文本框中填入限购数目，0则代表不限购。开售时间也可选择立即开售或定时开售，选择定时开售需要填入开售时间。

图8-25　物流/其他

以上4项信息填好之后，单击页面下方的"下一步"，之后便会出现编辑商品详情界面，如图8-26所示。单击"商品详情区"开始编辑，在右侧的文本框输入商品简介，还可单击左下方的组件选项，添加多样的显示方式。

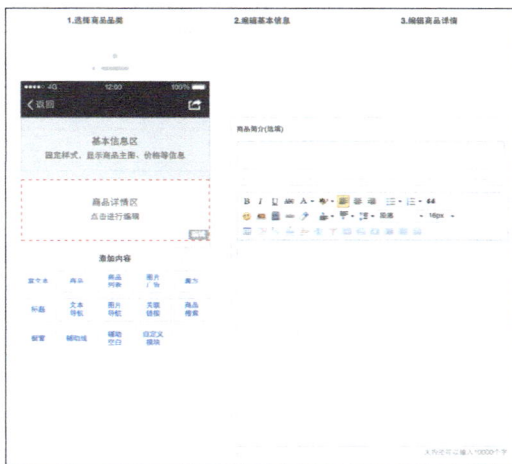

图8-26　商品详情

8.1.4　店铺首页布局演示

店铺首页的布局设置与微页面的设置步骤相似，在店铺后台依次单击"店铺""微页面"，然后直接单击"店铺主页"右侧的蓝字"编辑"，如图 8-27所示，能直接进入编辑界面。

图8-27　单击"编辑"

微页面也可以设置为店铺主页，单击右侧的"设为主页"即可，如图 8-28所示。

图8-28　设为主页

要想设置一个优秀的店铺，需要先明白在店铺首页上添加一些什么样的内容，然后再考虑如何将这些内容分布好位置。店铺首页的编辑界面如图8-29所示，要想设置富有特色、个性的首页，还需要依靠各种组件。

假设一个店铺界面需要列出商品、搜索栏、优惠券、公告、语音、商品推荐等几项，那么除去必要的名称设置与店铺图片设置外，格外需要注意下面的设置。

首先单击组件中的"商品搜索"，就会出现搜索栏，如图8-30所示，在搜索栏中输入商品名称就能找到具体的商品。

图8-29 店铺主页　　　　　　　图8-30 搜索

再将优惠券放在靠前的位置，以吸引买家产生购买欲，单击组件中的"优惠券"，如图8-31所示。如果单击"优惠券"之后，显示的位置并不在前面，可将箭头放在优惠券区域内，然后按住左键不动，将优惠券移动到前面即可。

图8-31 优惠券

然后设置商品列表，具体可参见设置微页面中的商品设置。如果要添加公告，也可单击"公告"，然后单击公告区，在右侧出现的编辑区输入公告内容。

最后，要将主打的商品与推荐的商品分割开，可先单击"分割线"，然后在后面添加一个新的商品列表。设置好之后单击"保存"即可。店铺的布局没有固定的模板，可以根据自己的需要来进行自定义设置。在一开始时，可以学习有赞推荐的优秀店铺的布局。

导航可以将店铺的各个页面串联起来，能够有效帮助粉丝跳转到各个关键页面，是整个店铺的"指南针"。通过精心设置的导航，方便买家在栏目间快速切换，引导买家前往商家期望的页面。

在店铺后台单击"店铺""店铺导航"，然后单击页面上"店铺导航"右侧的"未启用"开启"店铺导航"功能，如图8-32所示。

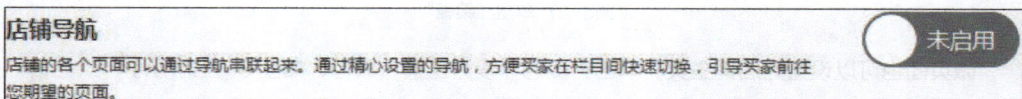

图8-32 开启"店铺导航"

开启功能后即可开始设置导航，首先选择出现在页面的导航应用，包括店铺主页、会员主页、微页面及分类、商品分组、商品搜索，如图8-33所示。

图8-33 设置导航

然后单击"修改模板"，分别有类似微信自定义菜单类型、带购物车类型、两侧展开类型等，单击类型前面的小圆圈即可选定模板，如图 8-34所示。然后设置连接的图标和连接内容即可。

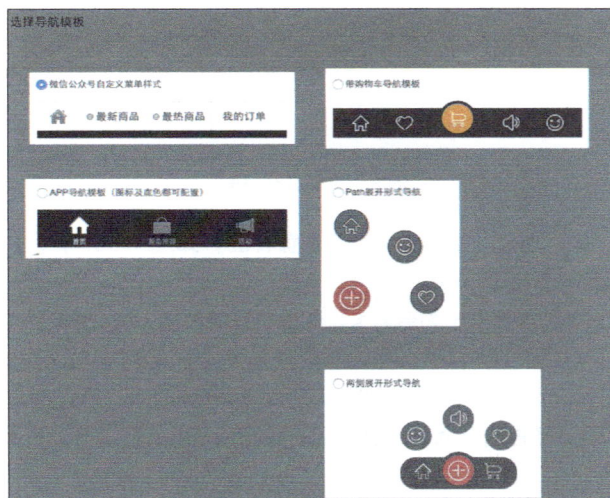

图8-34 导航模板

8.2 有赞商城的管理

有赞是帮助商家在微信上搭建微信商城的平台,提供店铺、商品、订单、物流、消息和客户的管理模块,同时还提供丰富的营销应用和活动插件。

8.2.1 客户导入与管理

当有赞店铺账号已经与通过认证的微信公众号绑定后，是可以直接将公众号的粉丝导入有赞店铺中的。公众号将是店铺面向粉丝的重要出口，可向粉丝群发推送活动通告、上新通知，同粉丝直接交流和沟通，粉丝可以直接在微信公众号单击进入店铺浏览商品，并完成最终购买。

在有赞店铺链接微信粉丝后，不能随意对待，应该更加用心地维护经营，需要时常发布店铺活动，提供积分优惠，设置会员卡等。

■ 会员卡

会员卡，针对绑定微信认证服务号的店铺，可以使用"会员卡"功能。通过设置自己店铺的用户等级，丰富升运营手段，提升产品销量。在店铺后台单击"客户"，然后在客户管理中单击"会员卡"，接着单击绿色按键"新建会员卡"，如图 8-35所示。

会员等级值	类型	会员卡名称	升级模式	基础权益	操作
1	普通卡	普通会员	自动升级 规则详情	9.0 折 包邮	查看会员 - 编辑 - 链接 - 删除
4	普通卡	客满小店食品会员卡	自动升级 规则详情	8.0 折 不包邮	查看会员 - 编辑 - 链接 - 删除
1	普通卡	会员1	自动升级 规则详情	包邮	查看会员 - 编辑 - 链接 - 删除
3	普通卡	测试1	自动升级 未设置	0.6 折 包邮	查看会员 - 编辑 - 链接 - 删除

图8-35 新建会员卡

单击"新建会员卡"之后，会出现会员卡设置界面，如图 8-36所示。会员卡设置相关参数，其中必填项为：会员卡名称、等级值。

其中领取设置分为两种类型：一为普通卡，即根据订单数量、消费金额、累计积分达到设置值时获取；二为计时卡，即是限时的会员卡身份。对于普通卡，高等级的会员卡享受更多的优惠——包邮、商品折扣等，提升消费者对于店铺的忠诚度；对于计时卡，限定时间内发放会员身份，享受会员权益，可以结合各种营销活动配合使用，如图 8-36所示。各项参数设置好之后，单击"保存"即可。

图8-36 会员卡设置

■ 标签管理

　　标签，也是对于用户管理的另一种维度，利用标签体系对用户进行管理。目前只对于绑定微信认证服务号的店铺支持使用"标签管理"功能。

　　在"客户管理"界面选择"标签管理"，然后单击"新建标签"，进入标签编辑界面，如图 8-37所示。在框中输入标签名称，然后设置标签设置的条件，或是需要累计交易成功了多少笔，或是累计购买了多少金额，或是积分累计达到了一定数值，设置好之后单击"保存"即可。

图8-37 编辑标签

　　给用户设置好标签之后就能够按照标签来筛选用户，在"客户管理"界面单击等级筛选，在登记筛选界面可看到添加的会员标签。对于筛选出来的用户可以进行各种操作——包括群发信息、设等级等操作，如图 8-38所示。

图8-38 操作

■ 积分

　　积分是买家在一家店铺累计的分值，积分越高买家的优惠越多。买家有了积分，就可以参加店铺的刮刮乐、幸运大转盘等营销活动，在达到卖家设置的条件后，还可以自动提升买家在店铺的会员卡等级。这也是提高买家对店铺的信赖度与亲密度的方式。

　　在"客户管理"界面选择"积分管理"，单击"新建积分规则"，会出现设置积分奖励对话框，如图 8-39所示。在框中填写奖励分值，接着选择奖励积分的条件，卖家可分别设置关注送积分、满交易笔数送积分、满购买金额送积分，设置好之后单击"保存"。积分规则可设置多个，满足不同条件均可向用户赠送积分。

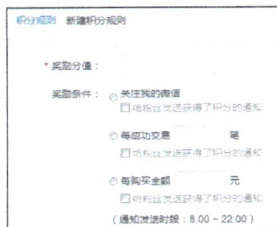

图8-39 设置积分规则

　　查看客户的积分，可在"客户管理"中选择"基本筛选"单击粉丝头像（到达微信实时消息），之后再单击分数值，这样就可以看到客户的积分明细。

8.2.2 优惠及游戏设置

1. 优惠

　　商家可通过优惠券、优惠码功能等，实现店铺促销活动。在店铺后台单击"营销"进入"营销中心"，可看到在"营销中心"界面找到"促销工具"，促销工具下有许多促销功能，可单击创建相关的活动，如图 8-40所示。

图8-40 促销工具

以发放优惠券为例，单击"优惠券"，然后单击"新建优惠券"，如图 8-41所示，开始创建优惠券。

图8-41 新建优惠券

新建优惠券需要进行基础信息以及基本规则的填写。首先是基础信息，如图 8-42所示。图中带有红色标记的皆为必须填写的项目，其中优惠券名称不能超过10个字；优惠券的面额既可以设置为固定值，也能单击"随机"前的小方格，然后设置一个数值区域，用户会随机领取到该区域内的面值；同时优惠券既可设置为任意订单皆可使用，也能设置为达到一定数目才能使用；而且单击勾选"微信卡券"前的小方格，优惠券还能同步到微信中，如果微信公众号没有开通卡券权限，将由有赞代发，同步至微信卡包后，需等待微信审核通过才能领取。

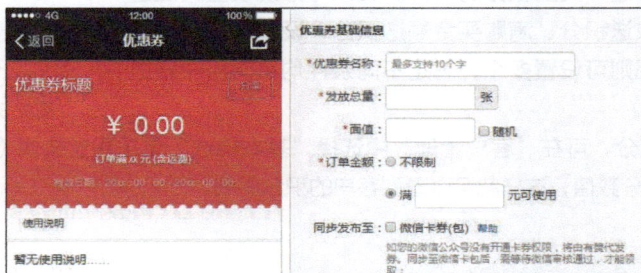

图8-42 基本信息填写

优惠券基础信息下方还需填写优惠券的基本规则，如图 8-43所示。在基本规则中，可以设置领取优惠券的会员等级，如将会员等级设置为1级，普通用户就不能享受优惠券的优惠。设置规则中，还能限制每个用户领取的数目，如将"每人限领"设置为1张，那就代表每个用户最多只能领取1张优惠券，不能再次领取。"生效时间"与"过期时间"之间的时间跨度是优惠券的有效期，一旦过了有效期，那么该批次的优惠券全部失效。

同时更显人性化的是，可以设置优惠券的指定商品，有时店家做优惠券的活动就是为了提高某些特定产品的销量，因此设置指定商品，就能将买家的目光集中到指定商品上来。设置指定商品的步骤是：单击“可使用商品”后指定商品，然后再单击“+添加商品”，之后再从商品列表中选取指定商品，最后单击“确定使用”即可。以上5项设置均为必须设置的选项，如有遗漏，则不能完成新建优惠券的操作。

新建优惠券的信息填写完成之后，单击“保存”，即可将新的优惠券保存至“营销中心/优惠券”界面，如图 8-44所示。单击右侧的蓝字“链接”，将优惠券的链接复制，然后发送给用户，用户点击链接，即可领取优惠券。之后用户又能够将优惠券链接发送给他的好友，以此来拓展优惠券的传播范围。

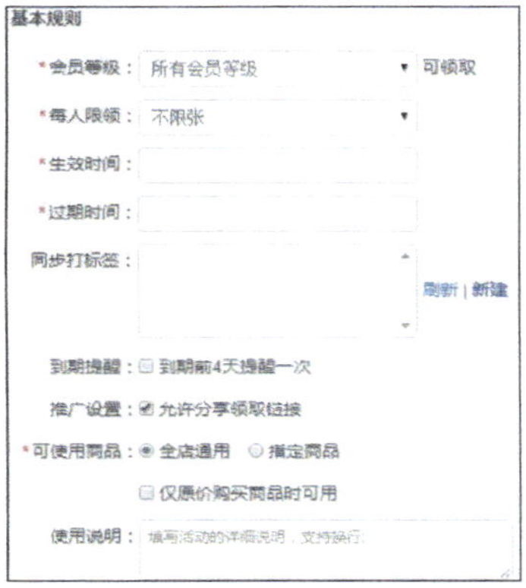

图8-43 基本规则填写

优惠券名称	价值(元)	领取限制	有效期	领取人/次	已使用	操作
优惠券	1	一人1张 库存：1	2016-07-07 00:00:00 至 2016-07-07 09:21:03	0 / 0	0	链接 - 编辑 - 使失效

图8-44 优惠券

如果不想再发放该优惠券，可单击右侧的蓝字“使失效”，之后买家将无法领取该优惠券，店家也不能继续编辑优惠内容，买家之前已领到的优惠券在有效期内还能继续使用。

发布优惠券之后，用户点击优惠券的链接可零时起获得优惠券的领取链接，通过自动回复或自定义菜单等方式传播。例如，直接微信群发优惠券领取链接。

2. 游戏

设置一些小游戏也是加强与买家之间互动的有效手段。在店铺后台的营销中心就有专门的游戏插件区，如图 8-45所示。游戏共有4个：刮刮卡（通过刮开卡片进行抽奖）、疯狂猜（回答问题，按照答题情况获取奖励）、生肖翻翻看（通过翻卡片进行抽奖）、幸运大抽奖（转盘式抽奖）。

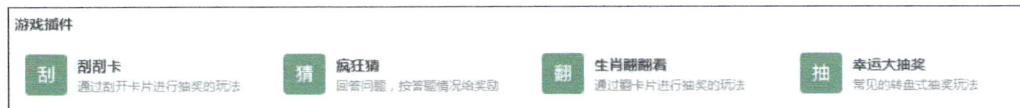

图8-45 游戏插件

下面以新建刮刮卡为例，演示创建有赞游戏的步骤。单击游戏插件中的“刮刮卡”，然后在新出现的页面上单击“新建刮刮卡”进入“营销中心/刮刮卡”界面，然后便可开始设置相关信息。

第一步，创建活动，即简单介绍该活动的名称、起始时间等，使用户对该活动有一个大概的了解。“创建活动”中需要填写的项目如图 8-46所示，其中带有红色标记的为必须填写的项目。设置好之后，单击“下一步”。

图8-46 创建活动

第二步，用户参与设置，包括设置参与该活动的用户等级，是否需要消耗积分以及参与活动的次数限制，如图8-47所示。

第三步，中奖设置，对中奖的概率及各个等级的奖励进行设置。中奖概率的设置在"中奖率"右侧的文本框中输入百分比数值，如图 8-48所示。中奖率不能设置为小数，系统会根据设置的中奖率，进行相应的奖项匹配。例如，当中奖率设置为80%时，有100个人来参与活动，那么会有80个左右的人会中奖，且先到先得。

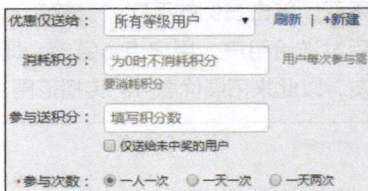

图8-47 用户参与设置

分级设置奖品，当某一等级设置的奖品数量越多，则该等级中奖率越高。例如，设置一等奖 10个，二等奖20个，则二等奖的中奖概率高于一等奖。设置等级奖品，先单击等级，然后在下方填入奖品类型与奖品数量。

除了中奖的用户外，也会有未中奖的用户，对于这部分没有中奖的用户，应该对他们做出一点回应，在"未中奖说明"右侧的文本框中输入回应信息即可。

以上3步完成之后，就基本已经完成创建刮刮卡的操作了，新建的刮刮卡游戏的链接与二维码也生成了，只要最后在"完成"界面点击"确认"即可。

新建的刮刮卡会保存至"营销中心/刮刮卡"界面，如图8-49所示。做好游戏后如何分享给用户呢？第一，可以单击右侧

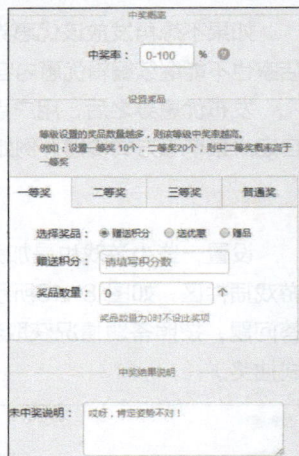

图8-48 中奖设置

的"链接"，然后复制该链接，将其关联到店铺的自定义菜单、网站导航、关键词回复或者关注回复里面，这样用户在给店家发送关键词或者关注公众号时，单击自定义菜单或者网站导航里面相关内容，就可以把刮刮卡活动推送给他们；第二，可以单击图中的"二维码"，将二维码下载下来，贴到门店或者商品上，用户通过扫一扫，玩游戏，领奖励。

活动名称	参与限制	有效期	用到的奖品	参与人次	领到/未领到人	操作
活动名称	一人一次	2016-07-07 00:00:00 至 2016-07-07 00:00:00		0/0	0/0	编辑·删除 链接·二维码

图8-49 刮刮卡

8.2.3　商城分析与推广

1. 数据分析

　　学会分析店铺数据，监控活动效果，找到粉丝的敏感点，对商家的店铺运营有很大帮助。如通过数据可分析出粉丝更喜欢阅读哪些内容、粉丝活跃的时间段等，从而安排所推送的内容与时间。

　　商城的数据分析在店铺后台的"数据中心"中进行，单击店铺后台左侧的"数据"即可进入"数据中心"界面。

　　在查看数据进行分析之前，首先了解一些比较陌生的数据名词，以便于更好地理解数据的构成。如图 8-50所示。

名词	名词定义
浏览UV	统计时间内，浏览这个店铺所有页面（包括店铺主页、单品页、会员主页等）的浏览人数
浏览PV	统计时间内，浏览这个店铺所有页面（包括店铺主页、单品页、会员主页等）的浏览次数
跑路粉丝	统计时间内，绑定的公众账号取消关注的粉丝数
导出UV	统计时间内，如果你的店铺页面中有外部链接，那么导出UV为点击外部链接的人数
导出PV	统计时间内，如果你的店铺页面中有外部链接，那么导出PV为点击外部链接的次数
到店UV	统计时间内，访问商品详情页的人数
访问深度	每个微信粉丝共访问该您微店铺的页面总数
系统设备	截至当前统计时间，访客中使用该操作系统/浏览器的人数
外部分享	指的是从外部分享平台点击进来的数量
商品曝光次数	统计时间内，商品橱窗（陈列的）在店铺首页、列表页、商品分组页、微杂志页面以及精选商品中的展示次数
曝光购买付款率	付款订单数/商品详情页UV
曝光次数/曝光人数	商品在店铺首页、列表页、微杂志页面，以及在商品详情页下方的更多精选等橱窗的展现的次数/展现的触达人数
客单价	付款金额/付款人数
下单转化率	统计时间内的下单人数/访客数
付款转化率	统计时间内的付款人数/下单人数

图8-50 数据名词定义

　　在数据中心，首先看到的便是"今日实时"数据，包括当前访问店铺的次数与人数，付款的单数与商品件数，可以了解目前的店铺活跃情况。

　　在"今日实时"下面，就是"昨日经营概况"，如图 8-51所示，可以查看昨日的基本数据，同时还可以单击"详细"以查看更详细的数据分析。

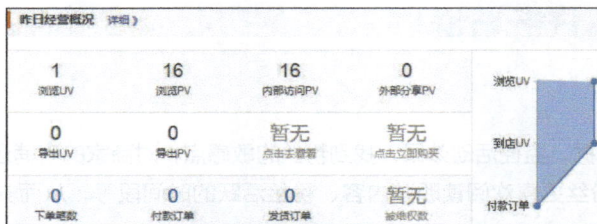

图8-51 昨日经营概况

在数据中心点击"页面流量"，可以查看各种页面被访问的次数，以了解哪一个页面更符合用户的阅读浏览兴趣，或者用户更喜欢从哪个页面查看消息，可以加大对该页面的经营力度。

同时还有对各种微页面的数据做统计排名的图表，如图 8-52所示，它对店铺内所有的页面、商品、活动等的浏览量进行了排名，可以让店家更加了解用户的敏感点，对今后的店铺经营是十分有帮助的。

图8-52 数据趋势

在页面流量中，还可以查看访问人数的地域情况，如果某些省市对该店铺的关注较多，说明店铺的商品对这些地域的人来说更有购买的欲望，所以可以将经营的中心放在这些地域上，再针对他们来进行商品推送等信息的发布。

微信粉丝是有赞商城的店家格外重视的群体，单击"粉丝分层统计"，如图 8-53与图 8-54所示，从这两图中可以看出该店铺的粉丝的等级分布情况和粉丝的积分情况，以此分析粉丝的活跃度。

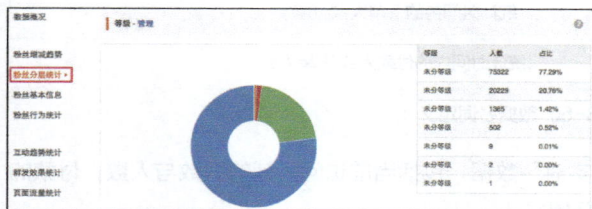

图8-53 粉丝等级分布情况

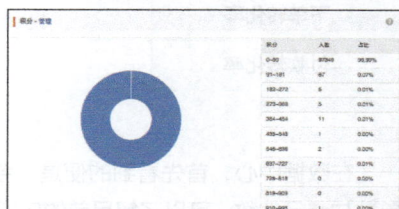

图8-54 粉丝积分等级情况

微信粉丝活跃的互动时段也能从互动趋势统计中看出，如图 8-55所示，从图中可以清晰地看出哪些时段是粉丝更为活跃的时段，而今后的活动、微页面就可选择在这些时段推出。

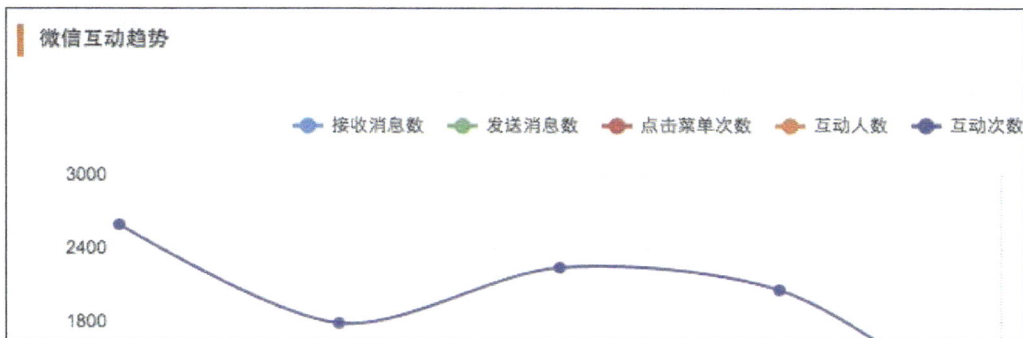

图8-55 微信互动趋势

2. 推广

有赞商店建立之后，需要不断地将店铺推广到大众面前，让更多的用户注意到，才能带动店铺商品的销量。店铺后台的营销中心中有一个"销售员"的功能，这是有赞商家版推出的一款可帮助商家拓宽推广渠道的应用营销工具，分为"免费版"和"高级版"。商家通过制定推广计划招募买家加入推广队伍，并在其成功推广后给予奖励，以此宣传店铺，从而促进销量提升。

开启销售员推广后，粉丝可申请成为店铺销售员，帮助推广商家的店铺和商品。有赞目前提供自动结算和人工结算两种结算方式，商家可在"销售员设置"中进行选择。人工结算需商家设定奖励规则后自行与销售员结算，有赞不参与结算过程。

■ 启用销售员

在店铺后台单击"营销"，然后在"营销中心"界面找到店铺拓展，如图 8-56所示，接着单击"销售员"，单击之后页面回跳到销售员应用订购界面，可以选择购买应用，也可先尝试免费版。

图8-56 单击"销售员"

进入销售员界面之后，单击"销售员推广计划"右侧的启用按钮，如图 8-57所示。

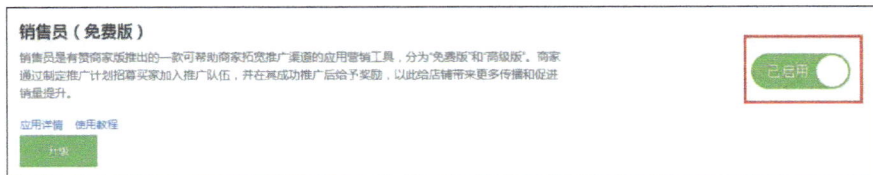

图8-57 启用销售员

■ 招募销售员

编辑计划说明，计划说明是在招募销售员中展现给销售员的，以实现销售员招募的目的。单击"招募计划"，出现文本编辑区，如图 8-58所示，在文本框中说明你是谁，招募销售员的原因，业绩规则说明，结算规则说明，以及若有疑问和问题如何联系到你等信息。

图8-58 招募计划

如果不想自己填写文本信息，也可以将页面下拉，然后便会看到文本框的左下方有4个蓝色字——"查看模板"。单击"查看模板"，页面便会弹出"计划说明模板"，如图 8-59所示。单击页面下方的蓝色按键"使用模板"，模板便会出现在文本框中。之后需要将某些信息替换，如名称、结算比例、联系人、联系电话、邮箱等信息，之后便可单击"保存"。

关于设置分佣比例，应结合自身实际情况设置，主推商品佣金力度可单独设置大一些。对业绩优秀的销售员，可进行额外奖励，维护好优秀的销售员群体。

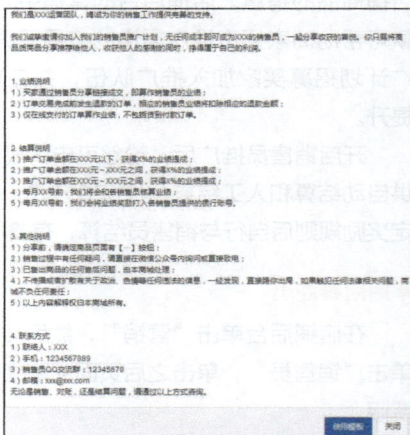

图8-59 计划说明模板

接着复制销售员推广链接，将其放在自定义菜单/店铺导航上，微信群发给粉丝或微信与粉丝对话时发给粉丝，粉丝通过该链接即可申请成为销售员。

3. 销售员设置

■ 有效期设置

销售员支持绑定客户关系，开启后销售员和客户的关系会直接绑定，后续客户的所有成交都会算入销售员的业绩。强烈建议选择"永久"，这样销售员的推广链接可以长期有效，可以一直帮助店家推广店铺和商品。

■ 销售员购买权限设置

开启销售员购买权限，单击"设置"找到"销售员购买权限"，再单击"开启"前的小圆圈即可，如图 8-60所示。购买权限在开启状态下，销售员自己购买的订单将会算入业绩。但是请和销售员明确规则，否则会被误理解成串单。

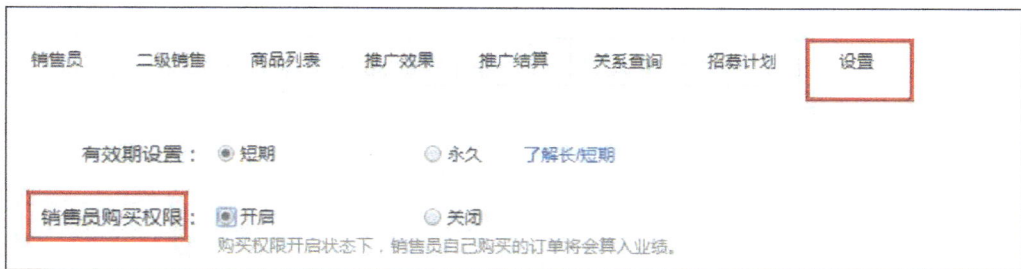

图8-60 开启销售员购买权限

■ 销售员招募设置

　　"销售员招募"控制按钮默认开启，商家可根据自己的实际情况选择关闭，关闭之后，用户将无法申请成为销售员。同时，商家还可设置销售员设置门槛，在"销售员"界面单击"设置"，选择是否设置销售员申请门槛，系统默认无门槛。目前门槛仅分为"针对订单笔数"和"针对订单金额"，如图 8-61所示。

图8-61 设置销售员设置门槛

　　设置门槛后，用户申请成为销售员时，系统会根据当前已付款的订单笔数或订单金额判断该用户是否有资格成为销售员。此订单笔数或订单金额指一年内累计本店消费数，并且还需剔除售中退款的部分。如果达不到门槛的要求，便不能成为销售员，如图 8-62所示。

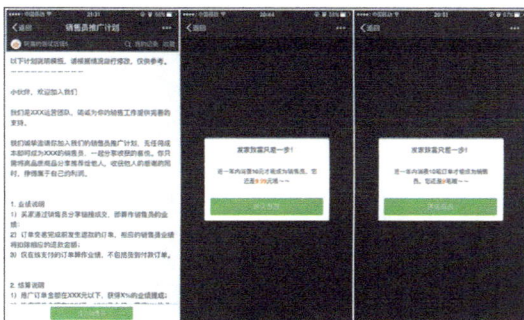

图8-62 判断用户申请

4. 自动结算设置

　　开启自动结算设置，设置佣金比例，之后便可通过系统自动结算佣金，如图 8-63所示。二级销售为高级版功能，需订购销售员高级版方可使用。二级佣金由于不是自己直接推广的订单，需在订单完成结算后在"预计收益-收支明细"中查看，不在推广效果中展示。

图8-63 自动结算设置

■ **招募销售员**

所有的招募都是通过"计划说明"页面完成，所以需要通过各种渠道来推送"计划说明"，销售员在计划说明页面申请即可。

在招募销售员的界面点击"成为兼职销售"，然后在新的界面输入手机号码、登录密码、验证码注册账号，接着在"兼职销售员中心"界面点击"开始推广"就能开始工作。

若商家开启了销售员二级销售功能，点击"销售员中心-邀请好友"即可进入招募计划页，销售员在招募计划页点击"邀请好友加入"可邀请下级销售员加入，如图 8-64 所示。

图8-64 二级销售员

销售员推广已支持微页面推广，买家点击销售员推广的链接或扫描推广二维码即可记录关系，之后在店铺下单购买就会算入销售员的业绩，如图 8-65 所示。

图8-65 销售员推广

■ **查看推广效果**

如果成交，可以在后台"推广效果"查看交易结果。而且，可以通过时间选项和销售员手机号码进行搜索。注意，货到付款订单不支持销售员，也不会记录业绩。

8.2.4 订单、物流、提现

1. 订单

为了方便商家管理订单，在店铺后台既可以看到所有订单的情况，可将比较特殊的订单类型额外放出来，如代付订单、送礼订单等。单击"订单"进入"订单管理"界面，首先就可以看到7月以来订单情况。单击"所有订单"，可以看到所有订单的列表，若将订单分类，可单击"订单类型"，然后在出现的多种类型中选择相应的类型即可，这些类型包括普通订单、代付订单、送礼订单、心愿订单、分销订单、收银台等，如图 8-66所示。

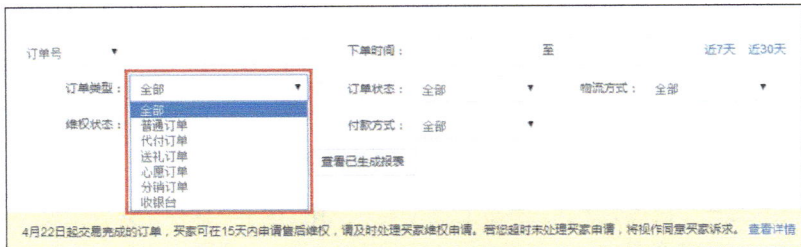

图8-66 订单类型

代付订单是指商家开启了找人代付功能，买家使用了找人代付的订单，可以查看支付进度；送礼订单是商家开启了"我要送礼"功能，买家使用了"我要送礼"的订单，买家下单后必须将礼物发送给朋友，朋友填写好收货信息领取之后，卖家才能发货给收礼人；心愿订单是指商家开启了心愿单功能（仅认证服务号可用），买家使用了心愿单产生的订单；分销订单指的是商家是供货商，可由此筛选出所有来自分销的订单；收银台指商家使用收银台功能，通过收银台功能产生的订单；多人拼团订单是指商家使用多人拼团功能，产生的拼团订单；维权订单是指买家申请了退款维权的订单可在此查看，查看订单详情，可以对提出维权的订单进行处理；加星订单是指对于重要或特别的订单进行加星标准，以便查找处理。

图8-67 加星订单与维权订单

在这些订单中，加星订单与维权订单皆可在"订单管理"界面单击相应的按钮，直接查找，如图 8-67所示。

筛选出待发货订单后，即可进行发货操作，单击页面上的"发货"即可，发货可选需要物流或无须物流。

2. 物流

对于物流即运费的管理，商家可建立一个"运费模板"，运费模板就是为一批商品设置同一个运费。当需要修改运费的时候，这些关联商品的运费将一起被修改。

在"订单管理"界面单击"物流工具"，然后单击"新建运费模板"，然后在"新建运费模板"界面输入模板名称，以便今后查询。

接着单击"指定可配送区域和运费"，如图 8-68所示，对配送区域进行设置。具体操作为：从左边的省、市、区列表中选中想要添加的项，点"+"可以打开市和区的选择，接着单击"添加"按钮，然后选择的省市区，将会添加到右侧的列表中，最后单击"保存"完成。

图8-68 指定可配送区域和运费

设置好可配送区域后，就可以设置运费了，运费由分为"首件""续件"两种收费，如图8-69所示。单笔订单首件，运费m元，每增加n件，续费m元。例如，首1件，运费10元，每续1件，续费5元，则买家购买了2件该商品，第1件按10元收取，第2件，按5元收取，合计15元。

配送区域	可配送区域		首件（个）	运费（元）	续件（个）	续费（元）
	天津市	编辑 删除	1	10.00	3	3.00
	指定可配送区域和运费					

图8-69 运费设置

如果想再设置一个区域的运费，重复上面的操作。最后单击"保存"完成设置。运费模板在发布商品时使用，在物流/其他区域，单击运费模板下拉列表，选择要设置的运费模板即可。

3. 提现

店铺所赚取的收益可以转入银行卡提现。不过使用提现功能的前提是，需要通过有赞店铺认证，否则单击"提现"按钮时会出现无法申请提现的提示，如图 8-70所示。只有续订正式版或打烊店铺停止运营后，才能将资金提取出来。

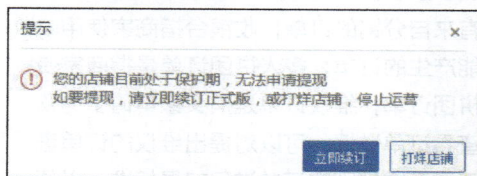

图8-70 无法提现

若满足提现条件，可在店铺后台依次单击"资金""我的收入"，然后单击"提现"。单击"提现"之后，便会出现"设置提现账号"界面，在界面中选择"对私银行账号"或"对公银行账号"，接着在页面中填写开户银行、银行卡卡号、开卡人姓名以及短信验证码，如图 8-71所示，填好之后单击"保存"按钮。

图8-71 银行卡信息

除了添加银行卡，也可以直接编辑已有的卡号信息，单击"提现"之后，便可选择提现的银行卡，这时可以编辑或删除银行卡信息，如图 8-72所示。选择提现的银行卡后，在图中输入提现金额，然后单击"确定"，接着等待提现审核与资金到账即可。提现金额一般都是1~3个工作日到账，遇到节假日会顺延。

图8-72 管理银行卡

8.3 有赞商城的客服

有赞商城的客服接待功能和网页聊天功能已经全面开放使用，客服的作用也可全面地发挥出来。消费者可以在商品详情页面和客服发起聊天，进行实时在线交流，遇到问题时也能及时与客服交流，解决问题。

8.3.1 为什么要有客服

客服，顾名思义就是为客户服务的人员。网店客服在网店的推广、产品的销售以及售后的客户维护方面均起着极其重要的作用，不可忽视。

■ 塑造店铺形象

对于一个网上店铺而言，客户看到的商品都是一张张图片，既看不到商家本人，也看不到产品本身，无法了解各种实际情况，因此往往会产生距离感和怀疑感。这个时候，客服就显得尤为重要了。客户通过与客服在网上交流，可以逐步了解商家的服务和态度以及其他情况，客服的一个笑脸（旺旺表情符号）或者一句亲切的问候，都能让客户真实地感觉到他不是在跟冷冰冰的电脑和网络打交道，而是在跟一个善解人意的人沟通，这样会帮助客户放弃开始的戒备，从而逐步在客户心目中树立起店铺的良好形象。

■ 提高成交率

现在很多客户都会在购买之前针对不太清楚的内容咨询商家，或者咨询优惠活动等。客服在线能够随时回复客户的疑问，可以让客户及时了解需要的内容，从而立即达成交易。有的时候，客户不一定对产品本身有疑问，仅仅是想确认一下商品是否与事实相符，这个时候一个在线的客服就可以打消客户的很多顾虑，促成交易。同时，对于一个犹豫不决的客户，一个有着专业知识和良好的销售技巧的客服，可以帮助买家选择合适的商品，促成客户的购买行为，从而提高成交率。有时候客户拍下商品，但是并不一定急需，这个时候在线客服可以及时跟进，通过向买家询问汇款方式等督促买家及时付款。

■ 提高客户回头率

当买家在客服的良好服务下，完成了一次良好的交易后，买家不仅了解了卖家的服务态度，也对卖家的商品、物流等有了切身体会。当买家需要再次购买同样的商品时，就会倾向于选择他所熟悉和了解的卖家，从而提高客户再次购买概率。

■ 更好地服务客户

如果把网店客服仅仅定位于同客户的网上交流，那么我们说这仅仅是服务客户的第一步。一个有着专业知识和良好沟通技巧的客服，可以给客户提供更多的购物建议，更完善地解答客户的疑问，更快速地对买家售后问题给予反馈，从而更好地服务客户。只有更好地服务客户，才能获得更多的机会。

8.3.2　商城多客服系统

有赞"多客服"是一个即时消息客服工具，让买家随时能够联系到商家，无论是售前咨询还是售后处理，都能轻松沟通。它支持多人同时为一个公众号提供服务，当用户发送消息至微信公众号或通过"联系卖家"发送消息，商家可以直接在有赞后台通过多客服系统回复消费者的问题。需要注意的是，认证公众号对接有赞后，原本公众号的多客服功能将失效，需直接在有赞后台使用多客服功能。

有赞商家版绑定认证服务号或认证订阅号后，才可以使用多客服回复微信公众号的实时消息，其他类型店铺没有该功能，建议直接登录微信公众号，在后台跟粉丝互动或使用"联系卖家"功能与客户沟通；没有绑定公众号的店铺可以使用多客服的"联系卖家"功能。

■ 网页版

要使用有赞在线客服/联系卖家功能，需先在"设置"中开启"联系卖家/在线客服"，如图8-73所示。

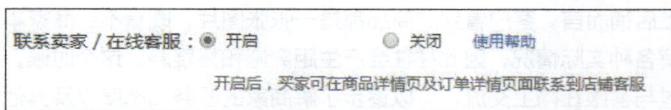

图8-73 开启"联系卖家/在线客服"

在店铺后台单击"概况"，然后在"店铺概况"界面中找到并单击"常用功能"中的"客服系统"，如图 8-74所示，就能进入网页客服界面。也可直接在店铺后台单击右下角的"客服消息"，进入网页客服界面。

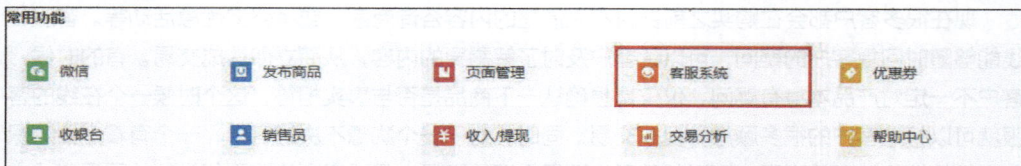

图8-74 单击"客服系统"

进入网页版客服界面后，有可能会出现"离线"的状况，在这种情况下是不能使用客服功能的，需要单击右上角的名称，如图 8-75所示，出现多种状态，然后单击"在线"，即可将状态转换为在线状态，之后便可与客服联系。

买家若通过"联系卖家"功能与商户联系，会在多客服"手机客户"中出现，如图 8-76所示，商户可随时发起主动联系。买家若是使用微信公众号联系商户，在"微信客户"中，由于微信限制，如果粉丝超过48小时未跟公众号发消息，商家不能主动发消息给粉丝，所以请及时回复粉丝的消息。

图8-75 状态更改

图8-76 客服界面

■ 手机版

下载手机版客服系统，可以直接在手机上与客服沟通。但是首先需要下载并安装手机客户端，可在应用市场中搜索，也可通过扫描二维码下载安卓或iOS版本的手机客户端，如图 8-77所示。

图8-77 扫描二维码，下载客户端

安装客户端后，打开手机客服端，输入账号密码登录有赞系统，然后单击界面下方的"客户"，便可看到"我的客服"界面，倘若有用户发送信息过来，便可在手机上看到"未接待用户"，单击"未接待用户"便可看到发送消息的客户，单击客户名称即可与之发送信息，如图8-78所示。

图8-78 手机客户端客服

8.3.3　工号设置与管理

有赞的每家店铺都可有多个管理员，所以更换店铺管理员、更改登录账号、店前管理员离职、更换客服等，都可通过增加或删除管理员的方式来实现。目前有赞有创始人、高级管理员、普通管理员、客服和核销员5种权限。

1. 权限

在管理员的5种职位中，每一种的权限并不相同，以便于商家更清晰地分配管理员的职能。每种权限的功能区别如下。

■ 创始人

拥有最高权限，可以操作店铺中的所有功能；能添加/删除管理员；但是创始人也可以被高级管理员删除，删除后无法再次恢复。

■ 高级管理员

拥有的功能有：添加/删除管理员；装修、操作店铺，管理订单；客服权限等所有高级权限。因为高级管理员可以删除创始人，并且无法再次恢复，请谨慎操作。

■ 普通管理员

普通管理员同高级管理员区别不大，具体为：普通管理员不能新增/删除管理员；普通管理员不能设置预览和手机客服；普通管理员不能查看设有隐私的投票调查结果；其他权限同高级管理员基本一致。

■ 客服

拥有的权限有：进入在线多客服；查看微信概况；查看微信实时信息（仅绑定了认证服务号的店铺具备该功能）；访问"客户"频道（仅绑定了认证服务号的店铺具备该功能）；可新建客户标签、给客户打标签、给客户设置等级、发放积分（仅绑定了认证服务号的店铺具备该功能）；查看商品列表、查看商品分组；查看订单概况；查看所有订单、维权订单、加星订单等订单列表，能对订单进行改价、填写备注、加星、发货、关闭、核销，处理维权。

没有的权限：不能编辑商品、上下架商品，不能编辑商品分组；不能删除、修改标签，不能新建或编辑等级规则，不能新建或修改积分规则；不支持查看分销采购单、评价管理、交易及物流列表下的功能，不能操作退款；不支持查看微博、应用营销、数据中心板块、店铺设置。

■ **核销员**

只能在商家版APP端操作，商家版电脑端不能登录。可以通过有赞商家版手机客户端进行扫码核销；可以通过有赞商家版手机客户端查看自己的扫码核销记录；核销员没有权限查看对应店铺的有赞网页后台。

2. 添加管理员（以添加客服为例）

目前只有店铺创建者和高级管理员有添加管理员的权限，店铺创建者或高级管理员在店铺后台界面左侧单击"设置"，接着在"设置"界面中单击"店铺管理员"，之后再单击"添加管理员"，如图 8-79所示。

图8-79　添加管理员

添加的管理员需要注册有赞账号，若没有有赞账号请单击"注册账号"的链接，即编辑管理员界面中上方的"注册账号"，然后用手机号码注册有赞账号。拥有有赞账号后，将手机号码输入"有赞账号"后的文本框，然后在"拥有的权限"中选择"客服"，如图 8-80所示，最后单击"确定提交"。

图8-80　输入账号，选择类型

如果需要将之前的管理人员从店铺中删除，需要先添加一个新的管理员，接着用新的管理员账号登录，进入管理界面，然后将之前的账号删除。被删除的管理员登录有赞后，无法进入之前管理的店铺。

8.3.4　客服回复的技巧

客服虽说是一个比较简单的工作，却代表了一个店铺对待客户的理念，也代表了整个店铺的整体形象。客服的工作并非简单地与客户交流，而是需要更多的热情和耐心，要能够从对话中了解到客户的需求，需要使用一些回答技巧引导客户下单并成为老顾客。下面来介绍一些客服回复的技巧与一些值得关注的问题。

■ **回复及时**

在客户发送消息过来后，应该在第一时间回复，不让客户久等。沟通的及时性就是让客户在发现店铺的商品时，能够及时联络到卖家。客户进入网店后不管采用哪一种方式进行询问，网络客服都要在第一时间向客户回答"您好"，然后报以微笑的表情。微笑是生命的一种呈现，也是工作成功的象征。所以当迎接顾客时，哪怕只是一声轻轻的问候也要送上一个真诚的微笑，虽说网上与客户交流是看不见对方的，但言语之间是可以感受得到客服的诚意与服务的。多用些表情，无论哪一种表情都会将自己的情感信号传达给对方。例如，"欢迎光临！""感谢您的惠顾"，都要轻轻地加上一个微笑。加与不加给人的感受是完全不同的，不要让冰冷的字体语言遮住你的微笑。

若不能及时回答问题，要先回复"请稍等"。生意好的时候，一个客服可能需要同时接待几十个顾客，这时还是要反应快，来不及一个个慢慢回复，对于难以回答需要求助上级的问题，都不要胡乱回答，也不要把顾客晾着空等，可以先回复"不好意思，亲，现在比较忙，请稍等哦"，这样顾客比较能够接受，回复晚了也是可以谅解的。等到稍微空闲时，应该立刻为该用户服务。

■ **自动回复**

自动回复，就是当用户关注或者发送一条消息给公众号时，系统会根据商家预先设置好的条件和内容，给用户回复一条消息。这样一方面能减少商家的运营成本，同时也让用户自助、高效地了解更多信息。

在有赞商城店铺后台单击"营销"，再单击"自动回复"，按"新建自动回复"按钮，接着设置关键词自动回复，只要识别到用户的信息是关键词或包含关键词，系统就会返回预先设置的内容，如图文、音频、店铺、活动链接等。

添加关键词自动回复，需要单击左边的"新建自动回复"并编辑好这个规则的名称，输入关键词，选择全匹配或者模糊匹配，如图 8-81 所示。最后编辑好回复内容；关键词可以关联图文、店铺主页、会员主页等内容，然后单击"确定"即可。

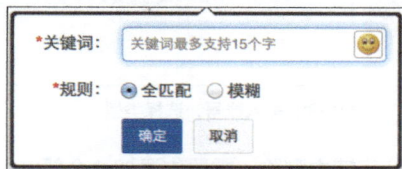

图8-81　设置关键词自动回复

在自动回复设置中，还可开启信息托管模式，信息托管模式开启后，不管粉丝发什么信息过来，在未触发其他自动回复规则时，就会回复设置的内容。单击"信息托管"，然后设置时间段和回复内容，按提示保存即可，如图8-82所示。

"分时段开启"的功能是管理消息托管有效时间，如设置了22:00~08:00时间段开启，那么消息托管只有在今日晚上10点到第二日上午8点生效。

图8-82 开启信息托管模式

信息托管设置为了避免让粉丝感觉到骚扰，同样的内容1个小时内只会回复1次。可以自己设置生效的时间段、每周具体哪几天使用、多久时间没有应答开启这个回复、多少分钟内只回复一次。

■ **快捷短语**

为了更高效率地为呼入客户提供咨询，要根据日常工作经验搜集和设计好一些专业的沟通话语，并预先将其设定为固定快捷短语备用。对店铺所展示的商品与现在进行的活动有透彻的了解，对于客户可能会提出的疑问提前做准备，设置快捷短语，是客服日常工作中使用频率较高的、经验证实有效而可行的问题回复方式。

快捷短语分为两种：一种是预先设定好的话语，如遇到客户议价如何回复、客户呼入进来回复的第一句话怎么说、客户对商品功能有疑问时如何解答，这些都可以按照以往的经验做成固定的话术；另一种是在参加大型促销活动期间，当某个问题成为一个共性问题的时候，就要设定一个快捷回复来统一客服对外的话语。

快捷回复的设置能够有效优化客服的售中沟通技巧和沟通效果，可以缩短顾客的等待时间，大大提升成交率。另外，在文字沟通中，适当地加入有趣的表情，代替客服的表情展现在客户面前，可以为服务增加亲和力，离成功更近一步。

■ **推荐商品的技巧**

向客户推荐产品，就要学会能根据客户的需求方向去推荐。当客户询问客服产品时，应该尽心介绍产品，尽量引发这个客户对产品的兴趣，并且根据他的反应调整推荐产品的方向。任何一种沟通技巧都不是对所有客户一概而论的，针对不同的客户应该采用不同的说话技巧。

1. 顾客对商品了解程度不同，沟通方式也有所不同

如果客户对商品缺乏认识，不了解，这类顾客对商品知识缺乏，对客服依赖性强。对于这样的顾客需要客服像对待朋友一样去细心解答，多从他的角度考虑去给他推荐，并且告诉他你推荐这些商品的原因。对于这样的顾客，解释得越细致越有可能促使他下单。

如果客户对商品有些了解，但是一知半解，这类顾客对商品了解一些，比较主观，易冲动，不太容易信赖别人。面对这样的顾客，这时就要控制情绪，理智耐心地回答，向他展示丰富的专业知识，让他认识到自己的不足，从而购买。

如果客户对商品非常了解：这类顾客知识面广，自信心强，问题往往都能问到点子上。面对这样的顾客，要表示出你对他专业知识的欣赏，用商量的口气和他探讨专业的知识，给他来自内行的推荐，告诉他"这个才是最好的，你一看就知道了"，让他感觉到自己真的被当成了内行的朋友，而且你尊重他的知识，你给他的推荐肯定是最好的。

2. 对价格要求不同的顾客，推荐的方式也有所不同

有的顾客很大方，说一不二，看见客服说不能砍价就不讨价还价。对待这样的顾客要表达你的感谢，并且主动告诉他一些优惠活动，会赠送什么样的小礼物。这样，让顾客感觉物超所值。

有的顾客会试探性地问能不能还价。对待这样的顾客既要坚定地告诉他不能议价，同时也要态度和缓地告诉他这样的价格是物有所值的，谢谢他的理解和合作。

有的顾客就是要讨价还价，不讲价就不高兴。对于这样的顾客，除了要坚定重申客服的原则外，要有理有节地拒绝他的无理要求，不要被他各种威胁和祈求动摇。适当时建议他再看看其他价格优惠的商品。

3. 对商品要求不同的顾客，推荐的方式也有所不同

有的顾客因为买过类似的商品，所以对购买的商品质量有清楚的认识，对于这样的顾客是很好打交道的。也有顾客将信将疑，会问"图片和商品是一样的吗？"对于这样的顾客要耐心解释，在肯定是实物拍摄的同时也要提醒他难免会有色差。当他有一定的思想准备，就不会把商品想象得太过完美。还有的顾客非常挑剔，在沟通的时候就可以感觉到，他会反复问有没有瑕疵？有没有色差？有问题怎么办？这个时候就要意识到这是一个完美主义者，除了要实事求是地介绍商品，还要实事求是地把一些可能存在的问题都告诉他，告诉他任何商品都不是十全十美的。如果顾客还坚持要完美的商品，就应该委婉地建议他选择实体店购买需要的商品。

另外，除了回复以外，还有一个有利于推荐商品的技巧，那就是询问。因为买家通常都是不专业的，在很多时候他不清楚自己究竟想要什么，那么我们就需要通过"问"来挖掘他的真实需求，这样才能有针对性地做出推荐。

第一步可以概括式地询问。如"您经常上网购物吗？""平时都买哪方面的物品？""一般都什么时候购物呢？"这些信息有助于网络客服对客户有一个大体了解。

第二步要具体问一下想购买什么产品，如"平时喜欢什么样风格的衣服"。这个时候可以配合封闭式的问题进行提问。如"喜欢淑女装还是休闲装？""喜欢颜色鲜艳的还是颜色淡一点的？""想要T恤、连衣裙还是短裤。"

第三步挖掘客户最看重的是什么。如"您在网上买衣服的时候最注重的是哪些方面呢？"有的客户会回答"质量"。质量有很多含义，如衣服的质地、样式、品质等。那网络客服就要再深入挖掘客户的需求，让这个"质量"具体化一些。

■ 处理异议情景

通过沟通和推荐产品，客户可能会产生一些异议，为很好地处理这些异议，网络客服还要学一个技巧，叫作回应。回应就是在沟通的过程中，对客户提出的各种问题进行回复和解释，当然所有的回复皆以解决买家的异议并促进其购买为第一目的。

如果顾客说："我要考虑一下。"这种情况下，应该向客户展示如果及时交易可获得的利

益，如果错过，今后可能要以更多的价格才能购买，主要表达的是"机不可失，时不再来"的思想。

　　如果顾客说："太贵了。"可参照以下方式处理。

　　（1）比较法：与同类产品进行比较。如市场××牌子的××钱，这个产品比××牌子便宜多啦，质量还比××牌子的好。与同价值的其他物品进行比较。如××钱现在可以买a、b、c、d等，而这种产品是您目前最需要的，现在买一点儿都不贵。

　　（2）拆散法：将产品的几个组成部件拆开来，一部分一部分来解说，每一部分都不贵，合起来就更加便宜了。

　　（3）平均法：将产品价格分摊到每月、每周、每天，尤其是对一些高档服装销售最有效。买一般服装只能穿多少天，而买品牌可以穿多少天，平均到每一天进行比较，买贵的品牌显然划算。

　　如果顾客说："能不能便宜一些？"可参照以下方式处理。

　　（1）得失法：交易就是一种投资，有得必有失。单纯以价格来进行购买决策是不全面的，光看价格，会忽略品质、服务、产品附加值等，这对购买者本身是个遗憾。

　　（2）底牌法：这个价位是产品目前在全国最低的价位，已经到了底儿，您要想再低一些，我们实在办不到。通过亮出底牌，让顾客觉得这种价格在情理之中，买得不亏。

■ **促成交易**

　　一切在线销售的最终目的就是促成交易，网络客服在促成交易的时候要注意以下问题。

　　（1）认真体察客户是为了更好地做销售，所以一定要以服务客户最终成交作为导向。

　　（2）只有将心比心，换位思考才能够正确地了解客户的潜台词。

　　（3）建议用多种方式了解和体察客户，如历史购买记录、用语习惯等。

　　（4）网络客服对客户的了解不一定要让他都知道，只要做出相应的措施即可。

　　（5）分析客户的最终目的还是要为客户着想以便达成交易，注意最后关头要鼓励他一把。

第 **9** 章

源代码的开发（以新浪SAE为例）

源代码就是指编写的最原始程序的代码。我们所运行的软件是要经过编写的，程序员编写程序的过程中需要他们的"语言"。就像音乐家用五线谱，建筑师用图纸，那程序员的工作的语言就是"源码"了。

新浪SAE是新浪研发中心于2009年8月开始内部开发，并在2009年11月3日正式推出第一个Alpha版本的国内首个公有云计算平台，SAE是新浪云计算战略的核心组成部分。SAE提供了一系列分布式计算、存储服务供开发者使用，包括分布式文件存储、分布式数据库集群、分布式缓存、分布式定时服务等，这些服务将大大降低开发者的开发成本。同时又由于SAE整体架构的高可靠性和新浪的品牌保证，大大降低了开发者的运营风险。

9.1 接入并登录SAE

　　首先在浏览器输入"新浪SAE"进行搜索，然后在结果中找到带有官网标志的网站链接，如图9-1和图9-2所示。

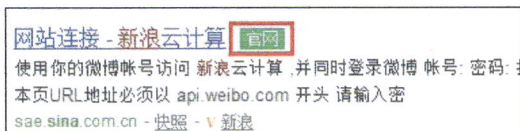

图9-1 搜索新浪SAE官网链接

图9-2 百度搜索，官网链接

　　点击官网网站链接，便会出现新浪微博登录界面，如图9-3所示。新浪云的账号需要使用微博账号登录，如果当前没有微博账号，需要先注册微博账号，再用微博账号访问新浪云计算。如果注册新浪云用于企业服务，建议用所在公司的企业邮箱注册一个全新的微博账号专门用于登录新浪云。将账号密码输入相关文本框，然后单击"登录"；或单击页面右上角的"二维码登录"链接，在页面上就会出现一个二维码，然后使用手机新浪微博客服端扫描二维码，便可登录新浪云计算。

图9-3 输入账号密码，单击"登录"

　　单击"登录"之后，会出现新浪云计算授权界面，在新页面上单击"连接"即可。绑定微博账号后需确认身份，如图9-4所示。在文本中输入手机号码，然后单击蓝色按钮"获取验证码"，接着等待新浪网将验证码发送至手机上，将接收到的6位数注册验证码输入"手机验证码"文本框中。然后在"安全邮箱"与"安全密码"中分别输入邮箱与密码，所填写的安全邮箱与安全密码十分重要，是部署代码即管理应用等重要操作时所使用的邮箱与密码。最后还需要输入验证码，即将图中的数字、字母所组成的验证码输入文本框中即可，接着勾选"接受新浪云用户协议"前的小方格，再单击"下一步"就完成这一步设置。

图9-4 确认身份

完成"确认身份"之后，就会出现"注册成功"界面，如图9-5所示，接着单击"进入用户中心"便可进入云计算。

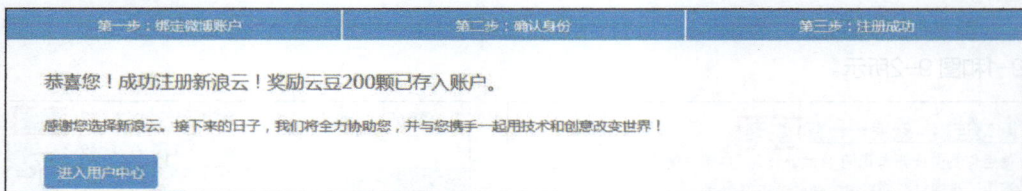

图9-5 注册成功

微信公众号接入新浪SAE需要在云应用SAE界面中创建新应用。进入新浪云计算用户中心后，在页面左上方单击控制台，接着在出现的几项选择中单击"云应用SAE"，如图9-6所示。

然后单击"创建新应用"如图9-7所示，接着会出现一个提示对话框，说明普通型用户创建应用后，将会每日收取10云豆作为应用租金，在对话框中单击"继续创建"。

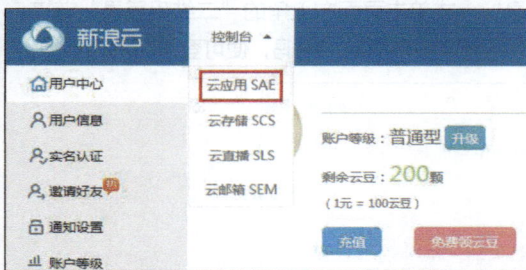

图9-6 单击"云应用SAE"

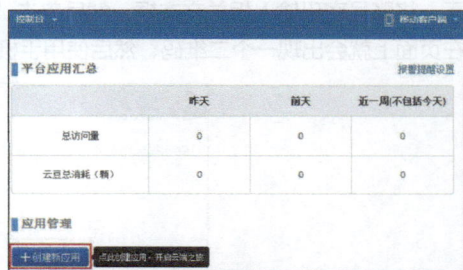

图9-7 单击"创建新应用"

创建新应用首先要填写域名与应用名称，如图9-8所示。填写二级域名，域名仅允许由数字，字母组成，长度为4~18位，创建后不可修改；应用名称应填写应用的中文名称，供显示用。

接着在运行环境中单击左右按钮，找到并单击"微信公众平台PHP SDK"，如图9-9所示，单击"创建应用"。之后

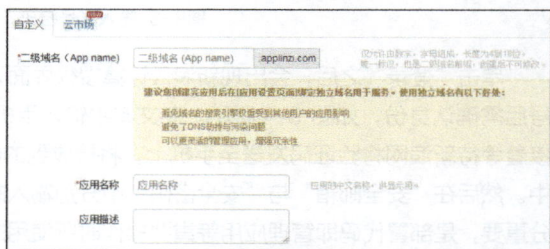

图9-8 填写域名、名称

页面上会出现发表微博的窗口，单击窗口中的"点此管理该应用"链接，进入应用界面。

图9-9 选择"微信公众平台PHP SDK"

创建完成后，进入应用页面，单击页面左侧的"应用"，然后在下方出现的多项选择中单击"代码管理"，如图 9-10所示，图中的链接就是之后所需要的URL地址。接着在页面中找到该应用的信息，即图 9-10，单击右侧的"上传代码包"链接，将微信接口文件代码包上传（代码包可在微信公众平台下载）。

图9-10　单击"编辑代码"

上传代码之后，单击图 9-10中的"编辑代码"，便会出现安全验证窗口，输入密码之后，单击"安全验证"，便会进入编辑代码界面，如图 9-11所示。

图9-11　"编辑代码"界面

双击图 9-11中的"index.php"文件，查看代码是否上传成功，上传成功之后便完成了应用的开发，之后便可登录微信公众平台进行接口设置。

在公众平台上填写配置信息，登录微信公众平台，在开发项单击"基本配置"，接着在页面单击"修改配置"，如图 9-12所示。

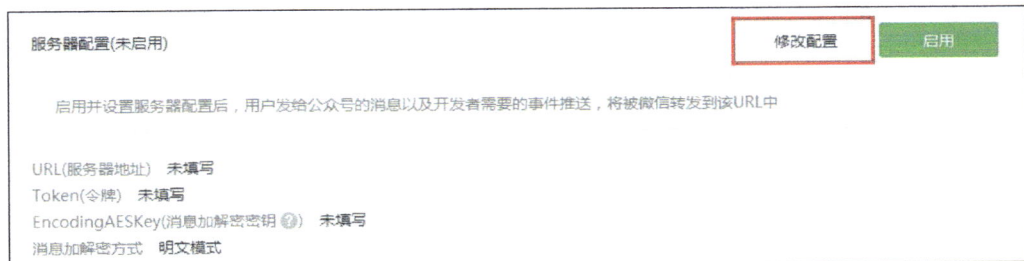

图9-12　单击"修改配置"

在公众平台需要填写的参数有：服务器地址，即URL；令牌，即Token；消息加密密钥，即EncodingAESKey。填的URL为图 9-10的链接，即云应用的域名；Token在index.php中定义为weixin；填写微信公众平台中的URL和Token的配置信息时不要填错，不然无法验证成功。EncodingAESKey，单击"随机生成"就会自动生出长串字符密码，最后单击"提交"，如图9-13所示。

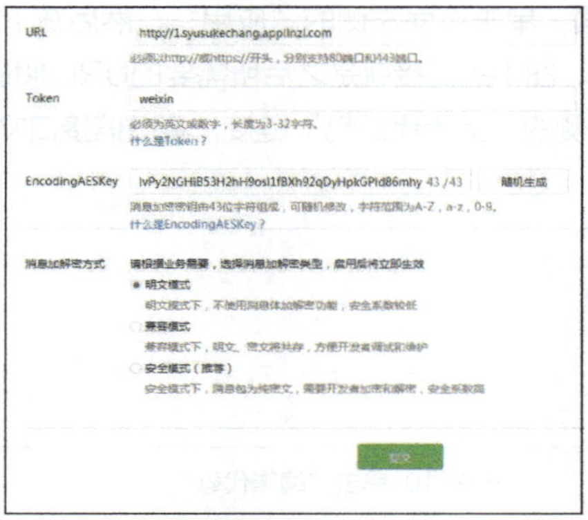

图9-13 填写配置参数

　　单击"提交"之后，便会出现二维码扫描界面，使用手机微信扫描该二维码，在手机界面点击"确定"修改服务器配置，如果一切顺利，便可设置成功。如果提示"token验证失败"，可以先重试几次，微信服务器有时不稳定。另外新浪SAE要求进行实名认证，请先上传身份证进行实名认证并通过审核后再试。

　　设置成功之后，便会回到微信公众平台的基本配置界面，单击"启用"，然后再单击出现的询问对话框中的"确定"，开启后，页面会变成如图 9-14所示，用户发送的消息将自动转发到该配置地址，并且在网站中设置的自动回复和自定义菜单将会失效。

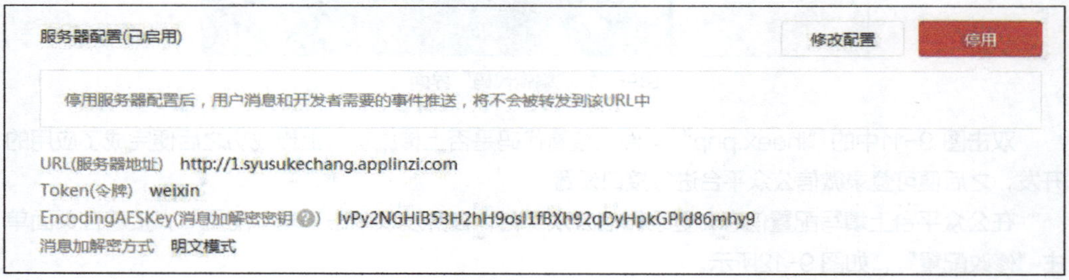

图9-14 页面变化

9.2 消息接受与回复

1. 接收消息

　　URL接口验证以后，公众平台账号收到的消息将由微信服务器使用HTTP POST推送至该URL。消息内容为XML格式，消息类型有文本、图片、语音、视频等。各消息类型的推送XML数据包结构如下。

■ 文本消息模板

```
<xml>
<ToUserName><![CDATA[toUser]]></ToUserName>
<FromUserName><![CDATA[fromUser]]></FromUserName>
<CreateTime>1348831860</CreateTime>
```

```
<MsgType><![CDATA[text]]></MsgType>
<Content><![CDATA[this is a test]]></Content>
<MsgId>1234567890123456</MsgId>
</xml>
```

其中，ToUserName和FromUserName分别为公众账号和用户账号的表识串；MsgType标识消息类型；"text"表明消息是文本消息；文本内容放置在Content字段；消息接口中定义的消息创建时间CreateTime，它表示1970年1月1日0时0分0秒至消息创建时所间隔的秒数，注意是间隔的秒数，不是毫秒数。

■ **图片信息模板**

```
<xml>
<ToUserName><![CDATA[toUser]]></ToUserName>
<FromUserName><![CDATA[fromUser]]></FromUserName>
<CreateTime>1348831860</CreateTime>
<MsgType><![CDATA[image]]></MsgType>
<PicUrl><![CDATA[this is a url]]></PicUrl>
<MediaId><![CDATA[media_id]]></MediaId>
<MsgId>1234567890123456</MsgId>
</xml>
```

其中与文本信息编码中相同的字符所表示的意义也相同，可参考上面的解释。其他参数的意思是：PicUrl为图片链接；MediaId是图片消息媒体id，可以调用多媒体文件下载接口拉取数据。

其他类型的推送XML数据包不多做阐释，可在微信公众平台的开发文档中查看。

■ **接口调试工具**

微信公众平台提供了网页版接口调试工具，为开发者检测调用"微信公众平台开发者API"时发送的请求参数是否正确，提交相关信息后可获得服务器的验证结果。

在微信公众平台的开发文档中单击"使用网页调试工具调试该接口"的链接，如图 9-15所示，会出现接口调试页面。先选择接口调试类型和接口列表，系统会生成该接口的参数表，所选择的接口列表不同，生成的参数表也不同，开发者可以直接在文本框内填入对应的参数值。

在填写信息的过程中，填写的信息符合要求，就会在该项的下方出现"校验通过"的绿色字样，如果有出现填写错误的情况，则会出现"不合法数字"或其他红色字样，需要将那一项改正。填写完毕之后，单击"检查问题"按钮，即可得到相应的调试信息。

图9-15 接口调试工具

2. 回复消息

当用户发送消息给公众号时（或某些特定的用户操作引发的事件推送时），会产生一个POST请求，开发者可以在响应包（Get）中返回特定XML结构来对该消息进行响应（现支持回复文本、图片、图文、语音、视频、音乐）。严格来说，发送被动响应消息其实并不是一种接口，而是对微信服务器发来的消息的一次回复。各种回复类型的编码模板如以下所示。

■ **文本回复信息编码模板**

```
<xml>
<ToUserName><![CDATA[toUser]]></ToUserName>
<FromUserName><![CDATA[fromUser]]></FromUserName>
<CreateTime>12345678</CreateTime>
<MsgType><![CDATA[text]]></MsgType>
<Content><![CDATA[你好]]></Content>
</xml>
```

其中，ToUserName为接收方账号，FromUserName为开发者微信号，CreateTime为消息创建时间（整型），MsgType为回复类型，如文本回复就是text，以上4项参数出现在后面的编码中，也为同样的意思。

■ **图片回复消息编码模板**

```
<xml>
<ToUserName><![CDATA[toUser]]></ToUserName>
<FromUserName><![CDATA[fromUser]]></FromUserName>
<CreateTime>12345678</CreateTime>
<MsgType><![CDATA[image]]></MsgType>
<Image>
<MediaId><![CDATA[media_id]]></MediaId>
</Image>
</xml>
```

图片回复消息的MsgType为Image，MediaId为通过素材管理中的接口上传多媒体文件得到的ID。

■ **语音回复消息编码模板**

```
<xml>
<ToUserName><![CDATA[toUser]]></ToUserName>
<FromUserName><![CDATA[fromUser]]></FromUserName>
<CreateTime>12345678</CreateTime>
<MsgType><![CDATA[voice]]></MsgType>
<Voice>
<MediaId><![CDATA[media_id]]></MediaId>
</Voice>
</xml>
```

■ **视频信息编码模板**

```
<xml>
```

```
<ToUserName><![CDATA[toUser]]></ToUserName>
<FromUserName><![CDATA[fromUser]]></FromUserName>
<CreateTime>12345678</CreateTime>
<MsgType><![CDATA[video]]></MsgType>
<Video>
<MediaId><![CDATA[media_id]]></MediaId>
<Title><![CDATA[title]]></Title>
<Description><![CDATA[description]]></Description>
</Video>
</xml>
```

编码中的Title为视频消息的标题，Description为视频消息的描述，这两项都不是必须填写的项目。

■ 音乐消息回复模板

```
<xml>
<ToUserName><![CDATA[toUser]]></ToUserName>
<FromUserName><![CDATA[fromUser]]></FromUserName>
<CreateTime>12345678</CreateTime>
<MsgType><![CDATA[music]]></MsgType>
<Music>
<Title><![CDATA[TITLE]]></Title>
<Description><![CDATA[DESCRIPTION]]></Description>
<MusicUrl><![CDATA[MUSIC_Url]]></MusicUrl>
<HQMusicUrl><![CDATA[HQ_MUSIC_Url]]></HQMusicUrl>
<ThumbMediaId><![CDATA[media_id]]></ThumbMediaId>
</Music>
</xml>
```

编码中的MusicUrl为音乐链接，HQMusicUrl为高质量音乐链接，WiFi环境优先使用该链接播放音乐，这两项并不是必须填写的；ThumbMediaId为缩略图的媒体ID，通过素材管理中的接口上传多媒体文件得到的ID，必须填写。

■ 图文消息回复编码模板

```
<xml>
<ToUserName><![CDATA[toUser]]></ToUserName>
<FromUserName><![CDATA[fromUser]]></FromUserName>
<CreateTime>12345678</CreateTime>
<MsgType><![CDATA[news]]></MsgType>
<ArticleCount>2</ArticleCount>
<Articles>
```

```
<item>
<Title><![CDATA[title1]]></Title>
<Description><![CDATA[description1]]></Description>
<PicUrl><![CDATA[picurl]]></PicUrl>
<Url><![CDATA[url]]></Url>
</item>
<item>
<Title><![CDATA[title]]></Title>
<Description><![CDATA[description]]></Description>
<PicUrl><![CDATA[picurl]]></PicUrl>
<Url><![CDATA[url]]></Url>
</item>
</Articles>
</xml>
```

ArticleCount为图文消息个数，限制为10条以内；Articles为多条图文消息信息，默认第一个item为大图,注意，如果图文数超过10，则将会无响应；PicUrl为图片链接，支持JPG、PNG格式，较好的效果为大图360像素×200像素，小图200像素×200像素；Url为单击图文消息跳转链接。

消息回复的编码做好后，可上传至新建应用中使用。如果出现"该公众号暂时无法提供服务，请稍后再试"的情况，可能是开发者在5秒内未回复任何内容或开发者回复了异常数据，如JSON数据等，需要对编码进行检测，登录新浪SAE，找到新建应用然后单击"编辑代码"即可。

另外，回复图片等多媒体消息时需要预先通过素材管理接口上传临时素材到微信服务器，可以使用素材管理中的临时素材，也可以使用永久素材。

9.3 位置与天气编写

1. 地理位置

在微信公众服务号开发需求中经常有获取用户位置信息的功能，通过用户的位置信息，可以做一些地图导航，以及基于LBS的营销活动。地理位置获取流程如图9-16所示。

开通了上报地理位置接口的公众号，用户在关注后进入公众号会话时，会弹框让用户确认是否允许公众号使用其地理位置。弹框只在关注后出现一次，用户以后可以在公众号详情页面进行操作。第三方在收到地理位置上报信息之后，只需要回复success表明收到即可，不允许回复粉丝消息。

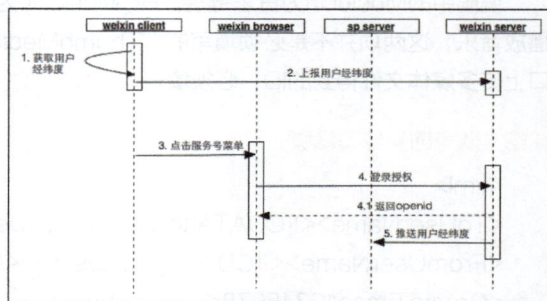

图9-16 位置信息获取流程

用户同意上报地理位置后，每次进入公众号会话时，都会在进入时上报地理位置，上报地理位置以推送XML数据包到开发者填写的URL来实现。

推送XML数据包示例：

```
<xml>
<ToUserName><![CDATA[toUser]]></ToUserName>
<FromUserName><![CDATA[fromUser]]></FromUserName>
<CreateTime>123456789</CreateTime>
<MsgType><![CDATA[event]]></MsgType>
<Event><![CDATA[LOCATION]]></Event>
<Latitude>23.137466</Latitude>
<Longitude>113.352425</Longitude>
<Precision>119.385040</Precision>
</xml>
```

Event为事件类型，即LOCATION；Latitude为地理位置纬度；Longitude为地理位置经度；Precision为地理位置精度。

2. 天气

推送天气情况需要先行获得用户的地理位置信息，才能为用户提供相应地区的天气预报。同时需要通过中国天气网提供的开放API进行相关地区天气查询。

用户发送过来查询天气的消息的格式是固定好的，即"地区+天气"，所以，首先截取后两个字，判断是否为"天气"关键词。

使用php函数 mb_substr() 截取，关于该函数的用法如图 9-17 所示。

```
mb_substr – 获取字符串的部分

    string mb_substr ( string $str , int $start [, int $length [, string $encoding ]] )

说明：根据字符数执行一个多字节安全的 substr() 操作。位置是从 str 的开始位置进行计数。第一个字符的位置是 0。第二个字符的位置是 1，以此类推。

参数：
str
从该 string 中提取子字符串。

start
str 中要使用的第一个字符的位置。
正数 -> 从字符串开头指定位置开始；
负数 -> 从字符串结尾指定位置开始；

length
str 中要使用的最大字符数。
正数 -> 从 start 处开始最多包括 length 个字符；
负数 -> string 末尾处的 length 个字符将会被扔掉（若 start 是负数则从字符串开头算起）。

encoding
encoding 参数为字符编码。如果省略，则使用内部字符编码。

返回值：
mb_substr() 函数根据 start 和 length 参数返回 str 中指定的部分。
```

图9-17 函数用法

$str = mb_substr($keyword,-2,2,"UTF-8");

从消息的结尾数第二个字符开始截取，截取两个字符，然后加以判断是否为"天气"关键词。下面进行地区提取，还是使用 mb_substr() 函数。从消息的开头开始，截掉末尾的两个字符（天气），即得地区关键词。然后进行判断，继而调用函数查询天气数据。

```
if($str == '天气' && !empty($str_key))
{
//调用函数查询天气数据
}
```

weather() 函数查询返回信息比较全面，也是以json格式提供，格式如下。

```
{"weatherinfo":{
//基本信息;
"city":"北京","city_en":"suzhou",
"date_y":"2013年7月9日","date":"","week":"星期二","fchh":"18","cityid":"101190401",
//摄氏温度
"temp1":"30℃~37℃",
"temp2":"30℃~37℃",
"temp3":"29℃~35℃",
"temp4":"27℃~33℃",
"temp5":"27℃~31℃",
"temp6":"27℃~35℃",
//华氏温度;
"tempF1":"86℉~98.6℉",
"tempF2":"86℉~98.6℉",
"tempF3":"84.2℉~95℉",
"tempF4":"80.6℉~91.4℉",
"tempF5":"80.6℉~87.8℉",
"tempF6":"80.6℉~95℉",
//天气描述;
"weather1":"晴转多云",
"weather2":"晴转多云",
"weather3":"晴转多云",
"weather4":"多云",
"weather5":"雷阵雨转中雨",
"weather6":"雷阵雨转多云",
//天气描述图片序号
"img1":"0",
"img2":"1",
"img3":"0",
```

```
"img4":"1",
"img5":"0",
"img6":"1",
"img7":"1",
"img8":"99",
"img9":"4",
"img10":"8",
"img11":"4",
"img12":"1",
//图片名称;
"img_single":"1",
"img_title1":"晴",
"img_title2":"多云",
"img_title3":"晴",
"img_title4":"多云",
"img_title5":"晴",
"img_title6":"多云",
"img_title7":"多云",
"img_title8":"多云",
"img_title9":"雷阵雨",
"img_title10":"中雨",
"img_title11":"雷阵雨",
"img_title12":"多云",
"img_title_single":"多云",
//风速描述
"wind1":"西南风3-4级",
"wind2":"西南风3-4级",
"wind3":"东南风3-4级",
"wind4":"东南风3-4级转4-5级",
"wind5":"东南风4-5级转西南风3-4级",
"wind6":"西南风3-4级转4-5级",
//风速级别描述
"fx1":"西南风",
"fx2":"西南风",
"fl1":"3-4级",
"fl2":"3-4级",
"fl3":"3-4级",
"fl4":"3-4级转4-5级",
```

"f15":"4-5级转3-4级",
"f16":"3-4级转4-5级",
//今日穿衣指数;
"index":"炎热",
"index_d":"天气炎热，建议着短衫、短裙、短裤、薄型T恤衫等清凉夏季服装。",
//48小时穿衣指数
"index48":"炎热",
"index48_d":"天气炎热，建议着短衫、短裙、短裤、薄型T恤衫等清凉夏季服装。",
//紫外线及48小时紫外线
"index_uv":"中等",
"index48_uv":"中等",
//洗车指数
"index_xc":"适宜",
//旅游指数
"index_tr":"较不宜",
//舒适指数
"index_co":"很不舒适",
"st1":"36",
"st2":"28",
"st3":"36",
"st4":"28",
"st5":"34",
"st6":"27",
//晨练指数
"index_cl":"较适宜",
//晾晒指数
"index_ls":"适宜",
//过敏指数
"index_ag":"不易发"}}

我们可以通过解析JSON，获取相应城市的天气数据。
weather() 函数如下。

```php
private function weather($n){
include("weather_cityId.php");
$c_name=$weather_cityId[$n];
if(!empty($c_name)){
$json=file_get_contents("http://m.weather.com.cn/data/".$c_name.".html");
```

```
return json_decode($json);
} else {
return null;
}
}
```

这里include了一个城市对应关系文件 weather_cityId.php，格式如下。

```
<?php
$weather_cityId = array("北京"=>"101010100","上海"=>"101020100","苏州"=>"101190401");
?>
```

根据传入的城市名，得到城市代码，如果不为空，则调用中国天气网的API进行查询，返回json格式的数据，然后进行解析并返回数据，如果为空，则返回null值。

判断返回数据是否为空，若为空，则 $contentStr = "抱歉，没有查到\" ".$str_key."\"的天气信息！"；若返回数据不为空，会返回相关的信息，如下所示。

```
$contentStr = "【".$data->weatherinfo->city."天气预报】\n".$data->weatherinfo->date_y." ".$data->weatherinfo->fchh."时发布"."\n\n实时天气\n".$data->weatherinfo->weather1." ".$data->weatherinfo->temp1." ".$data->weatherinfo->wind1."\n\n温馨提示：".$data->weatherinfo->index_d."\n\n明天\n".$data->weatherinfo->weather2." ".$data->weatherinfo->temp2." ".$data->weatherinfo->wind2."\n\n后天\n".$data->weatherinfo->weather3." ".$data->weatherinfo->temp3." ".$data->weatherinfo->wind3;
```

9.4　小游戏编写规则

要编写一个小游戏，需要先将该游戏的规则写得清楚明白，要找到游戏进行的流程、奖励等。以一个小游戏——贪吃蛇为例。

■ 规则

这个游戏很简单，通过玩家的操作来控制蛇移动的方向，使贪吃蛇迟到果实，并且不让蛇的身体碰到墙壁。

程序启动后，载入游戏并初始化，同时定时器启动。按下4个方向键中的任意一个后，蛇身开始运动，界面内随机出现果实。根据键盘控制蛇的移动。判断是否吃到果实，如果没吃到果实，就继续随键盘控制而移动；如果吃到一个果实，蛇身增加一节，随机生成下一个果实，并继续随键盘控制而移动。判断蛇头坐标和自身或者墙坐标是否重合，如果不重合，就继续随键盘控制而移动；

233

如果重合，游戏结束。

编写游戏中需要注意的是：

（1）要实现贪吃蛇自动向前移动，根据时间间隔，每一次将贪吃蛇的每节身体分别向前移动一格。移动方向为贪吃蛇当前行走方向。

（2）要使玩家能够通过键盘的上下左右4个方向控制贪吃蛇当前行走方向，吃掉屏幕上出现的果实。

（3）在游戏中，果实的出现，采用随机方式。当前一个果实被吃掉时，屏幕上随机出现另一个果实，且果实不与蛇身重合。

■ 编写代码

撰写游戏的相关规则后，就可以着手游戏代码了。"贪吃蛇"的构成可大致分为"蛇""食物""墙壁"3个部分，因此首先就要将这3个要素编写出来。蛇身初始化编码，如下所示。

```
void init() {
initscr();//屏幕控制初始化，如果成功，返回一个只想stdscr结构的指针
raw(); //关闭特殊字符的处理
noecho();//关闭输入字符的回显功能
keypad(stdscr, TRUE);
curs_set(0);
nodelay(stdscr, TRUE);
}
```

蛇身的初始化编码

"蛇"与"食物"，它们用结构体表示出来，如下所示。

```
struct Snack {
int x[100];
int y[100];
int node;
int life;
int direction;
} snack;
struct Food {
int X, Y;
int set;
} food;
```

结构体

接着打印出蛇身和食物，如下所示。这里的"打印"就是C语言中的printf()函数，是一种最常

用的格式化输出函数，其原型为：int printf(char * format, ...)；printf()会根据参数 format 字符串来转换并格式化数据，然后将结果输出到标准输出设备（显示器），直到出现字符串结束('\0')为止。

```
void draw() {
snack.x[0] = 6;
snack.y[0] = 3;
snack.x[1] = 5;
snack.y[1] = 3;
snack.x[2] = 4;
snack.y[2] = 3;
snack.life = 0;
snack.node = 3;
snack.direction = 4;
food.set = 0;
color();
d_e();
for (i = 0; i < snack.node; i++)
mvprintw(snack.y[i], snack.x[i], "*");
refresh();
timer = time(NULL);
}
```

打印出蛇身和食物

mvprintw()函数为int myprintw(int y, int x, char *format, ...)
然后在指定的位置打印(x,y)字符串format。随机生成食物，如下所示。

```
if (food.set == 0) {
food.X = rand() % 50;
while (food.X == 0 || food.X == 49)
food.X = rand() % 50;
food.Y = rand() % 20;
while (food.Y == 0 || food.Y == 19)
food.Y = rand() % 20;
food.set = 1;
}
```

食物生成

打印四面墙的模板如下所示。其中start_color()函数对curses的颜色例程进行初始化；init_pair()函数对准备使用的颜色组合进行初始化；attron()函数在不影响其他属性的前提下启用制定的属性。

```
void color() {
start_color();
init_pair(1, COLOR_GREEN, COLOR_RED);
attron(COLOR_PAIR(1));
for (i = 0; i < 50; i++)
mvaddch(0, i, '*');
for (i = 0; i < 20; i++)
mvaddch(i, 0, '*');
for (i = 49; i >= 0; i--)
mvaddch(19, i, '*');
for (i = 19; i >= 0; i--)
mvaddch(i, 49, '*'); //box(stdscr,'*','*');

attroff(COLOR_PAIR(1));
}
```

打印四面墙

在贪吃蛇游戏中，蛇身的移动也是游戏的重要组成部分。只有蛇身能够移动转向，才能将游戏推动下去。在游戏中玩家能够控制蛇身的移动方向，所以编程中需要能够判断前进方向，这一项编码如下所示。

```
void judge() {
if (snack.direction == 1) //up
snack.y[0]--;
else if (snack.direction == 2)//down
snack.y[0]++;
else if (snack.direction == 3)//left
snack.x[0]--;
else //right
snack.x[0]++;
}
ch = getch();
switch (ch) {
case (KEY_UP):
if (snack.direction == 3 || snack.direction == 4) {
```

判断前进方向

236

```
snack.y[0]--;
snack.direction = 1;
} else if (snack.direction == 1)
snack.y[0]--;
else
snack.y[0]++;
break;
case (KEY_DOWN):
if (snack.direction == 3 || snack.direction == 4) {
snack.y[0]++;
snack.direction = 2;
} else if (snack.direction == 1)
snack.y[0]--;
else
snack.y[0]++;
break;
case (KEY_LEFT):
if (snack.direction == 1 || snack.direction == 2) {
snack.x[0]--;
snack.direction = 3;
} else if (snack.direction == 3)
snack.x[0]--;
else
snack.x[0]++;
break;
case (KEY_RIGHT):
if (snack.direction == 1 || snack.direction == 2) {
snack.x[0]++;
snack.direction = 4;
} else if (snack.direction == 3)
snack.x[0]--;
else
snack.x[0]++;
break;
```

判断前进方向（续）

当贪吃蛇吃到食物后，需要进行加分奖励，因此在编程中也需要注意判断蛇是否吃到食物，吃到食物的个数以及奖励分数等，如下所示。

```
if (snack.x[0] == food.X && snack.y[0] == food.Y) {
food.set = 0;
snack.node++;
score += 10;
for (i = snack.node − 1; i > 0; i−−) {
snack.x[i] = snack.x[i − 1];
snack.y[i] = snack.y[i − 1];
}
judge();
}
```

蛇吃到食物

游戏开始之后，蛇身碰到墙壁即游戏失败，因此也需要在代码中编写判断游戏结束的程序，如下所示。

```
if ((snack.x[0] == snack.x[i] && snack.y[0] == snack.y[i])
|| snack.x[0] == 0 || snack.y[0] == 0 || snack.x[0] == 49
|| snack.y[0] == 19) {
for (i = 1; i < snack.node; i++) {
snack.x[i − 1] = snack.x[i];
snack.y[i − 1] = snack.y[i];
}
snack.y[snack.node − 1] = tem[0];
snack.x[snack.node − 1] = tem[1];
for (i = 0; i < snack.node; i++)
mvprintw(snack.y[i], snack.x[i], "*");
mvaddch(food.Y, food.X, '*');
start_attr();
mvprintw(10, 10, "You lose!");
mvprintw(11, 10, "Do you want again?(y/n)");
output();
snack.life = 1;
//sleep(1);

break;
}
```

游戏结束

贪吃蛇的完整程序如下所示。

```
#include<curses.h>
#include<stdlib.h>
#include<unistd.h>
#include<time.h>

struct Snack {
int x[100], y[100];
int node;
int life;
int direction;
} snack;
struct Food {
int X, Y;
int set;
} food;

struct timespec delay;
struct timespec dummy;
time_t timer;
int TIME = 0;
long Time, Time1 = 0, Time2 = 0;
int ptime[100];
int score = 0;
int i, tem[2], k = 0;
void color();
void init();
void draw();
void start_attr();
void output();
void play();
void judge();
int pause_time(int, int *);
void d_e();

int main(int argc, char **argv) {

init();
draw();
```

完整程序

```c
play();
return 0;
}

void d_e() {
int location = 18;
int ch2 = KEY_LEFT, which = 0;
char str[2][5] = { "Easy", "Hard" };
while (ch2 != '\n')

switch (ch2) {
case (KEY_LEFT):
if (location != 18) {
location -= 10;
which = 0;
}
break;
case (KEY_RIGHT):
if (location == 18) {
location += 10;
which = 1;
}
break;
}
mvprintw(8, 10, "Please choose the difficulty!");
mvprintw(10, 23, "_");
mvprintw(12, 18, "Easy");
mvprintw(12, 28, "Hard");
attron(A_REVERSE);
mvprintw(12, location, "%s", str[which]);
attroff(A_REVERSE);
refresh();
ch2 = getch();
}
/*Time2=time(NULL);
ptime[k]=Time2-Time1;
k++; */
if (location == 28)
```

完整程序（续）

```
delay.tv_nsec = 100000000;
else

delay.tv_nsec = 200000000;
}

int pause_time(int k, int *PTIME) {
int j;
int sum = 0;
for (j = 0; j < k; j++)
sum = sum + ptime[j];
return sum;
}
void judge() {
if (snack.direction == 1)
snack.y[0]--;
else if (snack.direction == 2)
snack.y[0]++;
else if (snack.direction == 3)
snack.x[0]--;
else
snack.x[0]++;
}
void color() {
start_color();
init_pair(1, COLOR_GREEN, COLOR_RED);
attron(COLOR_PAIR(1));
for (i = 0; i < 50; i++)
mvaddch(0, i, '*');
for (i = 0; i < 20; i++)
mvaddch(i, 0, '*');
for (i = 49; i >= 0; i--)
mvaddch(19, i, '*');
for (i = 19; i >= 0; i--)
mvaddch(i, 49, '*'); //box(stdscr,'*','*');

attroff(COLOR_PAIR(1));
}
```

完整程序（续）

```
void init() {
initscr();
raw();
noecho();
keypad(stdscr, TRUE);
curs_set(0);
nodelay(stdscr, TRUE);
}
void draw() {
snack.x[0] = 6;
snack.y[0] = 3;
snack.x[1] = 5;
snack.y[1] = 3;
snack.x[2] = 4;
snack.y[2] = 3;
snack.life = 0;
snack.node = 3;
snack.direction = 4;
food.set = 0;
color();
d_e();
for (i = 0; i < snack.node; i++)
mvprintw(snack.y[i], snack.x[i], "*");
refresh();

timer = time(NULL);
}
void output() {
color();
mvprintw(20, 0, "Score=%d", score);
mvprintw(20, 43, "Node=%d", snack.node);
mvprintw(21, 0, "Time=%ds", TIME);
attroff(A_REVERSE);
refresh();
}
void start_attr() {
attron(A_REVERSE);
}
```

完整程序（续）

```
void play() {
while (1) {
Time = time(NULL);
TIME = Time − timer − pause_time(k, ptime);

clear();
if (food.set == 0) {
food.X = rand() % 50;
while (food.X == 0 || food.X == 49)
food.X = rand() % 50;
food.Y = rand() % 20;
while (food.Y == 0 || food.Y == 19)
food.Y = rand() % 20;
food.set = 1;
}
tem[0] = snack.y[snack.node − 1];
tem[1] = snack.x[snack.node − 1];
for (i = snack.node − 1; i > 0; i−−) {
snack.x[i] = snack.x[i − 1];
snack.y[i] = snack.y[i − 1];
}
int ch = 0;
ch = getch();
switch (ch) {
case (KEY_UP):
if (snack.direction == 3 || snack.direction == 4) {
snack.y[0]−−;
snack.direction = 1;
} else if (snack.direction == 1)
snack.y[0]−−;
else
snack.y[0]++;
break;
case (KEY_DOWN):
if (snack.direction == 3 || snack.direction == 4) {
snack.y[0]++;
snack.direction = 2;
} else if (snack.direction == 1)
```

完整程序（续）

```
snack.y[0]--;
else

snack.y[0]++;
break;
case (KEY_LEFT):
if (snack.direction == 1 || snack.direction == 2) {
snack.x[0]--;
snack.direction = 3;
} else if (snack.direction == 3)
snack.x[0]--;
else
snack.x[0]++;
break;
case (KEY_RIGHT):
if (snack.direction == 1 || snack.direction == 2) {
snack.x[0]++;
snack.direction = 4;
} else if (snack.direction == 3)
snack.x[0]--;
else
snack.x[0]++;
break;
case 'p':
case 'P':
Time1 = time(NULL);
judge();
for (i = 0; i < snack.node; i++)
mvprintw(snack.y[i], snack.x[i], "*");
mvaddch(food.Y, food.X, '*');
start_attr();
mvprintw(9, 10, "Pause!Press 'p' to continue!");
output();
while (getch() != 'p')
;
Time2 = time(NULL);
ptime[k] = Time2 - Time1;
k++;
```

完整程序（续）

```
break;

case 'q':
case 'Q':
Time1 = time(NULL);
judge();
for (i = 0; i < snack.node; i++)
mvprintw(snack.y[i], snack.x[i], "*");
mvaddch(food.Y, food.X, '*');
start_attr();
mvprintw(10, 22, "Quit!");
output();
int location = 18;
int ch2 = KEY_LEFT, which = 0;
char str[2][5] = { "No", "Yes" };
while (ch2 != '\n' ) {

switch (ch2) {
case (KEY_LEFT):
if (location != 18) {
location -= 10;
which = 0;
}
break;
case (KEY_RIGHT):
if (location == 18) {
location += 10;
which = 1;
}
break;
}
mvprintw(12, 18, "No");
mvprintw(12, 28, "Yes");
attron(A_REVERSE);
mvprintw(12, location, "%s", str[which]);
attroff(A_REVERSE);
refresh();
ch2 = getch();
```

完整程序（续）

```
}
Time2 = time(NULL);
ptime[k] = Time2 - Time1;k++;
if (location == 18)
break;
else {
clear();
endwin();
exit(1);
}
default:
judge();
break;
}
for (i = 1; i < snack.node; i++)
if ((snack.x[0] == snack.x[i] && snack.y[0] == snack.y[i])
|| snack.x[0] == 0 || snack.y[0] == 0 || snack.x[0] == 49
|| snack.y[0] == 19) {
for (i = 1; i < snack.node; i++) {
snack.x[i - 1] = snack.x[i];
snack.y[i - 1] = snack.y[i];
}
snack.y[snack.node - 1] = tem[0];
snack.x[snack.node - 1] = tem[1];
for (i = 0; i < snack.node; i++)
mvprintw(snack.y[i], snack.x[i], "*");
mvaddch(food.Y, food.X, '*');
start_attr();
mvprintw(10, 10, "You lose!");
mvprintw(11, 10, "Do you want again?(y/n)");
output();
snack.life = 1;
//sleep(1);

break;
}
if (snack.x[0] == food.X && snack.y[0] == food.Y) {
food.set = 0;
```

完整程序（续）

```
snack.node++;
score += 10;
for (i = snack.node − 1; i > 0; i−−) {
snack.x[i] = snack.x[i − 1];
snack.y[i] = snack.y[i − 1];
}
judge();
}
if (snack.life == 0) {
;
for (i = 0; i < snack.node; i++)
mvprintw(snack.y[i], snack.x[i], "*");
//attron(A_INVIS);

mvaddch(food.Y, food.X, '*');
//sleep(1);

//attroff(A_INVIS);

start_attr();
output();
nanosleep(&delay, &dummy); //sleep(2);

}

else {
char ch1;
while (ch1 = getch())
if (ch1 == 'y' || ch1 == 'Y') {
clear();
for (i = 0; i < snack.node; i++)
snack.x[i] = snack.y[i] = −1;
TIME = Time1 = Time2 = k = 0;
score = 0;
draw();
snack.life = 0;
break;
} else if (ch1 == 'n' || ch1 == 'N') {
```

完整程序（续）

```
endwin();
exit(1);
} else
continue;
}
}
}
```

完整程序（续）